"新思想在浙江的萌发与实践"系列教材

编 委 会

主　编：任少波

编　委：(按姓氏笔画排序)

马春波　　王永昌　　叶桂方　　包　刚

朱　慧　　刘　亭　　刘同舫　　刘继荣

李小东　　张　彦　　张光新　　张丽娜

张荣祥　　胡　坚　　胡　炜　　柏　浩

郭文刚　　盛世豪

"新思想在浙江的萌发与实践"系列教材

主编 任少波

县域治理与县域发展

样本与启示

County
Governance and
County
Development

Model and Value

盛世豪 等著

ZHEJIANG UNIVERSITY PRESS
浙江大学出版社

序

　　浙江是中国革命红船起航地、改革开放先行地、习近平新时代中国特色社会主义思想重要萌发地。习近平同志在浙江工作期间，作出了"八八战略"重大决策部署，先后提出了"绿水青山就是金山银山""腾笼换鸟、凤凰涅槃"等科学论断，作出了平安浙江、法治浙江、数字浙江、文化大省、生态省建设、山海协作及加强党的执政能力建设等重要部署，推动浙江经济社会发展取得前所未有的巨大成就。2020年3月29日至4月1日，习近平总书记到浙江考察，提出浙江要坚持新发展理念，坚持以"八八战略"为统领，干在实处、走在前列、勇立潮头，努力成为新时代全面展示中国特色社会主义制度优越性的重要窗口。2021年6月，中共中央、国务院发布《关于支持浙江高质量发展建设共同富裕示范区的意见》，赋予浙江新的使命和任务。习近平新时代中国特色社会主义思想在浙江的萌发与实践开出了鲜艳的理论之花，结出了丰硕的实践之果，是一部中国特色社会主义理论的鲜活教科书。

　　走进新时代，高校在宣传阐释新思想、培养时代新人方面责无旁贷。浙江大学是一所在海内外具有较大影响力的综合型、研究型、创新型大学，同时也是中组部、教育部确定的首批全国干部教育培训基地。习近平同志曾18次莅临浙江大学指导，对学校改革发展作出了一系列重要指示。我们编写本系列教材，就是要充分发挥浙江"三个地"的政治优势,将新思想在浙江的萌发与实践作为开展干部培训的重要内容,作为介绍浙江努力打造新时代"重要窗口"的案例样本,作为浙江大学办学的重要特色,举全校之力高质量教育培训干部,高水平服务党和国家事业发展。同时,本系列教材也将作为高校思想政治理论课的重要教材,引导师生通过了解浙江改革发展历程,深切感悟新思想的理论穿透力和强大生命力,深入感知国情、省情和民情,让思想政治理论课更加鲜活,让新思想更加入脑入心,打造具有浙江大学特色的高水平干部培训和思想政治教育品牌。

实践是理论之源,理论是行动先导。作为改革开放先行地,浙江坚持"八八战略",一张蓝图绘到底,全面客观分析世情、国情和省情与浙江动态优势,扬长避短、取长补短走出了符合浙江实际的发展道路;作为乡村振兴探索的先行省份,浙江从"千村示范、万村整治"起步,以"山海协作"工程为重大载体,逐步破除城乡二元结构,有效整合工业化、城市化、农业农村现代化,统筹城乡发展,率先在全国走出一条以城带乡、以工促农、山海协作、城乡一体发展的道路;作为"绿水青山就是金山银山"理念的发源地和率先实践地,浙江省将生态建设摆到重要位置统筹谋划,不断强化环境治理和生态省建设,打造"美丽浙江",为"绿色浙江"的建设迈向更高水平、更高境界指明了前进方向和战略路径;作为经济转型发展的先进省份,浙江坚持以发展为第一要务,以创新为第一动力,通过"立足浙江发展浙江","跳出浙江发展浙江",在"腾笼换鸟"中"凤凰涅槃",由资源小省发展成为经济大省、开放大省。

在浙江工作期间,习近平同志怀着强烈的使命担当,提出加强党的建设"巩固八个方面的基础,增强八个方面的本领"的总体战略部署,从干部队伍和人才队伍建设、基层组织和党员队伍建设、党的作风建设与反腐败斗争等方面坚持和完善党的领导,有力推进了浙江党的建设走在前列、发展走在前列。在浙江工作期间,习近平同志以高度的文化自觉,坚定文化自信、致力文化自强,科学提炼了"求真务实、诚信和谐、开放图强"的"浙江精神",对浙江文化建设作出了总体部署,为浙江文化改革发展指明了前进方向。在浙江工作期间,习近平同志积极推进平安浙江、法治浙江、文化大省建设。作为"平安中国"先行先试的省域样本,浙江被公认为全国最安全、社会公平指数最高的省份之一。在浙江工作期间,习近平同志着力于发展理念与发展实践的有机统一,着力于发展观对发展道路的方向引领,着力于浙江在区域发展中的主旨探索、主体依靠、关系处理及实践经验的总体把握,深刻思考了浙江发展的现实挑战、面临困境、发展目标、依靠动力和基本保障等一系列问题,在省域层面对新发展理念进行了思考与探索。

从"绿水青山就是金山银山"理念到"美丽中国",从"千万工程"到"乡村振兴",从"法治浙江"到"法治中国",从"平安浙江"到"平安中国",从"文化大省"到"文化强国",从"数字浙江"到"数字中国",从对内对外开放到双循环新格局……可以清晰地看到,习近平同志在浙江的重大战略布局、改革发展举措及创新实践经验,体现了新思想萌发与实践的重要历程。

浙江的探索与实践是对新思想鲜活、生动、具体的诠释,对党政干部培训和高校思想政治理论课教学而言,就是要不断推动新思想进学术、进学科、进课程、进培训、进读本,使新思想落地生根、入脑入心。本系列教材由浙江省有关领导干部、专家及浙江大学知名学者执笔,内容涵盖"八八战略"、新发展理念、"绿水青山就是金山银山"理念、乡村振兴、"千万工程"、"山海协作"、县域治理、"腾笼换鸟"、对内对外开放、党的建设、新时代"枫桥经验"、平安浙江、法治浙江、数字浙江、健康浙江、民营经济、精神引领、文化建设、创新强省等重要专题。浙江省以习近平新时代中国特色社会主义思想为指引,全面贯彻党中央各项决策部署,统筹推进"五位一体"总体布局,协调推进"四个全面"战略布局,坚持稳中求进工作总基调,坚持新发展理念,坚持以"八八战略"为统领,一张蓝图绘到底,为社会各界深入了解浙江改革开放和社会主义现代化建设的成功经验提供有益的参考。

本系列教材主要有以下特色:一是思想性。教材以习近平新时代中国特色社会主义思想为指导,通过新思想在浙江的萌发与实践展现党的创新理论的鲜活力量。二是历史性。教材编写涉及的主要时期为 2002 年到 2007 年,并作适当延伸或回顾,集中反映党的十八大以来浙江坚持一张蓝图绘到底,在新思想指导下的新实践与取得的新成就。三是现实性。教材充分展现新思想萌发与实践过程中的历史发展、典型案例、现实场景,突出实践指导意义。四是实训性。教材主要面向干部和大学生,强调理论学习与能力提升相结合,使用较多案例及分析,注重示范推广性,配以思考题和拓展阅读,加强训练引导。

"何处潮偏盛?钱塘无与俦。"奔涌向前的时代巨澜正赋予浙江新的期望与使命。起航地、先行地、重要萌发地相互交汇在这片神奇的土地上,浙江为新时代新思想的萌发、形成和发展提供了丰富的实践土壤。全景式、立体式展示浙江的探索实践,科学全面总结浙江的经验,对于学深悟透党的创新理论,用习近平新时代中国特色社会主义思想武装全党、教育人民具有重大意义。让我们不负梦想、不负时代,坚定不移地推进"八八战略"再深化、改革开放再出发,为建设社会主义现代化强国、实现中华民族伟大复兴的中国梦作出更大贡献。

感谢专家王永昌教授、胡坚教授、盛世豪教授、刘亭教授、张彦教授、宋学印特聘研究员对本系列教材的指导和统稿,感谢浙江大学党委宣传部、浙江大学继续教育学院(全国干部教育培训浙江大学基地)、浙江省习近平中国特色社会主义研究中心浙江大学基地、浙江大学中国特色社会主义研究中心、浙江大学马克思主义学院、浙江大学出版社对本系列教材的大力支持,感谢各位作者的辛勤付出。由于时间比较仓促,书中难免有不尽完善之处,敬请读者批评指正。

是为序。

"新思想在浙江的萌发与实践"
系列教材编委会
二〇二一年十二月

目 录

在我们党的组织结构和国家政权结构中,县一级处在承上启下的关键环节,是发展经济、保障民生、维护稳定的重要基础,也是干部干事创业、锻炼成长的基本功训练基地。县委是我们党执政兴国的"一线指挥部",县委书记就是"一线总指挥",是我们党在县域治国理政的重要骨干力量。

——摘自习近平在会见全国优秀县委书记时的讲话①

导论　习近平总书记关于县域治理和县域发展的重要论述

◆◆ 本章要点

1. 县级政府一直扮演着联结中央与基层、城镇与乡村的重要政治与行政角色,国家政权正是通过县辖乡镇实现政权的向下延伸。

2. 推进县域治理和县域发展必须把强县和富民统一起来,把改革和发展结合起来,把城镇和乡村贯通起来,切实推进县域治理理念、治理方式、治理机制等全方位创新,处理好创新发展与优化治理、传统治理与现代治理、县域特色与普适经验等方面的关系,持续提升县域治理体系和治理能力现代化。

3. 做焦裕禄式的县委书记,必须始终做到心中有党、心中有民、心中有责、心中有戒。

---

① 习近平.在会见全国优秀县委书记时的讲话[J].求是,2015(17):3.

　　"郡县治，则天下安。"县是国家治理的基本单元，在国家治理体系中具有承上启下的地位。提升县域治理水平，不但直接关系到基层民众的福祉、基层社会的稳定，而且对实现国家的长治久安，具有基础性、战略性意义。习近平总书记高度重视县域治理和县域发展，在其丰富的从政经历中，对县域治理和县域发展有过许多重要论述和探索实践，为新时代推动县域治理和县域发展提供了根本遵循。

一、关于县级政权和县域治理的地位

　　长期以来，县级政府一直扮演着联结中央与基层、城镇与乡村的重要政治与行政角色，国家政权正是通过县辖乡镇实现政权的向下延伸。历史与实践也都证明，中央政令的贯彻落实、地方政策的制定执行、社会秩序的管理维护、百姓民生福祉的保障等，都维系于良好的县域治理。习近平同志曾形象地指出，如果把国家喻为一张网，全国三千多个县就像这张网上的纽结。"纽结"松动，国家政局就会发生动荡；"纽结"牢靠，国家政局就稳定。国家的政令、法令无不通过县得到具体贯彻落实。因此，从整体与局部的关系看，县一级工作好坏，关系国家的兴衰安危。① 明确强调了县级政权在我国国家政治体制中的重要地位。

　　也正因为此，县域治理是推进国家治理体系和治理能力现代化的重要一环，是承上启下的关键环节。习近平总书记指出："在我们党的组织结构和国家政权结构中，县一级处在承上启下的关键环节，是发展经济、保障民生、维护稳定、促进国家长治久安的重要基础。古人讲，郡县治，天下安。我国县的建制始于春秋时期，因秦代推进郡县制而得到巩固和发展。2000多年来，县一直是我

---
① 习近平.摆脱贫困[M].福州：福建人民出版社，2014：31-32.

国国家结构的基本单元,稳定存在至今。"①"一个县就是一个基本完整的社会,'麻雀虽小,五脏俱全'。现在,县级政权所承担的责任越来越大,需要办的事情越来越多,尤其是在全面建成小康社会、全面深化改革、全面依法治国、全面从严治党进程中起着重要作用。"②习近平总书记把县域治理最大的特点形象地概括为既"接天线"又"接地气"。对上,要贯彻党的路线方针政策,落实中央和省市的工作部署;对下,要领导乡镇、社区,促进发展、服务民生。强调县一级工作做好了,党和国家全局工作就有了坚实基础。清晰阐明了县级治理的特点和重要作用。

事实上,早在1990年3月,习近平同志就指出,一个县也可以说是一个小社会。"麻雀虽小,五脏俱全",中央有什么机构,县一般也有与其大体相对应的部门。县一级工作,从政治、经济、文化到老百姓的衣食住行、生老病死,无所不及。有人说,县级工作,除了外交活动外,国家各项事务无所不有。其实,有时候县里也会遇到接待外宾的事情,随着开放程度的提高,外宾比肩接踵而来也是可期待的。县级领导还得真懂一点外交。一个县小则十几万人,大则百把万人,一个决策下去,其影响非同小可,来不得半点含糊。海瑞在他的《令箴》中说:"官之至难者,令也。"③

二、有效推进县域治理和县域发展

如何实现从传统的县域治理和发展模式向县域治理和高质量发展转变?习近平总书记有过深刻的论述。2014年3月,习近平总书记在调研指导兰考县党的群众路线教育实践活动时指出,县

---

① 习近平.习近平谈治国理政:第二卷[M].北京:外文出版社,2017:140.

② 同①.

③ 习近平.摆脱贫困[M].福州:福建人民出版社,2014:32.

域治理要把强县和富民统一起来,把改革和发展结合起来,把城镇和乡村贯通起来,增强县域经济综合实力,带动提升农村发展水平,形成城乡融合发展的良好局面。习近平总书记的"三个起来"为县域贯彻落实新发展理念、统筹推进"五位一体"总体布局和协调推进"四个全面"战略布局,指明了践行的方向和路径,提供了县域科学的基本遵循。因此,推进县域治理和县域发展必须统筹坚持"三个起来",切实推进县域治理理念、治理方式、治理机制等全方位创新,处理好创新发展与优化治理、传统治理与现代治理、县域特色与普适经验等方面的关系,持续提升县域治理体系和治理能力现代化。

打好扶贫开发攻坚战,是习近平总书记在县域治理中特别强调的一项重要工作,也是他心中时刻牵挂的一个重大问题。全面建成小康社会目标能不能如期实现,很大程度上要看扶贫攻坚工作做得怎么样。2015 年 1 月 12 日,习近平总书记在同中央党校县委书记研修班学员座谈时指出:"现在距实现全面建成小康社会的第一个百年奋斗目标只有五六年了,但困难地区、困难群众还为数不少,必须时不我待地抓好扶贫开发工作,决不能让困难地区和困难群众掉队。党和国家要把抓好扶贫开发工作作为重大任务,贫困地区各级领导干部更要心无旁骛、聚精会神抓好这项工作,团结带领广大群众通过顽强奋斗早日改变面貌。"①他多次强调,要坚持从实际出发,因地制宜,理清思路、完善规划、找准突破口,做到宜农则农、宜林则林、宜牧则牧、宜开发生态旅游则搞生态旅游,真正把自身比较优势发挥好,使贫困地区发展扎实建立在自身有利条件的基础之上。

---

① 习近平谈扶贫[EB/OL].(2016-09-01)[2021-08-01]. http://theory. people. com. cn/n1/2016/0901/c49150-28682345.html.

三、抓好县委书记这个关键

治理好一个县,关键要建立一个强有力的县委,而县委书记这个岗位则是重中之重。习近平总书记与"县委书记"一职深有渊源,他曾任正定县委书记,对县委书记岗位之重要、责任之重大,有着切身感受和独到见解。习近平总书记指出,县委是我们党执政兴国的"一线指挥部",县委书记就是"一线总指挥"。①

2015 年 1 月 12 日,习近平总书记同中央党校县委书记研修班学员座谈上指出:"对党忠诚,是县委书记的重要标准。县一级阵地,必须由心中有党、对党忠诚的人坚守。要把牢政治方向,强化组织意识,时刻想到自己是党的人,时刻不忘自己对党应尽的义务和责任,相信组织、依靠组织、服从组织,自觉维护党的团结统一。"②同年 6 月 30 日,习近平总书记在会见全国优秀县委书记时强调指出:"要做发展的开路人,要勇于担当、奋发有为,要适应和引领经济发展新常态,把握和顺应深化改革新进程,回应人民群众新期待,坚持从实际出发,带领群众一起做好经济社会发展工作,特别是要打好扶贫开发攻坚战,让老百姓生活越来越好,真正做到为官一任,造福一方。""要做群众的贴心人,必须坚持全心全意为人民服务的根本宗旨,自觉贯彻党的群众路线,心系群众、为民造福。心中始终装着老百姓,先天下之忧而忧,后天下之乐而乐,真正做到心系群众、热爱群众、服务群众。"③

针对怎样当好县委书记,习近平总书记曾明确指出,做县委书

---

① 习近平. 在会见全国优秀县委书记时的讲话[J]. 求是,2015(17):3.

② 习近平对县委书记提出哪些新要求?[EB/OL]. (2015-06-30)[2021-08-01]. http://cpc. people. com. cn/xuexi/n/2015/0630/c385474-27233157. html.

③ 同②.

记,就要做焦裕禄式的县委书记。做焦裕禄式的县委书记,必须始终做到心中有党、心中有民、心中有责、心中有戒。习近平总书记指出:"心中有党,是具体的而不是抽象的。""要严守政治纪律,在政治方向、政治立场、政治言论、政治行为方面守好规矩,自觉坚持党的领导,自觉同党中央保持高度一致,自觉维护党中央权威。党中央提倡的坚决响应,党中央决定的坚决照办,党中央禁止的坚决杜绝,决不允许上有政策、下有对策,决不允许有令不行、有禁不止,决不允许在贯彻执行中央决策部署上打折扣。只要出现这种问题,大家就要坚决纠正。"①习近平总书记强调:"做到心中有民,必须树立良好作风。在县一级这个层面,县委书记对一方党风政风具有示范作用。老百姓看党,最集中的是看县委一班人特别是县委书记。县委书记作风不好,党在当地群众心目中的形象就会大打折扣。大家要按照中央要求,继续把作风建设抓好、把群众路线教育实践活动成果巩固好,做到勤政、务实、为民,自觉抵制和纠正'四风'问题。"②心中有责,"责"就是责任,责任就是担当。习近平总书记指出:"责任就意味着尽心尽责干事。对定下来的工作部署,要一抓到底、善始善终,坚决防止走过场、一阵风。要有"功成不必在我"的境界,一张好的蓝图,只要是科学的、切合实际的、符合人民愿望的,就要像接力赛一样,一棒一棒接着干下去。"③心中有戒,就是要做到"心有敬畏,行有所止;手握戒尺,举有所虑"。习近平总书记指出:"我们的权力是党和人民赋予的,是为党和人民做事用的,姓公不姓私,只能用来为党分忧、为国干事、为民谋利。

---

① 习近平.习近平谈治国理政:第二卷[M].北京:外文出版社,2017:143.
② 习近平.习近平谈治国理政:第二卷[M].北京:外文出版社,2017:145.
③ 习近平.习近平谈治国理政:第二卷[M].北京:外文出版社,2017:146.

要正确行使权力,依法用权、秉公用权、廉洁用权,做到法定职权必须为,法无授权不可为,保持如临深渊、如履薄冰的谨慎,做到心有所畏、言有所戒、行有所止,处理好公和私、情和法、利和法的关系。"①

解决中国的问题,关键在党,也关键在领导干部这个"少数"。习近平总书记特别重视县委书记抓改革问题。他强调:"党政主要负责同志是抓改革的关键,要把改革放在更加突出位置来抓,不仅亲自抓、带头干,还要勇于挑最重的担子、啃最硬的骨头,做到重要改革亲自部署、重大方案亲自把关、关键环节亲自协调、落实情况亲自督察,扑下身子,狠抓落实。"②县级党政主要负责同志抓改革,具有以上率下,真抓实干的重要示范作用,这四个"亲自"也是习近平总书记对县级党政主要负责同志扑下身子、撸起袖子、干在实处、走在前列的具体要求。事实上,早在 2006 年 1 月,习近平同志在中央电视台经济频道"中国经济大讲堂"演讲时指出:"浙江的活力之源就在于改革,就在于率先建立了能够调动千百万人积极性的、激发千百万人创造力的体制机制。"③

推动改革落实,就要善于发现问题、解决问题。关键是要盯住责任主体,抓住"关键少数"。改革才能抓落实见成效。因此,习近平总书记强调,要把是否促进经济社会发展、是否给人民群众带来实实在在的获得感,作为改革成效的评价标准。④

---

① 习近平.习近平谈治国理政:第二卷[M].北京:外文出版社,2017:147.

② 习近平.习近平谈治国理政:第二卷[M].北京:外文出版社,2017:106.

③ 习近平.干在实处　走在前列:推进浙江新发展的思考与实践[M].北京:中共中央党校出版社,2006:85.

④ 中共中央宣传部.习近平新时代中国特色社会主义思想三十讲[M].北京:学习出版社,2018:104.

四、关于县域治理体制改革问题

在中国的政府治理结构中,县域一直是改革创新最为活跃和频繁的层级。习近平总书记高度重视县域治理体制改革,因地制宜推动县域治理创新,激发县域发展活力。他在担任浙江省委书记期间,就顺应县域经济快速发展的需要,实施了一系列强县扩权的改革举措。2006年,在习近平同志的亲自部署和推动下,浙江省委、省政府为进一步切实解决经济强县行政管理职能和权限不适应经济社会发展需要等问题,积极探索县级行政管理体制改革的有益经验,确定将义乌市作为进一步扩大县级政府经济社会管理权限的改革试点,并且逐步予以推广。除规划管理、重要资源配置、重大社会事务管理等经济社会管理事项外,赋予义乌市与设区市同等的经济社会管理权限。在浙江工作期间,习近平同志先后多次到义乌调研指导工作,对义乌的发展作出了"莫名其妙"的发展、"无中生有"的发展、"点石成金"的发展等概括,[①]这是对"义乌发展经验"最精辟、最生动的总结。改革开放40多年来,义乌历届党委、政府坚决贯彻浙江省委、省政府的决策部署,既始终坚持"兴商建市"总体发展战略,又因时因势制定和实施正确的发展策略,使义乌从一个地瘠民贫、资源匮乏、一穷二白的农业小县蝶变为世界知名的国际小商品自由贸易中心。习近平同志明确强调,"义乌是改革开放以来浙江县域经济发展的典型"。[②]

2008年底,在习近平同志亲自推动下,浙江的扩权改革进入了

[①] 邱然,黄珊,陈思."习书记在浙江的领导实践具有鲜明特点":习近平在浙江(二十八)[N].学习时报,2021-04-07(3).

[②] 鲍洪俊,袁亚平.让世界瞩目的嬗变:浙江义乌市落实科学发展观纪实(上)[N].人民日报,2006-07-11(1).

一个新的阶段,开始从强县扩权迈向了扩权强县,改革呈现放权对象的普惠化、放权内容的规范化。2008 年 12 月,在总结义乌市扩权改革试点经验的基础上,浙江省委办公厅和省政府办公厅下发了《关于扩大县(市)部分经济社会管理权限的通知》,全面实施扩权强县,有力推动了全省县域经济的持续快速发展,进一步彰显了浙江的体制机制优势。

2008 年,在全国学习实践科学发展观活动中,时任中央政治局常委、中央书记处书记、国家副主席习近平亲自确定嘉善县作为自己的联系点,并要求"努力使联系点成为学习实践科学发展观活动的示范点"。2008 年 10 月,习近平同志第四次到嘉善县视察指导,明确要求嘉善县做好"转变发展方式、主动接轨上海、统筹城乡发展"三篇文章。同年 12 月 8 日,习近平同志在《嘉善县深入学习实践科学发展观活动试点工作学习调研阶段总结》及《关于开展深入学习实践科学发展观活动试点工作分析检查阶段的实施方案》上作出重要批示,充分肯定了嘉善县学习实践活动第一阶段的各项工作,同时要求再接再厉,全面贯彻中央关于学习实践活动的各项决策部署和近期经济社会发展的政策措施,继续高质量地做好分析检查阶段的工作,使嘉善县学习实践活动始终按照"党员干部受教育、科学发展上水平、人民群众得实惠"的总要求,不断取得新成效、创造新经验。此后,习近平同志先后 14 次对嘉善县的工作作出重要批示、4 次讲话肯定,对嘉善县域治理和科学发展把诊问脉,提出具体要求。2016 年 4 月,习近平总书记在中国行政体制改革研究会等单位关于嘉善县示范点建设第一阶段实施情况第三方评估专报上作出重要批示,要求进一步总结嘉善经验,继续制定新的发展改革目标,争取全面建成小康社会新成绩。近年来,嘉善县深入贯彻落实习近平总书记的系列重要指示批示,立足新发展阶段,贯彻新发展理念,服务构建新发展格局,系统深化供给侧结构性改革,持续推进改革创新,在探索县域高质量发展实践上迈出了坚实的步伐。

◆ 本章小结

县域治理是推进国家治理体系和治理能力现代化的重要一环,是承上启下的关键环节,具有"上接天线""下接地气"的特征。县域治理要把强县和富民统一起来,把改革和发展结合起来,把城镇和乡村贯通起来,增强县域经济综合实力,带动提升农村发展水平,形成城乡融合发展的良好局面。推动县域治理,要抓住县委书记这个关键,要做焦裕禄式的县委书记,始终做到心中有党、心中有民、心中有责、心中有戒。要重视县域治理体制改革,因地制宜推动县域治理创新,激发县域发展活力。

◆ 思考题

1. 在我国国家治理体系中,县的作用有哪些?

2. 结合实际,谈谈新发展阶段如何做好焦裕禄式的县委书记?

◆ 拓展阅读

1. 习近平. 做焦裕禄式的县委书记[M]. 北京:中央文献出版社,2015.

2. 习近平. 干在实处 走在前列:推进浙江新发展的思考与实践[M]. 北京:中共中央党校出版社,2006.

3. 习近平. 习近平谈治国理政:第一卷[M]. 2 版. 北京:外文出版社,2018.

4. 习近平. 之江新语[M]. 杭州:浙江人民出版社,2007.

以推动高层的发展为主题,必须坚定不移贯彻新发展理念,以深化供给侧结构性改革为主线,坚持质量第一、效益优先,切实转变发展方式,推动质量变革、效率变革、动力变革,使发展成果更好惠及全体人民,不断实现人民对美好生活的向往。

——摘自习近平关于《中共中央关于制定国民经济和社会发展第十四个五年规划和二〇三五年远景目标的建设》的说明①

第一章　县域治理与县域发展的理论逻辑

◆◆ **本章要点**

1. 新发展阶段,如何把制度优势更好地转化为国家治理效能,是关系根本、关系全局、关系长远的重大问题,是一个体制机制调整、创新、再造和制度完善、成熟、定型的过程,最根本的就是坚持和完善党的领导,提高科学执政、民主执政、依法执政水平。

2. 县具有一级政府的完备功能,具有较为完备的制度和治理体系。县域治理好了,党的执政兴国的基础就稳固了,整个国家的治理就有了坚实的基础。良好的县域治理是县域经济、政治、文化、社会、生态文明建设的集中体现,是推动国家治理现代化的基石。

3. 县域治理必须从体制机制改革入手,创新治理方式,建立并完善与县域高质量发展相一致的治理机制,完善政府的决策、执

---

① 本书编写组.《中共中央关于制定国民经济和社会发展第十四个五年规划和二〇三五年远景目标的建议》辅导读本[M].北京:人民出版社,2020:69-70.

行、考核、监督,优化政府的服务流程,进一步激发市场主体的活力和创造力。

由高速增长阶段转向高质量发展阶段,是新时代我国经济发展的基本特征,也是县域发展的必由之路。实现县域高质量发展必须以高效能治理为基础,更大力度地解放和发展社会生产力,提高全要素生产率,增进人民福祉。可以说,高效能治理不仅是县域高质量发展的有效保障,也是县域高质量发展的基础支撑。

第一节 县域治理的理论内涵

一、治理的内涵和缘起

广义上来说,"治理"有两个层面的含义:第一个层面就是"统治"加"管理"的简写,这个意义上的"治理"不是一个新概念,以往我们都在用,比如说各地都有"综治办",进行社会综合治理。这个概念早就存在,不是现在才提出的,其包括统治、整治、管理、管制的意思。

我们需要关注的是治理的第二个层面的含义,这是国际社会科学界于 20 世纪 90 年代出现的一个新的理论范畴。近年来,国际上已形成一种思潮,就是要从"管理"走向"治理"。这个意义上的"治理",在内涵上与"管理"就大不相同了。首先,管理是单中心的,治理是多中心的。对于一个国家或区域,管理只能是以国家机关或政府为主体,一般来说其他组织均无管理权,除非政府授权;而对于治理而言,除了国家或者政府以外,还需要市场、社会和公民等多个主体的参与,形成"多元共治"的结构。这是管理和治理最根本的区别。其次,管理带有强制性,治理倡导合作性。作为管理主体的国家机关或政府具有强制力,甚至垄断了对暴力的合法使用;而在治理体系中虽不能完全排除强制,但是更多是靠合作,建立一种伙伴关系,靠的不是命令,而是契约。再次,管理体现的是自上而下的权力关系,主要是命令和服从的单向模式,而治理则是多向互动的,更多体现的是平行的权力关系。①

治理存在于特定的语境中,不同的制度环境有不同的治理,不同的历史文化背景也有不同内涵的治理。即使在西方,英、美的治理语境与欧洲大陆国家也不同,欧洲大陆国家的国家主义传统使他们更容易接受国家主义的治理主张,而英、美的社会中心传统使他们更接受社会中心的治理主张。自 20 世纪 90 年代以来,国际上关于治理研究的文献汗牛充栋,福山根据治理覆盖面大小把治理研究分为三类:国际治理(国家体系之外的非主权机构进行的国际合作)、善治(公共管理)和没有政府的治理(通过网络和其他非等级机制监管社会的行为)。②

中国语境的治理扎根于中国的传统善治思想。中国传统的国家治理思想是当代中国治理思想的重要来源。2014 年 10 月 13 日,习近平总书记在中共中央政治局第十八次集体学习时说:"我国古代主张民惟邦本、政得其民,礼法合治、德主刑辅,为政之要莫先于得人、治国先治吏,为政以德、正己修身,居安思危、改易更化,等等,这些都能给人们以重要启示。"③这里列举的内容,都属于古

---

① 胡伟.国家治理中的"治理"涵义究竟是什么[N].北京日报,2017-02-27(18).

② FUKUYAMA F. Governance:What Do We Know,and How Do We Know It? [J]. Annual Review of Political Science,2016(19):89-105.

③ 习近平:牢记历史经验历史教训历史警示　为国家治理能力现代化提供有益借鉴[N].人民日报,2014-10-14(1).

代的"良法善治"经验,是中华传统礼法文化的精华之处。

但是,中国特色的治理毕竟不是关门治理,也不是简单的拿来主义,而是开门治理,广泛吸纳全人类的智慧和优秀成果。习近平总书记指出:"必须坚持以我为主、为我所用,认真鉴别、合理吸收,不能搞'全盘西化',不能搞'全面移植',不能照搬照抄。"①传统中国的善治思想、中国共产党执政以来的治理实践和经验、20 世纪90 年代以来的世界各国的治理理论,都为推进国家治理体系和治理能力现代化提供了重要的历史文化基础和思想理论基础。

二、国家治理体系与治理能力现代化

凡治国,必先定其制。在文明的结构中,制度文明反映和体现一个国家和社会的组织能力、协调能力和应变能力,直接规定并影响其他文明维度的深度与广度。正所谓:社会变迁,必合于律吕。制度前进一小步,社会进步一大步。

2013 年,党的十八届三中全会通过的《中共中央关于全面深化改革若干重大问题的决定》明确提出,"全面深化改革的总目标是完善和发展中国特色社会主义制度,推进国家治理体系和治理能力现代化"。这是党和国家的正式文件中第一次提出国家治理。2013 年 12 月,习近平总书记在《切实把思想统一到党的十八届三中全会精神上来》的重要讲话中,强调"国家治理体系和治理能力是一个国家制度和执行能力的集中体现。国家治理体系是在党的领导下管理国家的制度体系,包括经济、政治、文化、社会、生态文明和党的建设等各领域体制机制、法律法规安排,也就是一整套紧密相连、相互协调的国家制度;国家治理能力则是运用国家制度管

---

① 习近平.习近平谈治国理政:第二卷[M].北京:外文出版社,2017:118.

理社会各方面事务的能力,包括改革发展稳定、内政外交国防、治党治国治军等各个方面"。①

习近平总书记强调:"必须适应国家现代化总进程,提高党科学执政、民主执政、依法执政水平,提高国家机构履职能力,提高人民群众依法管理国家事务、经济社会文化事务、自身事务的能力,实现党、国家、社会各项事务治理制度化、规范化、程序化,不断提高运用中国特色社会主义制度有效治理国家的能力。"②2019年10月,党的十九届四中全会审议通过的《中共中央关于坚持和完善中国特色社会主义制度 推进国家治理体系和治理能力现代化若干重大问题的决定》,是党的十八届三中全会提出的"全面深化改革、推进国家治理体系和治理能力现代化"的具体化和升级版,是推进新时代国家治理体系和治理能力现代化的指南针和愿景图,是中国之治宏观顶层设计的历史丰碑。国家治理体系和治理能力现代化,不仅使中国模式的制度图谱日趋系统,而且使中国现代化的路径图谱更加完整。推进国家治理体系和治理能力现代化,不仅有助于增强制度自信,而且开辟了中国现代化的全新境界。

党的十九届四中全会描绘出一幅"三步走"的制度设计的宏伟愿景图:"到我们党成立一百年时,在各方面制度更加成熟更加定型上取得明显成效;到二〇三五年,各方面制度更加完善,基本实现国家治理体系和治理能力现代化;到新中国成立一百年时,全面实现国家治理体系和治理能力现代化,使中国特色社会主义制度

---

① 习近平:切实把思想统一到党的十八届三中全会精神上来[EB/OL].(2013-12-31)[2021-08-01].http://cpc.people.com.cn/n/2013/1231/c64094-23993888.html?from=singlemessage.

② 习近平.习近平谈治国理政:第一卷[M].2版.北京:外文出版社,2018:104.

更加巩固、优越性充分展现。"①这"三步走"宏伟愿景，与党的十九大报告中的现代化"三步走"战略彼此呈明显的对应关系：其中，第一步对应全面建成小康社会，第二步对应基本实现社会主义的现代化，第三步对应建成以"富强、民主、文明、和谐、美丽"为现代性标尺的社会主义现代化强国。党的十九届五中全会提出，二〇三五年基本实现国家治理体系和治理能力现代化，人民平等参与、平等发展权利得到充分保障，基本建成法治国家、法治政府、法治社会。因此，国家治理体系和治理能力现代化，不仅事关党的执政地位、国家的长治久安，而且事关社会的和谐稳定、人民的幸福安康，堪称中华民族伟大复兴的强大保障。

新发展阶段，如何把制度优势更好地转化为国家治理效能，是关系根本、关系全局、关系长远的重大问题，是一个体制机制调整、创新、再造和制度完善、成熟、定型的过程，最根本的就是坚持和完善党的领导，提高科学执政、民主执政、依法执政水平。关键是以体系化、协同化、智慧化、长效化的方式加强转化机制建设。

第一，体系化建构。制度建设是一项系统工程，必须观全局、谋长远，搞好顶层设计，整体规划、系统推进，从实际出发构建系统完备、科学规范、运行有效的制度体系。中国特色社会主义制度具有系统整体性以及逻辑与历史相统一的整体性，是党的领导和经济、政治、文化、社会、生态文明等各方面制度的总和，是一整套紧密联系、内在协调、相互支撑的制度体系。整体性是中国特色社会主义制度的内在要求和基本特征。因此，必须以体系化推进的方式完善支撑中国特色社会主义制度的根本制度、基本制度、重要制

---

① 党的十九届四中全会《决定》（全文）［EB/OL］.（2019-11-05）［2021-08-01］. https://china. huanqiu. com/article/9CaKrnKnC4J.

度,加强各领域改革创新的联动和集成,整体推进党的十九届四中全会提出的党的领导制度体系等各方面制度和体制机制建设,形成制度合力,为国家长治久安提供一整套更完备、更稳定、更管用的制度体系。

第二,协同化治理。中国特色社会主义制度的国家治理既要坚持和维护人民当家作主的地位,又要满足广大人民群众的社会治理和公共服务需求。因此,在治理过程中必须摆脱单向度的治理理念和模式,强调在治理主体、模式、工具等方面相互协调、互动合作,实现公共利益最大化。重点是三个方面的协同:一是多元主体协同。党和政府、社会组织和企业、广大人民群众都是国家治理的参与主体,虽然不同主体的定位有所差异,但都是围绕治理目标积极参与的协同主体,这是新时代国家治理的显著特征。因此,提升治理效能必须更好地发挥党总揽全局、协调各方的核心作用,完善党委领导、政府负责、民主协商、社会协同、公众参与、法治保障、科技支撑的社会治理体系。二是多元模式协同。法治是国家治理体系和治理能力的重要依托,道德教化是培育社会治理内生动力的重要方式,基层群众自治制度是社会主义民主政治建设的基础和重要组成部分。以自治为基、法治为本、德治为先,健全党组织领导的自治、法治、德治相结合的城乡基层治理体系,实现政府治理和社会调节、居民自治良性互动。三是多元渠道协同。充分发挥选举和协商两种形式的积极作用,以人民代表大会制度和基层选举为代表的选举形式充分保证人民当家作主。政党协商、政协协商、基层协商等多种协商形式则保证社会各层面的广泛参与。

第三,智慧化运行。随着信息化、物联网、人工智能等技术的快速发展,社会形态正从工业社会向数字社会转变,数字社会使人们的生活工具、生活方式与生活内容呈现智慧化特征。为此,需强化互联网思维,运用大数据、人工智能提升国家治理现代化水平,推进政府决策科学化、社会治理精准化、公共服务高效化。因此,推动制度优势更好地转化为治理效能,必须充分发挥数字技术在内的现代科技支撑作用,坚持人民群众需求和问题导向,逐步形成基于系统治理、依法治理、综合治理、源头治理的智慧化转型框架,打造以数据驱动、平台应用、人机协同为主要特征的治理新模式,推进国家治理体系架构、运行机制、工作流程的智慧化再造。一是推行数字化决策。开发适用于政府决策的人工智能系统,运用大数据技术,加强政务信息资源整合和公共需求精准对接,推动依靠经验决策向依靠科学决策转变。二是推行数字化安全。加强人工智能同社会治理的结合,加快政治安全、治安安全、公共安全、生态安全等风险监测预警平台建设,完善人、技、物、管配套的安全防护体系,提升安全保障能力。三是推行数字化服务和管理。加快智慧城市建设,推动城市规划、建设、管理、运营全生命周期智能化。同时,加强智慧化在民生领域的深度运用,特别是深化区块链技术在社会治理公共服务领域的应用,为人民群众带来更好的服务体验。

第四,长效化执行。"政贵有恒,治须有常。"治理不是短时的运动,而是长效的制度安排。制度的生命力在于执行,执行的关键在于长效化的机制。好制度如果不能一以贯之地有效执行,就会破坏人们对治理的预期,进而破坏人们对制度的信心、降低制度的权威。因此,推动制度优势更好地转化为治理效能,需要的是静水深流的长效化执行,而不是水花四溅的运动式执行。各级领导干部应切实强化制度意识,带头维护制度权威,做制度执行的表率,带动全党全社会自觉尊崇制度、严格执行制度、坚决维护制度。健全权威高效的制度执行机制，加强对制度执行的监督。构建全覆盖的制度执行监督机制，把长效化的制度执行机制贯穿于国家治理的全过程，确保支撑中国特色社会主义制度的根本制度、基本制度、重要制度得到有效执行、发挥更好效能。

三、县域治理：国家治理的重要基础

国家治理是整体性治理。但结合当代中国实际，国家治理有两个层面至关重要：一是国家层面；二是县域层面。国家层面的重要性毋庸置疑，在整个国际体系中，国家处于内部和外部的交界面，国家治理必须同时兼顾内政外交。县域层面的重要性则是由其所处地位的特殊性决定的。县是国家结构的基本单元，纵观中国2000多年的历朝历代，县一直比较稳定。县是承上启下的关键环节，是发展经济、保障民生、维持稳定、促进国家长治久安的重要基础。

县域治理之所以重要，是因为直接与老百姓即行政相对人打交道，在很大程度上是真正的"治民"，而县级以上各个层级的治理主要是"治官"。换言之，中国国家治理体系的特征是中央政府通过直接"治官"来达到间接"治民"的目的，形成"上下分治的治理体制"。[①]习近平总书记说："一个县就是一个基本完整的社会，'麻雀虽小，五脏俱全'。现在，县级政权所承担的责任越来越大，需要办的事情越来越多，尤其是在全面建成小康社会、全面深化改革、全面依法治国、全面从严治党进程中起着重要作用。"[②]因此，县域治

---

① 曹正汉.中国上下分治的治理体制及其稳定机制[J].社会学研究,2011,25(1):4.

② 习近平.习近平谈治国理政:第二卷[M].北京:外文出版社,2017:140.

理构成了国家治理的基础,是国家治理体系和治理能力现代化的重要基石。

县域治理的目标是实现县域的"善治"。善治是"公共利益最大化的管理过程",其本质特征在于"它是政府与公民对公共生活的合作管理,是政治国家与公民社会的一种新颖关系,是两者的最佳状态"①。也就是说,县域治理要在"官民"共同治理的基础上,在"官民和谐"的状态下实现县域公共利益的最大化。县域治理是一项复杂的系统工程,我们可以从三个维度来阐述。

1.谁来治理? 县域治理首先涉及治理主体问题,即由谁来治理。在中国共产党领导的社会主义国家,党是中国特色社会主义事业的领导核心。对于县域治理而言,中国共产党自然是领导核心。在此前提下,形成党委领导、政府负责、社会协同、公众参与、法治保障的治理格局。但同时需要强调的是,县域治理必须把人民放在治理主体的地位,积极创造各种机制、制度扩大公民的有序政治参与,积极保障并实践公民的各项民主权利。这就意味着,公民参与治理不能仅仅停留在表面形式上,还必须让公民参与所形成的公共意志对县域治理的现实政策走向产生实质影响,并使这一渠道形成制度化,让公共利益在治理政策中得到实现与维护。

2.治理什么? 治理的最终目的在于形成良好的社会秩序。在现代社会中,客观存在的不确定性和社会转型的现实要求,尤其是不断增强的流动性,使得"秩序"显得更为珍贵。良好的社会秩序来自哪里? 它维系于多重因素,与经济发展、民生改善、突出矛盾化解等因素直接相关。虽然不能说有了经济增长就有了一切,但

---

① 俞可平.敬畏民意:中国的民主治理与政治改革[M].北京:中央编译出版社,2012:185.

是经济发展是一切发展的基础,它对于整个县域发展的影响巨大而深远。因此,在构建良好县域秩序时,不能忽略经济发展。县域工作虽千头万绪,但发展始终是第一要务,也是解决问题的"金钥匙"。特别是在区域发展竞争激烈并呈现"既比综合实力、整体水平,又比标志性、引领性亮点"等特征的情况下,须铆足干劲、狠抓发展。

3.怎么治理?县域治理的最大特点是要既"接天线"又"接地气"。对上,要贯彻党的路线方针政策,落实中央和省市的工作部署;对下,要领导乡镇、社区,促进发展、服务民生。从这个意义上讲,做好县域治理殊为不易,需要从多个方面努力。首先,要提振干部的精气神。通过科学合理的激励机制、容错机制来激发广大干部干事创业的精气神,为县域治理提供最为基础的动力支持。其次,要营造良好政治生态。政治生态是党风、政风、社会风气的综合反映。政治生态好,人心就顺、正气就足;政治生态不好,人心就会涣散、弊病丛生。县域虽小但五脏俱全,最能集中反映一个地区的政治生态,其治理绩效也最容易受政治生态的影响。再次,要创新体制机制。科学合理的体制机制对县域治理发挥着深层次的作用。县域治理不仅要完成上级政府布置的各种任务,保障上级政策在基层的有效落实,还要结合本地实际开展自主探索。这就意味着要革新自上而下的压力型体制,建构协同合作治理体制,引导各级政府、政府与群众等治理主体按照协同合作思维变管控为服务,合力投入县域治理中去。

四、县域治理的总体框架

党的十九大在全面总结经验、深入分析形势的基础上,从经济、政治、文化、社会、生态文明五个方面,确定了新时代统筹推进

"五位一体"总体布局的战略目标，作出了总体部署。这些部署，既有理论分析，又有实践举措，既是新时代推进中国特色社会主义事业的路线图，又是更好地推动人的全面发展、社会全面进步的任务书。

"五位一体"总体布局是一个有机整体，其中，经济建设是根本，政治建设是保证，文化建设是灵魂，社会建设是条件，生态文明建设是基础。只有坚持"五位一体"建设全面推进、协调发展，才能形成经济富裕、政治民主、文化繁荣、社会公平、生态良好的发展格局，把我国建设成为富强、民主、文明、和谐、美丽的社会主义现代化国家。

县既具有一级政府的完备功能，又具有较为完备的制度和治理体系。县域治理好了，党的执政兴国的基础就稳固了，整个国家的治理就有了坚实的基础。良好的县域治理是县域经济、政治、文化、社会、生态文明建设的集中体现，是推动国家治理现代化的基石。因此，推动"五位一体"总体布局在县域层面的落地生效，是县域治理的总架构。

1.经济建设是根本。习近平总书记指出，面对中国经济发展进入新常态、世界经济发展进入转型期、世界科技发展酝酿新突破的发展格局，我们要坚持以经济建设为中心，坚持以新发展理念引领经济发展新常态，加快转变经济发展方式、调整经济发展结构、提高发展质量和效益，着力推进供给侧结构性改革，推动经济更有效率、更有质量、更加公平、更可持续地发展，加快形成崇尚创新、注重协调、倡导绿色、厚植开放、推进共享的机制和环境，不断壮大我国经济实力和综合国力。①

---

① 习近平.习近平谈治国理政:第二卷[M].北京:外文出版社,2017:38.

毫无疑问,发展是解决我国一切问题的基础和关键。新时代需要的是实现科学发展、高质量发展,这就必须使市场在资源配置中起决定性作用和更好发挥政府作用,必须深入实施创新驱动发展战略,推进新型工业化、信息化、城镇化、农业现代化同步发展。因此,在县域治理中,要加快推动经济转型升级、促进经济发展,必须坚持新发展理念,加快建设现代化经济体系,以供给侧结构性改革为主线,推动经济发展质量变革、效率变革、动力变革,不断解放和发展社会生产力。

2.政治建设是保证。坚持党的领导、人民当家作主、依法治国有机统一,坚定不移走中国特色社会主义政治发展道路,把我国社会主义民主政治的优势和特点充分发挥出来。每个国家的政治制度都是独特的,都是由这个国家的人民决定的,都是在这个国家历史传承、文化传统、经济社会发展的基础上长期发展、渐进改进、内生性演化的结果。① 习近平总书记指出,人民民主是中国共产党始终高举的旗帜。在前进道路上,我们要坚定不移走中国特色社会主义政治发展道路,继续推进社会主义民主政治建设、发展社会主义政治文明。②

在县域治理中,加强政治建设,就是要不断营造基层党建整体推进新格局,推动地方政府的"放管服"改革,建立法治政府、责任政府和公共服务型政府,坚持和完善人民代表大会这一根本制度,坚持好人民政协制度,不断健全基层治理体系。

3.文化建设是灵魂。习近平总书记指出,文化自信,是更基础、更广泛、更深厚的自信,是更基本、更深沉、更持久的力量。坚

① 习近平.习近平谈治国理政:第二卷[M].北京:外文出版社,2017:286.
② 习近平.习近平谈治国理政:第二卷[M].北京:外文出版社,2017:285.

定文化自信,是事关国运兴衰、事关文化安全、事关民族精神独立性的大问题。① 文化建设要弘扬社会主义核心价值观,弘扬以爱国主义为核心的民族精神和以改革创新为核心的时代精神,不断增强全党全国各族人民的精神力量。要坚持古为今用、以古鉴今,坚持有鉴别的对待、有扬弃的继承,而不能搞厚古薄今、以古非今,努力实现传统文化的创造性转化、创新性发展,使之与现实文化相融相通,共同服务以文化人的时代任务。②

当前,社会上思想活跃、观念碰撞,互联网等新技术新媒介日新月异,我们要审时度势、因势利导,创新内容和载体,改进方式和方法,使精神文明建设始终充满生机活力。③ 在县域治理中,要创造性转化和创新性发展地方优秀文化,作为弘扬社会主义核心价值观的载体,着力构建基层公共文化服务体系,大力发展文化产业。

4.社会建设是条件。社会建设要坚持以人民为中心的发展思想。人民对美好生活的向往,就是我们的奋斗目标。党的十八届五中全会鲜明提出要坚持以人民为中心的发展思想,把增进人民福祉、促进人的全面发展、朝着共同富裕方向稳步前进作为经济发展的出发点和落脚点。④ 社会建设要着力推进社会治理系统化、科学化、智能化、法治化,深化对社会运行规律和治理规律的认识,善于运用先进的理念、科学的态度、专业的方法、精细的标准提升社会治理效能,增强社会治理整体性和协同性,提高预测预警预防各类风险能力,增强社会治理预见性、精准性、高效性,同时要树立法

---

① 习近平.习近平谈治国理政:第二卷[M].北京:外文出版社,2017:349.
② 习近平.习近平谈治国理政:第二卷[M].北京:外文出版社,2017:313.
③ 习近平.习近平谈治国理政:第二卷[M].北京:外文出版社,2017:324.
④ 习近平:不断开拓当代中国马克思主义政治经济学新境界[EB/OL].(2020-08-15)[2021-08-01].http://www.xinhuanet.com/politics/2020/08/15/c_1126371720.htm.

治思维、发挥德治作用,更好地引领和规范社会生活,努力实现法安天下、德润人心。①

在县域治理中,要坚持在发展中保障和改善民生,在发展中补齐民生短板、促进社会公平正义,在幼有所育、学有所教、劳有所得、病有所医、老有所养、住有所居、弱有所扶上不断取得新进展。

5.生态文明建设是基础。早在2005年,时任浙江省委书记习近平在浙江安吉余村考察时,就提出了"绿水青山就是金山银山"理念。尊重自然生态的发展规律,只有保护和利用好生态环境,才能更好地发展生产力,在更高层次上实现人与自然的和谐。良好生态环境是最公平的公共产品,是最普惠的民生福祉。习近平总书记强调,环境治理是一个系统工程,必须作为重大民生实事紧紧抓在手上。生态环境保护的成败,归根结底取决于经济结构和经济发展方式。发展经济不能对资源和生态环境竭泽而渔,生态环境保护也不是舍弃经济发展而缘木求鱼,要坚持在发展中保护、在保护中发展,实现经济社会发展与人口、资源、环境相协调,使绿水青山产生巨大生态效益、经济效益、社会效益。②

在县域治理中,要树立"绿水青山就是金山银山"理念,坚持人与自然和谐共生,加强城乡环境综合整治,不断探索和健全生态文明制度体系,形成节约资源和保护环境的空间格局、产业结构、生产方式、生活方式,还自然以宁静、和谐、美丽,为子孙后代留下天蓝、地绿、水清的生产生活环境。

---

① 习近平.习近平谈治国理政:第二卷[M].北京:外文出版社,2017:386.
② 习近平:在深入推动长江经济带发展座谈会上的讲话[EB/OL].(2019-08-31)[2021-08-01].http://cpc.people.com.cn/n1/2019/0831/c64094-31329527.html.

第二节　县域治理与县域高质量发展

县域高质量发展是县域高效能治理的直接体现。县域高质量发展必须全面深入地理解和践行新发展理念,从治理体系和治理能力上研究解决制约解放和发展生产力的深层次问题,在事关高质量发展的重点领域、关键环节上率先探索、寻求突破,用发展的思路和办法解决痛点、堵点问题。

一、新发展理念与县域高质量发展

发展理念是发展行动的先导,是发展思路、发展方向、发展着力点的集中体现。改革开放 40 多年,中国取得举世瞩目的成就,最根本的原因在于全国人民在中国共产党的领导下,始终坚持以经济建设为中心,坚持发展这个党执政兴国的第一要务,把马克思主义理论与中国实践相结合,与时俱进地推进发展理念的不断创新。

40 多年来,中国共产党总是根据形势和任务的变化,适时提出相应的发展理念和战略,引领和指导发展实践。特别是党的十八大以来,以习近平同志为核心的党中央着眼新的发展实践,深入推进党的理论创新,在发展目标、发展动力、发展布局、发展保障等方面形成了一系列新理念新思想新战略。党的十八届五中全会提出的创新、协调、绿色、开放、共享的发展理念,体现了对新的发展阶段基本特征的深刻洞悉,集中反映了我们党对经济社会发展规律认识的深化,是我国发展理论的又一次重大创新。党的十九大进一步把"坚持新发展理念"作为新时代坚持和发展中国特色社会主义的基本方略之一,强调"发展是解决我国一切问题的基础和关键,发展必须是科学发展,必须坚定不移贯彻创新、协调、绿色、开放、共享的新发展理念"。

新发展理念的提出，是以习近平同志为核心的党中央立足深刻变化的世情、国情，集中全党和全国人民智慧，从理论到实践不懈探索和深化的集中体现。经过多年的发展积累，我国形成了强大的经济实力和较强的综合国力，展现出大国经济特有的韧性、潜力和巨大回旋余地，具备进一步推动发展的良好条件和雄厚基础；与此同时，经过长期高速发展之后，也进入旧动力日益弱化、新动力逐步生成的调整期，面临增速放缓和转型升级双重压力，跨越"中等收入陷阱"任务艰巨，化解各种矛盾风险迫在眉睫。特别是进入新常态以来，增长速度换挡期、结构调整阵痛期、前期政策消化期"三期叠加"，迫切需要从现实发展理清发展思路，调整发展战略。为此，习近平总书记强调，新常态下要有新思路，必须是遵循经济规律的科学发展、遵循自然规律的可持续发展、遵循社会规律的包容性发展；新常态下要有新理念，必须崇尚创新、注重协调、倡导绿色、厚植开放、推进共享，破除"唯 GDP 论英雄"，摆脱高速增长的"纠结"，实现保持中高速、迈向中高端的健康增长。这些论述，有针对性地回答了新常态下经济治理"怎么看""怎么干"的问题，形成的一系列新理念、新主张，为通往治理体系和治理能力现代化的道路打下了坚实的理论基石，也为实现马克思主义同中国实际相结合的历史性飞跃、开拓治国理政新境界奠定了坚实基础。

2021 年 1 月，在省部级主要领导干部学习贯彻党的十九届五中全会精神专题研讨班开班式上，习近平总书记深刻指出，新发展理念是一个系统的理论体系，回答了关于发展的目的、动力、方式、路径等一系列理论和实践问题，阐明了我们党关于发展的政治立场、价值导向、发展模式、发展道路等重大政治问题，明确要求全党必须完整、准确、全面贯彻新发展理念。如何完整、准确、全面贯彻新发展理念？习近平总书记从三个方面进行了深入阐述。一是从根本宗旨把握新发展理念。人民是我们党执政的最深厚基础和最大底气。为人民谋幸福、为民族谋复兴,这既是我们党领导现代化建设的出发点和落脚点,也是新发展理念的"根"和"魂"。只有坚持以人民为中心的发展思想,坚持发展为了人民、发展依靠人民、发展成果由人民共享,才会有正确的发展观、现代化观。实现共同富裕不仅仅是经济问题,更是关系党的执政基础的重大政治问题。要统筹考虑需要和可能,按照经济社会发展规律循序渐进,自觉主动解决地区差距、城乡差距、收入差距等问题,不断增强人民群众获得感、幸福感、安全感。二是从问题导向把握新发展理念。我国发展已经站在新的历史起点上,要根据新发展阶段的新要求,坚持问题导向,更加精准地贯彻新发展理念,举措要更加精准务实,切实解决好发展不平衡不充分的问题,真正实现高质量发展。三是从忧患意识把握新发展理念。随着我国社会主要矛盾变化和国际力量对比深刻调整,必须增强忧患意识、坚持底线思维,随时准备应对更加复杂困难的局面。要坚持政治安全、人民安全、国家利益至上有机统一,既要敢于斗争,也要善于斗争,全面做强自己。

新发展理念深刻揭示了实现更高质量、更有效率、更加公平、更可持续、更为安全发展的必由之路,贯彻落实新发展理念是关系我国发展全局的一场深刻变革。在县域高质量发展进程中,把新发展理念贯穿发展全过程和各领域,不断促进创新成为第一动力、协调成为内生特点、绿色成为普遍形态、开放成为必由之路、共享成为根本目的,不断破解发展难题、增强发展动力、厚植发展优势,加快构建新发展格局。

创新成为第一动力，就是要从根本上改变县域发展长期以来追求规模速度扩张的发展思路，改变依靠大量资源要素的低效投入驱动经济增长的发展模式，转向追求质量效益、主要依靠创新驱动经济发展的新模式，使创新成为推动县域经济发展的第一动力。

协调成为内生特点，就是要把协调作为县域经济发展的目标和重要手段，牢牢把握"五位一体"总体布局，通过改革创新，重点促进城乡区域协调发展，持续优化三次产业、内需与外需、投资与消费的关系，推动产业迈向中高端，促进消费、投资和出口协同拉动，使协调成为县域经济发展的显著特点。

绿色成为普遍形态，就是要彻底改变以牺牲环境为代价的发展模式，树立和践行"绿水青山就是金山银山"理念，加快建立有利于可持续发展的生态文明制度体系，持续推进节能减排、污染治理，大力发展循环经济，使绿色成为县域经济发展的不变底色。

开放成为必由之路，就是要主动适应新时代经济全球化新形势，以开放促改革、促发展、添活力，主动融入国家开放发展的大局，加快构建开放型经济新体制，推动形成内外联动、双向互济的开放新格局，使开放成为促进县域经济发展的有效手段。

共享成为根本目的，就是要坚持以人民为中心的发展思想，坚持发展为了人民、发展依靠人民、发展成果由人民共享，始终把人民对美好生活的向往作为奋斗目标，持续增加人民福祉，朝着共同富裕方向稳步前进，使共享成为县域经济发展的价值追求。

二、促进县域高质量发展的治理体制

良好的制度环境带来的是良好的社会秩序和稳定的社会生态，使社会成员、各行各业真正做到各得其所。发展主体只有在这样的优良环境下才能有发展的信心、创造的冲动。因此，必须以县域治理现代化推动县域高质量发展。但也要看到,当前县域治理体制与高质量发展要求还有差距,现实中尚存在政府与市场之间边界不清、行政干预过多、有效监管缺位、政策透明度和协调性不足等问题。因此,必须从体制机制改革入手,创新县域治理方式,建立并完善与县域高质量发展相一致的治理机制完善政府的决策、执行、考核、监督,优化政府的服务流程,进一步激发市场主体的活力和创造力。

第一,要营造公平竞争的市场环境。一是要进一步放松市场准入限制,有效发挥市场机制配置资源的作用,使不同规模、不同所有制、不同技术路线的企业能够公平获得生产要素,真正形成优胜劣汰的竞争机制。二是要强化产权保护机制,调动民营经济的积极性。一方面,进一步完善产权制度,完善和细化相关法律,全面落实支持非公有制经济发展的政策措施;另一方面,严格执行产权保护的法律,依法平等保护各类所有制经济产权。要推进以产权保护为重要内容的政务诚信建设,强化知识产权保护,提高侵权成本,降低维权成本。三是要有效运用财税、金融、汇率等政策工具,多措并举切实降低实体经济的运营成本和创新成本,提高实体经济的竞争力。四是还要加强普惠性政策,全面推行公平竞争审查制度;建立健全信用法规和标准体系,加快推进社会信用体系建设。

第二,要切实转变政府职能。在市场经济中,政府的作用主要是克服市场失灵,形成公平竞争和法治有序的市场环境。在这一过程中,一是要改进市场监管方式,进一步完善标准、检验检测和认证体系,健全激励创新、包容审慎的市场监管体系,促进微观主体的创造力和活力。二是要加强政策机制设计,建立公开、透明、稳定和可预期的政策体系,促进实体经济转型升级。三是要建立健全反映资源稀缺性和外部效果的价格机制和财税体系,将外部成本效益内部化,实行规制与市场机制相结合,促进资源节约、环境友好的绿色发展模式。与此同时,还要继续推进政府职能转变,深化简政放权,处理好政府和市场的关系。在新一轮机构改革的基础上,要加强政务服务标准化建设,优化政务服务,可考虑将营商环境评价纳入各级政府考核体系。

第三,要完善公共服务体系。一是进一步优化政府财政支出结构,提高公共资金使用的社会效益,明确责任,提高支出效率。公共支出重点保民生,增加教育、医疗卫生和养老等公共产品的有效供给,深化公共服务体制改革,提高公共品的供给质量和效率。二是完善社会保障制度,增强社会保障体系的保障能力和可持续性。三是完善促进消费的体制机制,进一步优化消费环境,增加有效供给,满足人民群众日益增长的美好生活需要。一方面,坚持面向消费需求,增加有效供给,满足不断升级和多样化的居民消费需求;另一方面,依法治理消费市场秩序,切实保护消费者利益。同时,加强消费市场监管,加强对消费侵权的查处,严厉打击假冒伪劣商品,使人民群众放心和安全地消费。四是支持社会力量进入医疗、养老、教育、文化、体育等领域,满足不同层次收入群体多样化的需要。同时加强必要的质量、风险和收费标准监管,使其与政府投资形成良好的互动和补充。

第四,要深化要素市场化改革。高质量发展需要高质量的要素。一方面,要建立合理反映各类要素价值的价格体系,发挥市场机制配置资源的决定性作用,促进要素合理流动和配置。另一方面,要增加对人力资本的投入,优化教育结构,提高人才培养质量。

根据产业结构转型升级的需要，加强在职培训，提高人才对高质量发展的适应程度。建立多层次的人才政策，构建适应各类人才的薪酬和激励机制，调动各类人才的创造性和积极性。深入推进户籍制度改革及公共服务等相关配套改革，促进人才的合理流动。此外，还要加强金融体制改革，健全多层次的资本市场，完善监管体制，促进金融为实体经济服务；加强对生态环境保护的监管，加大执法力度。通过税收、绿色信贷、生态补偿、排放交易等政策工具，建立严格监管与有效激励相结合的生态保护长效机制。

第五，要建立健全高质量发展的评价指标体系。建立高质量发展评价指标要实行总量指标和人均指标相结合，效率指标和持续发展指标相结合，经济高质量发展与社会高质量发展相结合。在这一过程中，可考虑建立三类指标：一是反映要素生产率的指标，提高全要素生产率，尤其要提高稀缺生产要素的投入产出率，如劳动、资本、能源、土地、环境、水资源产出率等。二是经济活力指标，包括创新创业，不仅要看注册量，还要看成长性或成活率；投资增长，重点看民间投资和制造业投资；体现产品质量和竞争力等指标。三是体现以人民为中心，提高生活质量和幸福感的指标，如就业、人均可支配收入、人均公共品的拥有量，以及寿命、出生率等。需要注意的是，要充分考虑区域间经济社会发展不平衡，评价指标不能一刀切，应允许在总体框架下，各地因地制宜突出重点，使评价指标真正起到风向标和助推器的作用。

◆ **本章小结**

实现县域高质量发展必须以高效能治理为基础，更大力度地解放和发展社会生产力，提高全要素生产率，增进人民福祉。良好的县域治理是县域经济、政治、文化、社会、生态文明建设的集中体现,是推动国家治理现代化的基石。县域高质量发展必须全面深入地理解和践行新发展理念,从治理体系和治理能力上研究解决制约解放和发展生产力的深层次问题,在事关高质量发展的重点领域、关键环节上率先探索、寻求突破,用发展的思路和办法解决痛点、堵点问题。

◆◆ 思考题

1. 在新发展阶段,为什么县级政府的重要性并没有弱化?

2. 结合实际,谈谈新发展阶段县域治理面临的新问题有哪些?

◆◆ 拓展阅读

1. 马斌.政府间关系:权力配置与地方治理——基于省市县政府间关系研究[M].杭州:浙江大学出版社,2009.

2. 周黎安.转型中的地方政府:官员激励与治理[M].上海:格致出版社,2008.

3. 樊红敏.转型中的县域治理:结构行为与变革[M].北京:中国社会科学出版社,2013.

4. 李荣娟.中国县域治理史[M].上海:上海科学技术文献出版社,2020.

5. 游祖勇.中国县域经济:政府治理与创新发展[M].北京:清华大学出版社,2019.

我国经济发展进入新常态,保持经济社会持续健康发展,必须转方式、调结构,必须实施创新驱动发展战略,必须推动新型工业化、信息化、城镇化、农业现代化同步发展。做好这些工作,县一级十分重要。全面深化改革,县一级要做什么事,能做什么事,要不等待、不观望,坚持问题导向,积极主动作为。

——摘自习近平与中央党校县委书记研修班学员座谈会上的讲话①

第二章 浙江县域治理与县域发展的实践脉络

◆◆ 本章要点

1.浙江的省直管县的体制优化了地方治理结构,打破了以行政区划为本的传统思维和行为惯性,经济活动从以行政关系为中心转向以市场交易关系为中心、从关照单个地域的发展转向关照整个区域的发展,在资源得到有效配置的情况下,推动了全省经济尤其是县域经济的持续快速发展。

2.浙江县域经济的繁荣与转型,其背后就是浙江县域治理体制的持续改革和创新,是一条不断探寻县域善治之路。

3.推动县域经济向城市经济、都市区经济转型,这是新时代经济高质量发展的必然要求。从县域经济向城市经济、都市区经济

---

① 霍小光,华春雨.习近平总书记与中央党校县委书记研修班学员座谈速写[N].人民日报,2015-01-13(2).

转型,不仅仅是地理空间的简单拓展,更是涉及区域内空间布局、城乡结构、资源调配、产业形态、管理方法等一系列转型升级。

浙江作为中国革命红船起航地、改革开放先行地、习近平新时代中国特色社会主义思想重要萌发地,注重县域发展一直是浙江改革开放的重要特点,尤其在县域治理方面的改革创新一直走在全国前列,很多改革创新实践为全国所复制和推广,形成了治理与发展良性互动、互为支撑的模式。尤其是 2020 年 5 月 20 日,《中共中央　国务院关于支持浙江高质量发展建设共同富裕示范区的意见》,这是习近平总书记、党中央赋予浙江的光荣使命,是赋予浙江为实现第二个一百年奋斗目标探路的重大政治责任,是浙江前所未有的重大发展机遇。2020 年 6 月 10 日至 11 日,浙江省委召开十四届九次全会,系统研究部署高质量发展建设共同富裕示范区,制定出台了《浙江高质量发展建设共同富裕示范区实施方案(2021—2025 年)》。浙江省委十四届九次全会指出,共同富裕美好社会是社会结构更优化、体制机制更完善的社会形态,是一场以缩小地区差距、城乡差距、收入差距为标志的社会变革。如何持续缩小"三大差距",形成全域一体、全面提升、全民富裕的均衡图景,县域治理与县域发展的作用举足轻重。

第一节　浙江县域治理体制的基本特征

县域经济的繁荣发展与县域治理体制密不可分。多年来,浙江的省市县政府层级体制是一种接近省直管县的体制。这一制度模式优化了地方治理结构,其所产生的积极效应使得市场引力作用得以充分发挥,打破了以行政区划为本的传统思维和行为惯性,经济活动从以行政关系为中心转向以市场交易关系为中心、从关照单个地域的发展转向关照整个区域的发展,在资源得到有效配置的情况下,推动了全省经济尤其是县域经济的持续快速发展,同时也促进了城乡区域之间协调均衡发展,成为催生"浙江模式"最重要的体制性因素之一。

一、高效务实的政府治理体制

长期以来,浙江省在政府治理改革领域进行了持续的探索和实践,形成了一大批行之有效的制度成果。特别是 2003 年以来,历届浙江省委、省政府以自我革命的勇气,开启了一场又一场刀刃向内的政府自身改革,不断推进政府治理能力和治理体系现代化,撬动经济、社会、文化、生态各领域改革,增创"政府有为、市场有效、企业有利、百姓受益"的体制机制新优势。回顾这个历程,大致经历了以下五个阶段。

一是机关效能建设阶段。机关效能建设是时任浙江省委书记习近平在 2003 年部署"八八战略"的一项重要工作。"八八战略"第七项就是"进一步发挥浙江的环境优势",其中,"软环境"的重点是加强信用建设、法治建设和机关效能建设。习近平同志指出,机关效能"不仅仅是一个简单的提高工作效率、优化服务质量的问题,更重要的是一个加强党的执政能力建设、巩固党的执政地位的问题"。[①] 浙江省把 2004 年作为"机关效能建设年",发布了机关效能建设四大禁令和问责办法,及时查处了一批效能低下的人和事。通过机关效能建设,服务型政府的理念深入人心,政府职能加快转

---

① 鲍洪俊.治疗"本领恐慌"浙江开展机关效能建设[EB/OL].(2004-08-26)[2021-08-01]. http://news.sohu.com/20040827/n221768899.shtml.

变,行政效能大幅提升。

二是行政审批制度改革阶段。自 1999 年以来,浙江省先后开展了多轮行政审批制度改革,并在全国率先开展了综合行政服务机构改革试点。到 2016 年,全省行政许可事项从最初的 3000 多项减少到 500 多项,非行政审批事项在 2014 年全部取消。通过行政审批制度改革,浙江成为全国审批事项最少、办事效率最高、投资环境最优的省份之一。

三是"四张清单一张网"改革阶段。2014 年,浙江省开展"四张清单一张网"改革。"一张网"是浙江政务服务网,是全国第一个构建在云平台,实现省、市、县一体化建设与管理的"互联网＋政务服务"平台。同时,以"一张网"为载体,晾晒政府部门权力清单、责任清单、企业投资项目负面清单、财政专项资金管理清单"四张清单",依法厘清政府治理边界,将权力关进制度的笼子里。

四是"最多跑一次"改革阶段。2017 年,浙江全面启动实施"最多跑一次"改革,从群众的角度确定改革目标、评估改革效果,按照"群众和企业到政府办事最多跑一次"的理念和目标,从与企业和人民群众生产生活关系最紧密的领域和事项做起,逐步实现全覆盖。以"最多跑一次"倒逼各级各部门减权、放权、治权,逐步形成覆盖行政许可、行政服务等全领域的"一次办结"机制,市场监管的"部门联合、随机抽查、按标监管"的"一次到位"机制,便民服务"在线咨询、网上办理、证照快递送达"的"零上门"机制。全面梳理和规范各类办事事项,优化办事流程,推行"一窗受理、集成服务、一证通办"。截至 2017 年底,省、市、县 50％以上的事项开通了网上办理。省级"最多跑一次"事项达到 665 项,设区市本级平均达到 755 项,县(市、区)平均达到 656 项。

五是政府数字化转型和数字化改革阶段。聚焦"最多跑一次"改革必须突破的数据共享关键环节,浙江积极推进政务服务"一张网"互联互通,省级部门打破信息孤岛取得实质性突破。在此基础上,为推动"最多跑一次"改革向纵深发展,从2018年起大力推进政府数字化转型。聚焦"掌上办事之省"和"掌上办公之省"建设目标,以一体化数据平台为关键支撑,以构建业务协同、数据共享两大模型为基本方法,以重大项目为载体,全面推进政府职能数字化转型,打造整体协同、高效运行的数字政府。到2019年底,全省政务服务事项100%实现网上可办,80%以上实现掌上办,90%以上实现"跑零次"可办,90%以上民生事项实现"一证通办";到2020年底,基本建成"掌上办事之省"和"掌上办公之省"。

2021年,浙江进入了数字化改革的新阶段。数字化改革是"最多跑一次"改革和政府数字化转型基础上的迭代深化。省委要求,数字化改革是围绕建设数字浙江目标,统筹运用数字化技术、数字化思维、数字化认知,把数字化、一体化、现代化贯穿到党的领导和经济、政治、文化、社会、生态文明建设全过程,对省域治理的体制机制、组织架构、方式流程、手段工具进行全方位、系统性重塑的过程。要瞄准推进省域治理体系和治理能力现代化,激发活力、增添动力,打造全球数字变革高地的改革方向;把握一体化、全方位、制度重塑、数字赋能、现代化的改革特征;聚焦党政机关、数字政府、数字经济、数字社会、数字法治的改革重点,从整体上推动省域经济社会发展和治理能力的质量变革、效率变革、动力变革,在根本上实现全省域整体智治、高效协同,努力成为"重要窗口"的重大标志性成果。并且指出,当前数字化改革的重点任务是加快构建"1＋5＋2"工作体系,搭建好数字化改革"四梁八柱"。"1"即一体化、智能化公共数据平台;"5"即五个综合应用,分别是党政机关整体智治综合应用、数字政府综合应用、数字经济综合应用、数字社会综合应用和数字法治综合应用,包含"产业大脑＋未来工厂""城市大脑＋未来社区"等核心业务场景;"2"即数字化改革的理论体系和制度规范体系。①

在县域政府治理体制的设计上,浙江长期以来形成的类似市、县分治的省、市、县政府间权力配置模式,既减少了地级市政府可能给县级政府的行为选择施加的约束,又制约了地级市政府利用行政手段汲取县(市)资源的可能性空间,在中国现行体制框架内赋予县级政府最大的行政自主权,有效地调动了县级政府推动地方经济发展、推进体制创新的积极性和创造性,为浙江孕育出繁荣的县域经济提供了强有力的体制支撑。

(一)渐趋完善的省管县财政体制

省管县财政体制的一个显著特点就是把县级财政与市级财政摆到平等地位,省财政对它们采取一视同仁的财政政策,财政结算、专项资金的分配(含与部门联合发文分配的资金)、资金的调度等都是由省直接到县(市),特别是转移支付给县级财政的资金无须经过市级"把关"。

自 1953 年以来,除"文化大革命"后期的一段时期以外,浙江省一直实行省管县财政体制。省管县财政体制不是浙江的独创,不过像浙江这样自 1953 年以来一直坚持省管县财政体制的省、自治区,在全国几乎没有。其间,浙江省政府顶住了各方的压力,并且根据经济社会发展阶段的变化,坚持实行、不断调整和完善省管

---

① 袁家军.改革突破争先建设数字浙江[N].人民日报,2021-03-17(7).

县财政体制。具体包括:

一是形成了相对较为均衡的收支划分模式。1994 年,浙江省根据国务院关于实行分税制财政管理体制的决定精神,省财政从 1994 年起对市、县(市)财力增量集中了"两个 20%",即地方财政收入增收额的 20% 和税收返还增加额的 20%,但对少数贫困县和海岛县适当给予照顾。2003 年和 2008 年,省对市、县(市)财政体制作了进一步完善,但集中这两个 20% 没有变。而全国许多省实行的是按税种集中,如集中增值税的 25% 部分,营业税、企业所得税等税收增量的一半等。①

二是实行激励与约束相结合的财政政策。从 1995 年开始,对全省 68 个(由于行政区划调整,2003 年底为 63 个)市(地)、县(市)(不含计划单列宁波市及所属县)实施"抓两头,带中间,分类指导"②的财政政策。从 2003 年起,浙江省对有关政策进行调整和完善,对欠发达地区及海岛地区等,实行"两保两挂"补助和奖励政策;对经济发达或较发达市县,实行"两保一挂"奖励政策。

三是逐步建立科学化、规范化的转移支付制度。从 2004 年起,为进一步完善省对市县的转移支付办法,逐步建立科学化、规范化的转移支付制度,试行以总人口、地域面积、财力状况等客观因素为基础计算分配转移支付额,对全省 38 个经济欠发达和次发达市、县(市)进行了转移支付补助。

---

① 这种体制一方面会因为某一企业某一税种决定一个市、县(市)的财政命运;另一方面容易引起市、县(市)人为调节税收,不利于调动市、县(市)增收积极性。

② 所谓"抓两头",即抓经济发达县一头和欠发达县及贫困县一头。所谓"带中间",即指带动介于两者之间的少数较发达县,这少数县(市)与发达市、县(市)一样享受"两保两联"财政政策,所以工作重点是"抓两头"。所谓"分类指导",即对发达和较发达县,欠发达和贫困县两类采取不同的工作方法和实行不同的财政政策。

(二)强县扩权与省市县政府间管理权限的合理配置

强县扩权是指在不涉及行政区划层级调整的情况下,将一部分归属于地级市的经济管理权和社会管理权直接赋予经济强县(市),以推进县域经济的发展。强县扩权政策的实施,是基于满足经济强县经济社会快速发展而对权力的内在需求。这种要求主要表现为两方面:一方面,经济强县自身经济社会的迅速发展,市场权力逐渐强大,需要与之相适应的政府权力来推进经济社会的更快发展,即需要政府与市场形成合力共同发挥作用,以提高经济社会的发展效率;另一方面,在市管县体制下经济强县需要通过扩张权力来增强自身与地级、市级政府在权力与利益博弈格局中的力量,以维护和保证自身的正当权益。[①]

20世纪90年代以来,浙江省委、省政府一直试图通过对市县间经济管理权限分配的合理配置来解决"市管县"体制引起的问题,多次出台政策,扩大部分经济发达县(市)经济管理权限,以适应县域经济快速发展的需求。

1992年,出台扩大萧山、余杭、鄞县、慈溪等13个县(市)部分经济管理权限的政策,主要内容有扩大基本建设项目审批权、扩大技术改造项目审批权、扩大外商投资项目审批权、简化相应的审批手续等四项。

1997年,在萧山、余杭试行享受市地一级部分经济管理权限,主要内容有基本建设和技术改造项目审批管理权限、对外经贸审批管理权限、金融审批管理权限、计划管理权限、土地管理权限等11项。同年,又授予萧山、余杭两市市地一级出国(境)审批管理

---

① 刘君德,贺曲夫,胡德.论"强县扩权"与政区体制改革[J].杭州师范学院学报(社会科学版),2006(6):47.

权限。

2002 年,实行新一轮的强县扩权政策,按照"能放都放"的总体原则,将 313 项原属地级市的经济管理权限下放给 17 个县(市)和萧山、余杭、鄞州 3 个区,这次放权涉及的范围比较广,主要涵盖计划、经贸、外经贸、国土资源、交通、建设等 12 大类。

2006 年,浙江省委、省政府为进一步切实解决经济强县行政管理职能和权限不适应经济社会发展需要等问题,积极探索县级行政管理体制改革的有益经验,确定将义乌市作为进一步扩大县级政府经济社会管理权限的改革试点,并且逐步予以推广。除规划管理、重要资源配置、重大社会事务管理等经济社会管理事项外,赋予义乌市与设区市同等的经济社会管理权限。

2008 年底,浙江的扩权改革进入了一个新的阶段,开始从强县扩权迈向了扩权强县,改革呈现放权对象的普惠化、放权内容的规范化,从而标志着浙江的省管县体制改革已经从"政策性激励向体制性创新转变"[①]。2008 年 12 月,在总结义乌市扩权改革试点经验的基础上,浙江省委办公厅和省政府办公厅下发了《关于扩大县(市)部分经济社会管理权限的通知》,全面实施扩权强县。

按照全面扩大县级政府管理权限的要求,扩权改革从两个层面展开:一是义乌继续深化试点。继续保留原有扩权事项 524 项、依法依规结合工作实际调整原有扩权试点事项 79 项、新增与经济社会管理密切相关的事项 94 项,共计下放 618 项经济社会管理事项。其中,省级事项 445 项,占 72%;市级事项 173 项,占 28%。二是其他县(市)同步扩权、分步到位。根据"确需、合理、条件具

---

① 何显明.从"强县扩权"到"扩权强县":浙江"省管县"改革的演进逻辑[J].中共浙江省委党校学报,2009,27(4):7.

备"的原则,下放经义乌市一年试点行之有效、县(市)确需且有条件承接的扩权事项 349 项,新增与县域经济社会管理密切相关的事项 94 项,共计下放 443 项经济社会管理事项。其中,省级事项 311 项,占 70％;市级事项 132 项,占 30％。[①] 实施扩权强县改革,有利于进一步调整理顺省、市、县三级政府的权责关系,探索扁平化的行政管理新模式;有利于减少行政层级、提高行政效能,创新运作机制;有利于县级政府转变职能,提高社会管理和公共服务的能力,更直接、更主动、近距离地为市场主体和社会公众提供省事、省时、省钱的有效服务。

二、市场导向的经济治理体制

党的十八大以来,浙江省委、省政府围绕激发县域经济发展活力、促进经济转型升级,开展了一系列县域改革试点。

第一,在海宁市开展要素配置市场化改革试点。这项改革的目的是要积极探索"市场在资源配置中起决定性作用"的具体实现形式,通过全面实行各类要素差别化定价,推动形成"亩产论英雄"的土地配置机制、"环境论英雄"的环境容量配置机制、"节能论英雄"的能源配置机制、"效率论英雄"的资金配置机制。近年来,海宁市结合产业结构和企业规模,从质量效益、技术创新、绿色发展等多个方面出发,综合考虑、科学合理设置指标和权重。本着"大稳定、小调整"原则,每年根据企业反馈意见和向社会各界公开征求的意见、建议,对评价体系不断优化。一是明确考评对象。对拥有土地使用权的工业企业,规上企业有土地的全部纳入考核分档,规下企业 3 亩以上纳入考核分档,3 亩以下只评价不分档。租赁企

---

① 马斌.政府间关系:权力配置与地方治理—— 基于省市县政府间关系研究[M].杭州:浙江大学出版社,2009:164.

业相关指标纳入承租企业进行考核。二是细化行业分类。按照国民经济分类,结合地方特色,分为皮革、经编、家纺、纺织服装服饰、橡塑、装备制造、数字经济和其他 8 个行业。按照同行业企业得分高低在行业内按一定比例进行分类。三是优化考评指标及权重。每年对评价体系不断优化,重点聚焦质量效益、技术创新、绿色发展等方面。对规上工业企业和规下工业企业分别设定评价指标,其中,规上设置 7 项指标:亩均税收(40%)、亩均增加值(17%)、单位能耗增加值(12%)、主要污染物排放总量增加值(10%)、全员劳动生产率(9%)、创新(R&D 经费支出占比 6%、优秀人才当量密度 6%);规下设置 3 项指标:亩均税收(50%)、亩均销售(25%)和单位电耗税收(25%)。四是建立立体式评价机制。在对工业企业评价的基础上,以各镇、工业平台和小微园区为评价主体,进行亩产效益的综合评价。五是升级大数据平台。启动建设"亩均论英雄"新系统开发,搭建"一平台、一中心、六应用"数据平台,实现全流程数字化评价,强化大数据分析应用,加强资源要素配置监管。根据海宁亩均评价体系,2019 年度规上亩均税收达到 21.6 万元/亩,较首轮评价 8.88 万元/亩增长了 143.24%,年均增幅超13.5%。根据浙江省亩均评价体系,2019 年度规上亩均税收和规上亩均增加值较 2016 年度平均 11.5 万元/亩、78.7 万元/亩分别增长了 130.4%、91.7%,年均增幅分别超 32.1%、24.2%。①

　　第二,在平湖市开展产业结构调整机制创新试点。开展建立健全企业分类评价及差别化政策引导体系、建立工业投资项目准入标准动态调整机制、建立健全优势产业提升和龙头企业扶持政策、建立健全落后产能整治淘汰制度、健全企业自主创新激励机制

---

　　①　海宁市发展和改革局.海宁市要素市场化配置改革工作情况汇报[Z].2020.

等 12 项重点改革任务。同时,建立产业生态发展机制,设定行业生态标准门槛,采取资源能源限量供应,倒逼企业节能减排;强化省级层面对地方政府以生态环保为约束性指标的考核评价办法,在平湖市探索建立生态考核评价机制,建立以治水、治气为核心的产业生态评价体系。这项改革试点的目的是积极探索优化要素配置、促进产业升级的具体实现形式,形成"腾笼换鸟、机器换人、空间换地、电商换市"的推进机制和"三名"企业的培育机制。

第三,在德清县开展城乡体制改革试点。这项改革的目的,就是通过优化要素在城乡之间的配置,来加快城市化和城乡一体化。具体体现在三个方面:一是深化农村产权制度改革,主要是推进"三权到人(户),权跟人(户)走",为愿意进城的农民和愿意留在农村的农民创造了平等的制度条件。二是积极推进以"化人"为核心的城市化,主要是鼓励有意愿、有条件的农民,通过宅基地空间置换到县城和中心镇建房落户。三是积极推进城乡基本公共服务均等化,统一城乡中小学教职工编制和工资福利,统一布局城乡医疗卫生资源,统一城乡最低生活保障标准。

第四,在开化县和淳安县开展重点生态功能区建设机制创新试点。这项改革的目的就是通过要素在区域之间的优化配置来强化生态功能区建设,形成"该保护的保护、该发展的发展"的机制。改革的具体举措有三条:一是建立了与污染物排放总量挂钩的财政奖惩制度,对开化县和淳安县排放的每吨污染物,省财政向县财政收缴 3000 元,目的就是要促进开化县、淳安县以及全省所有市县减少污染物排放。二是建立了与出境水水质和森林覆盖率挂钩的财政生态补偿制度,按出境水水质,Ⅰ类水每个百分点给予 120 万元财政奖励,Ⅱ类水每个百分点给予 60 万元奖励,

Ⅲ类水不奖不罚,Ⅳ类水每个百分点倒扣 20 万元,Ⅴ类水每个百分点倒扣 60 万元,劣Ⅴ类每个百分点倒扣 120 万元;对森林覆盖率,高于全省平均水平的每个百分点奖励 200 万元,目的就是要鼓励开化县、淳安县等主体功能为重点生态功能区的县(市),保护好绿水青山。三是完善了财政转移支付机制,对两县的工业税收实行保基数、保增长的政策,即以 2012 年工业税收收入实绩为基数,从 2014 年起,每年按全省工业税收收入平均增长水平补足差额部分。

一系列县域试点改革取得了明显的成效。为全面推广试点经验,系统、整体、协同推进县域经济体制综合改革,2015 年浙江省政府制定出台了《浙江省人民政府关于全面开展县域经济体制综合改革的指导意见》,总结推广县域经济体制改革试点成功经验,全面建立要素分层定价、企业分类指导、农村产权"确权、活权、同权"、扩大民间资本进入社会领域、企业投资高效审批和创新驱动发展等体制机制,切实提升改革综合效应,为全省经济发展提供体制保障。其主要内容是:全面建立以"亩产效益"为导向的资源要素差别化配置机制,全面推进正向激励与反向倒逼相结合的产业结构调整创新机制,全面推进城乡一体化发展体制机制创新,建立健全鼓励和吸引民间资本进入社会事业领域的体制机制,全面建立企业投资项目高效审批制度。

尤其值得指出的是,在浙江高质量发展建设共同富裕示范区的新征程中,山区 26 县跨越式高质量发展被赋予了新使命和新内涵。山区 26 县是高质量发展建设共同富裕示范区的重点、难点,也是突破点。21 世纪初,浙江有 26 个相对欠发达县、300 多个相对欠发达乡镇,特别是丽水、衢州和舟山三地,地域面积占浙江全省的 27%,经济总量只有全省的 10%,城乡居民可支配收入仅为沿海发达地区的一半。统筹山海协调发展,显得尤为迫切。如何从战略上破题? 2003 年,时任浙江省委书记习近平提出"进一步发挥浙江的山海资源优势,大力发展海洋经济,推动欠发达地区跨越式发展,努力使海洋经济和欠发达地区的发展成为我省经济新的增长点",将此作为"八八战略"的重要内容。自此,山海协作工程纲举目张,统筹区域协调发展成为浙江一以贯之的战略选择。省委主要领导明确提出,要念好新时代"山海经",进一步完善省域统筹机制,实施差别化区域政策,挖掘区域发展特色优势,系统性增强内生动力,推动形成全域一体化高质量发展新格局,为实现共同富裕提供浙江示范,开辟干在实处、走在前列、勇立潮头新境界。如《浙江高质量发展建设共同富裕示范区实施方案(2021—2025年)》明确,探索完善山海协作"飞地"建设机制,高水平建设"产业飞地"、山海协作产业园,支持山区海岛在省内外中心城市探索建设"科创飞地",推行共享型"飞地"经济合作模式,打造助力山区发展高能级平台。总之,迈入新阶段,全省上下从思路到作为都焕然一新,将以更大决心、齐心协力、超常规举措推动山区 26 县跨越式高质量发展,加快构建陆海统筹、山海互济的发展新格局,开启山区高质量发展共同富裕新征程。

三、多元协同的社会治理体制

新中国成立以来,浙江省在县域社会治理上进行了积极探索,取得了丰富经验。早在 20 世纪 60 年代初,诸暨市枫桥镇就创造了"发动和依靠群众,坚持矛盾不上交,就地解决,实现捕人少,治安好"的"枫桥经验"。1963 年 11 月,毛泽东同志亲笔批示"要各地仿效,经过试点,推广去做"。特别是 2003 年以来,历届浙江省委、省政府高度重视社会治理,坚持和发展"枫桥经验",推进实施"八八战略",加强平安浙江、法治浙江建设,加快探索构建具有浙江特点的社会治理体系,使县域社会治理呈现历史性新局面,为推进新时代社会治理现代化奠定了坚实的基础。

第一,以平安建设为依托的组织领导体系不断健全。县域社会治理主要还是放在平安建设格局中加以推进,相关组织体系也主要依托平安建设组织领导体系。充分发挥党委统揽全局、协调各方的领导核心作用,省、市、县、乡四级均全面建立平安建设领导小组和综治委,形成了党政统一领导、平安办组织协调、各成员单位共同参与的平安建设组织领导体制。浙江省委、省政府出台了《浙江省平安市、县(市、区)考核办法》,每年修订完善平安建设考评体系,进一步健全完善领导责任制、部门责任制和目标管理责任制,有效发挥统筹推进城乡基层社会治理的指挥棒作用。2018年10月,浙江正式向全社会发布"平安浙江指数",成为全国第一个发布平安指数的省份。各级党政主要领导干部手中都有两张报表,一张是"经济报表",一张是"平安报表",形成了一手抓经济发展、一手抓社会治理的良好格局,确保县域社会治理循着善治的方向统筹推进、协调发展。

第二,矛盾纠纷预防化解能力切实增强。坚持和发展"枫桥经验",健全多元化矛盾纠纷化解机制,完善人民调解与行政调解、司法调解联动工作体系,涌现了永康"龙山经验"、舟山"普陀模式"等好做法,诉讼、仲裁、行政复议等法定诉求表达机制进一步健全。全域推进县级社会矛盾纠纷化解中心建设,根据浙江省政法委提供的数据,2020年全年县级矛调中心共受理纠纷66.2万件,化解成功率94.9%,信访量下降28.5%。习近平总书记在考察安吉县社会矛盾纠纷调处化解中心时肯定"安吉县的做法值得推广"。深化领导干部下访接待群众制度，组织开展人民调解参与信访矛盾化解专项行动，推进"无信访积案县（市、区）"创建。

第三，社会治安防控水平有效提升。坚持打防结合、专群结合，深化社会治安防控体系建设，建立健全社会治安重点问题专项整治工作机制，切实解决群众反映强烈的突出问题。组织开展毒品突出问题和重点地区专项整治，开展无毒品县（市、区）创建，对重点县（市、区）实行挂牌整治。加强交通安全、消防安全集中整治，突出城市电动车、农村道路交通和城乡接合部出租房治理。根据浙江省应急管理厅提供的数据，2020年，浙江省生产安全事故起数和死亡人数均下降22％，道路交通事故起数下降3.9％、死亡人数下降16.1％，火灾起数下降23.6％、死亡人数下降50％。强化公共安全全时空守护，加快推进"天网工程""全息感知"建设，预测预警预防能力进一步提升。扎实开展"扫黑除恶"专项斗争，社会治理防控体系不断健全。2020年全省刑事案件同比下降9.51％，刑事治安警情数下降16.32％，现发命案破案率连续四年保持100％，社会治安秩序得到进一步改善。

第四，基层基础工作进一步夯实。坚持以点带面抓基层打基础，加强基层党组织建设，深化"网格化管理、组团式服务"，推进全科网格建设规范提升，基层治理"一张网"体系不断完善，基层治理的根基进一步筑牢。根据浙江省政法委提供的数据，2020年全省共划分了6.1万余个网格，配备专兼职网格员33万余人，把1450项部门入格事项归整为22类，厘清基层干部职责、减轻网格工作压力。率先在衢州市衢州区、绍兴市柯桥区、湖州市长兴县等地试点"县乡一体、条抓块统"改革。全省1360个乡镇（街道）100％实现"四平台"全覆盖,全面建成乡镇(街道)综合指挥室,基本构建市域统筹、纵向贯通、横向覆盖的基层治理体系。社区、社会组织、社会工作者"三社联动"效应不断凸显,2020年每万人拥有社会组织达到12个,社会工作执业资格考试报名人数连续3年居全国第一,持证社工总量达到9.8万人,居全国第二。加强社会心理服务体系建设,县、乡、村级普遍建成心理服务中心(站)、咨询室,有效预防个人极端案事件发生。

五是鲜活基层治理经验大量涌现。这些年来,浙江各地结合实际勇于探索、大胆创新,涌现了许多好做法、好经验,形成了一批品牌和亮点,并在全省乃至全国推广应用。武义"后陈经验":2004年6月,金华市武义县后陈村建立了全国第一个村务监督委员会,目前"后陈经验"已写入村民委员会组织法,在全国推广实施。安吉余村民主法治村建设:从2003年开始,湖州市安吉县余村大力推进民主法治建设,10多年来村民"零上访",未发生一起刑事案件,矛盾纠纷也很少,2017年1月,安吉县出台《美丽乡村民主法治建设规范》,是全国首个基层民主法治建设地方标准。乡镇科技特派员和农村工作指导员制度:2003年4月,浙江派出首批100名科技特派员,2005年,实现每个乡镇都有一名科技特派员;从2004年开始,全省开始实施农村工作指导员制度,为基层治理注入了新鲜力量和先进理念。桐乡"三治结合":2013年,嘉兴市桐乡市率先在全国启动了自治、法治、德治"三治结合"试点,目前"三治结合"已在全省推广,并写入了党的十九大报告中。城市基层治理"三社联动":2008年,嘉兴市探索形成了社区、社工、社会组织"三社联动"的基层治理模式;2014年,我省率先在全国出台推进"三社联动"政策文件。宁海村级小微权力清单制度:自2014年以来,宁波市宁海县厘清村干部权力边界,制定了村级权力清单,绘制权力运行流程,形成了村级小微权力清单制度,相关经验写入 2018 年中央 1号文件,在全国推广。温岭"民主恳谈":1999 年,台州市温岭市引导公众参与地方政府公共政策制定和公共事务决策,目前已成为基层协商民主的重要范式。象山"村民说事":2009 年,宁波市象山县夏叶村定期召开现场"说事会",把村里的每一件事、每一笔款项都摆到桌面上,让村民听明白、看清楚。2010 年,象山县总结形成以"说、商、办、评"为核心内容的制度体系,目前这项制度已推广到宁波市。嘉兴"无讼村(社区)"创建:按照"无讼"不是通过"压讼"掩盖矛盾,而是通过"解讼"化解纠纷的理念,以"无讼村(社区)"创建为抓手,就地推进社会矛盾纠纷预防和化解,提出 2019—2021年,每年"无讼村(社区)"的创建率分别达到全市村(社区)的 30%、60%、90%以上。嘉兴市海宁市还在开展无诉讼(指无民商事纠纷诉讼)、无信访(指无走访信访)、无刑事案件(指无刑事案件)村(社区)创建。

第二节　浙江县域经济发展的脉络和特征

县域是改革开放以来浙江经济的活力源泉。浙江县域经济的繁荣与转型,其背后就是浙江县域治理体制的持续改革和创新,是一条不断探寻县域善治之路。随着经济进入新常态,浙江县域进入了空间整合、发展转型、治理变革的关键阶段。县域能否打破传统路径依赖,找准新定位、走出新路子,事关浙江新时代高质量发展。

县域经济是以县级行政区划为地理空间,以县级行政为调控主体,具有地域特色明显和功能相对完备的区域经济。它是一种以行政区划为特征的经济,是以县城为中心,乡、镇为纽带,农村为腹地的区域经济。县域经济繁荣是浙江模式的重要特征,也是浙江城乡均衡发展的重要经济基础。改革开放40多年来,浙江经济走的就是一条以县域经济为主导的经济发展之路,是全国县域经济最为发达的省份。1978年,浙江县域生产总值、全社会固定资产投资总额、社会消费品零售总额、城乡居民储蓄存款余额分别只有98.94亿元、18.31亿元、37.49亿元和5.43亿元;全省农村居民年人均纯收入165元;出口创汇和利用外资更少,全年出口总额仅0.52亿美元。党的十一届三中全会以来,浙江县域经济不断发展壮大,综合实力显著增强。1980年,浙江只有7个地级市,其地区生产总值仅占全省的23.5%,县域经济总量占到了全省地区生产总值的三分之二以上。到2005年,全省有30个县(市)进入国家统计局公布的全国百强县行列,连续6年位居全国第一。2007年,浙江省共有263个乡镇进入全国千强镇行列,总数位居全国第一,①全省61个县占全省84.2%的土地,74.7%的人口,创造了62.1%的生产总值,43.7%的财政收入,72.1%的从业人员,县域经济的地位举足轻重。2020年12月1日,由中国社会科学院财经战略研究院发布的《中国县域经济发展报告(2020)》,对2020年400个县(市)的经济竞争力和投资潜力指数进行了实证研究。榜单显示,2020年全国综合竞争力百强县(市)分布在17省(市),苏浙鲁三省百强县(市)数目合计57个。浙江超过江苏,百强县(市)数目居第一位,达到24个,比2019年增加3个。其中,宁波和嘉

① 马斌.政府间关系:权力配置与地方治理——基于省市县政府间关系研究[M].杭州:浙江大学出版社,2009:174-175.

兴各占 4 个,金华、绍兴、温州、台州和湖州各占 3 个,义乌和慈溪进入百强榜前十。2020 年,全国投资潜力百强县(市),浙江县(市)仍然居首,数量达到 28 个,比 2019 年增加 2 个。经济发展的空间结构更是体现出了县域主导的特征。

　　浙江也是全国块状经济最为发达的省份。全省工业经济总量中,高达六成的份额是以"块状经济"形态显现的,这在全国首屈一指。这些"块状经济"的产业分布基本上是以县域为基础的空间结构,较典型的有绍兴(县)印染和织造、乐清低压电器、萧山化纤、海宁皮革、嵊州领带、永康五金、永嘉纽扣、桐庐制笔、诸暨袜业、上虞化工等,区域特色优势十分突出。目前,这些"块状经济"已经成为浙江省乃至全国的专业生产加工出口基地。中国社会科学院工业经济研究所公布的《中国百佳产业集群》名单中,浙江占了其中的 36 个,居全国第一。这些产业集群 90% 以上都是集中在县域(包括区),比如瑞安市的中国汽车、摩托车配件产业集群,苍南县的中国印刷产业集群,乐清市的中国中低压电器产业集群,嘉善县的中国木业及家具产业集群,海宁市的中国皮革加工产业集群,桐乡市的中国毛衫产业集群,桐庐县的中国制笔产业集群,义乌市的中国小商品产业集群,柯桥区的中国轻纺产业集群,嵊州市的中国领带产业集群等。

　　县域经济并非完全以一个县的行政区域为单位的封闭经济,而是城乡融合、区域协调的经济。县域经济发展,必须建立在现代化经济体系基础上,这就必须跳出县域看县域,打破行政区域界线,既立足本地特色和优势,又放眼市域、省域乃至全国、全球,统筹谋划生产、生活、生态空间布局,重视与周边产业配套,积极参与都市产业分工,共同打造产业集群、产业链条,实现合作共赢、互补协调发展。县域经济不是单纯的工业经济,而是"四化同步"的发展,既要强调工业强县,也要重视一、二、三产业融合发展,统筹推进脱贫攻坚和乡村振兴,统筹推进县域"五位一体"协调发展。县域经济发展也不是 GDP 的简单增长,而是追求更加协调、更可持续、更高质量的发展,必须树立质量效益导向,更加注重在转变发展方式、优化产业结构、转换发展动力、提高发展质效等方面下功夫,从拼投入、拼资源的增长,转向生态化、绿色化的发展。

进一步考察分析浙江县域经济发展的内在机理和要素构成,可以发现其以下几个鲜明特征:

一是从空间布局看,县域经济发展具有特定的地理空间,即在县域行政区划范围内,人口、产业、要素等分散地布局在各个乡镇,呈现出外部边界明晰、内部不集聚的状态。

二是从产业形态看,县域经济基本上以传统产业为主,尽管二、三产业比重较高甚至已占主体地位,但总体仍处于产业链和价值链的低端,支柱产业一般为根植于县域资源禀赋的地域特色产业。

三是从动力支撑看,县域经济增长以要素、资源的大量投入驱动为主,县域自主创新能力不强,由广义技术进步而引起的全要素生产率增长,还未成为经济增长的主动力。

四是从资源配置看,县域行政区划的壁垒仍然存在,城乡二元体制盘根错节,人口等要素的跨区域流动不畅,土地等资源的跨城乡配置受阻,市场配置资源的基础性作用不能有效发挥。

因此,随着经济进入新常态,以块状经济为主要特征的县域经济也迫切需要转型提升。

第三节　县域高质量发展的基本趋势

长期以来,浙江省人多地少、要素高密度分布的独特地理空间格局,造就了浙江城市化的特有现状。即浙江的城市化并不是仅以中心城市为核心的"点状城市化",而是在中心城市发展的同时,在环杭州湾、温台沿海地带和浙赣沿线发展条件较好的县市,呈现全地域分散推进的泛城市化格局,由此形成都市区的基本形态和发展基础。县域"块状经济"是支撑"浙江模式"发展的重要产业组织形态。但随着中国社会进入快速城市化时期,城市群、都市区发展开始迅速呈现新的趋势,成为新的主体形态,浙江县域经济发展面临着经济全球化、新型城市化、经济转型升级、行政管理体制改革等多重挑战。

进入 21 世纪以来,浙江省委、省政府顺应城市发展规律,大力实施新型城市化战略,把做大做强中心城市放在前所未有的战略地位。2004 年,时任浙江省委书记习近平提出统筹城乡发展、推进城乡一体化的发展思路,主持制定了《浙江省统筹城乡发展推进城乡一体化纲要》。在率先全面建设小康社会的宏大背景下,2006 年 8 月,浙江召开全省城市工作会议。习近平同志首次提出要"坚定不移地走新型城市化道路",强调"坚持统筹发展、集约发展、和谐发展、创新发展""进一步优化城镇体系,完善城乡规划,提升城市功能,加强城市管理,创新发展机制,走资源节约、环境友好、经济高效、社会和谐、大中小城市和小城镇协调发展、城乡互促共进的新型城市化道路"。会议出台了《关于进一步加强城市工作走新型城市化道路的意见》,标志着浙江开启了新型城市化的新征程。

2010年11月,浙江省委在《中共浙江省委关于制定浙江省国民经济和社会发展第十二个五年规划的建议》(以下简称《建议》)中正式提出了四大都市区建设,标志着浙江开始进入了都市区经济发展阶段。《建议》提出,"加快建设都市区和城市群。加强杭州、宁波、温州和金华—义乌等长三角区域中心城市建设,集聚高端要素,发展高端产业,加强城市规划、建设和管理,带动周边县市一体化发展,加快形成现代化都市区。支持都市区充分发挥辐射引领作用,支持省域中心城市加快发展,不断提高环杭州湾城市群、温台沿海城市群和浙中城市群发展水平"。2016年,浙江又进一步提出了加快构建"一体两翼"区域发展新格局的战略部署,①明确杭州、宁波、温州、金华—义乌在全省发展一盘棋中的主体地位,推动县域经济向城市经济、都市区经济转型。2021年2月,《浙江省国民经济和社会发展第十四个五年规划和二○三五年远景目标纲要》提出:"坚定不移走以人为核心、高质量为导向的新型城镇化道路,构建以大都市区为引领、大中小城市和小城镇协调发展的新型城镇化格局。""加快'高铁＋城际铁路＋地铁'轨道上都市区建设。推进嘉湖、杭嘉、杭绍、甬绍、甬舟、甬台等一体化合作先行区建设,探索其他跨行政区协同板块一体化。加快构建四大都市圈,形成网络型城市群空间格局,推动都市区中心城市与周边中小城市和小城镇协调发展。"

推动县域经济向城市经济、都市区经济转型,这是新阶段经济高质量发展的必然要求。它不仅是地理空间的简单拓展,更涉及

---

① 即以杭州、宁波、温州、金华—义乌四大都市区为主体,海洋经济区和生态功能区为两翼的区域发展空间布局。

区域内空间布局、城乡结构、资源调配、产业形态、管理方法等一系列转型升级;不仅是经济形态的单一转型,更是产业结构由"低、乱、散"格局向现代产业集群转型、增长模式由外延扩张为主向注重内涵提升为主转型、城乡建设管理由粗放式向标准化转型、社会治理体制由城乡二元结构向城乡一体化转型。

我们注意到,近年来,都市区在浙江经济发展的主体作用、集聚效应和辐射引领作用日趋明显。2020年,杭州、宁波、温州、金华—义乌四大都市区总面积4.37万平方公里,占全省的42.9%;常住人口3685万人,约占全省的63%;经济总量占全省比重从2010年的61%提高到2020年的69%,尤其值得关注的是,四大都市区集聚了全省70%以上的高端产业、80%以上的人才和创新资源,特别是杭州在全省的引领地位日益凸显。根据2017年浙江省经济信息中心发布的"2016年浙江省县(市、区)经济竞争力30强、经济发展潜力30强和经济创新力30强"榜单,[①]经济竞争力排名前十位的依次是滨江区、余杭区、西湖、鄞州区、北仑区、萧山区、上城区、江干区、下城区和慈溪市。经济发展潜力排名前十位的依次是滨江区、余杭区、北仑区、萧山区、江北区、义乌市、诸暨市、龙湾区、新昌县和西湖区。经济创新力排名前十位的依次是滨江区、余杭区、鄞州区、西湖区、慈溪市、萧山区、义乌市、海宁市、诸暨市和桐乡市、上虞区(并列)。[②] 三张榜单前十名中,

---

① 竞争力指标体系包括经济规模竞争力、经济结构竞争力、产业升级竞争力等10个方面的25项指标。发展潜力指标体系包括经济增长指数、供给潜力指数、研发能力指数等7个方面的20项指标。创新力指标体系包括创新环境指数、大众创业指数等5个方面的12项指标。

② 浙江经济信息中心.2016年浙江省县(市、区)经济竞争力、发展潜力和创新力30强榜单[J].浙江经济,2017(19):19-20.

除义乌市外,均归属于环杭州湾地区。这表明,高端生产要素向城市集中尤其是大城市,浙江省县域经济向都市经济转型的趋势已经显现。

◆◆ **本章小结**

　　注重县域发展一直是浙江改革开放的重要特点。在县域治理体制的设计上,浙江长期以来形成的类似市县分治的省市县政府间权力配置模式,既减少了地级市政府可能给县级政府的行为选择施加的约束,又制约了地级市政府利用行政手段汲取县(市)资源的可能性空间,在中国现行体制框架内赋予县级政府更大的行政自主权,有效地调动了县级政府推动地方经济发展、推进体制创新的积极性和创造性,为浙江孕育出繁荣的县域经济提供了强有力的体制支撑。随着经济发展进入新常态,浙江县域发展进入了空间整合、发展转型、治理变革的关键阶段。新时代经济高质量发展要求推动县域经济向城市经济、都市区经济转型。

◆◆ **思考题**

　　1.结合实际谈谈,县域高质量发展与县域治理现代化之间的关系。

　　2.结合实际谈谈,为什么新时代经济高质量发展要求推动县域经济向城市经济、都市区经济转型?这种转型对县域发展产生了哪些深刻的影响?

◆◆ **拓展阅读**

　　1.中共中央文献研究室.做焦裕禄式的县委书记[M].北京:中央文献出版社,2015.

　　2.史晋川,金祥荣,赵伟,等.制度变迁与经济发展:温州模式研究[M].杭州:浙江大学出版社,2002.

3.何显明.市场化进程中的地方政府行为逻辑[M].北京:人民出版社,2008.

4.何显明,等.共享发展:浙江的探索与实践[M].北京:中国社会科学出版社,2018.

义乌的发展简直是"莫名其妙"的发展、"无中生有"的发展、"点石成金"的发展。我也深深感到,义乌的发展是过硬的,义乌的发展经验十分丰富,义乌发展的经验中既有独到的方面,也有许多具有普遍借鉴意义的方面。

——摘自习近平同志在义乌调研时的讲话①

第三章　兴商建市、开放发展与县域治理的义乌样本

◆◆ 本章要点

1.开放是国家繁荣发展的必由之路。中国发展的历程也是对外开放不断扩大和深化的历程。一个国家的开放发展水平需要随着经济发展阶段的提升而提升。随着我国成为世界第二大经济体、第一大货物贸易国和第二大对外直接投资国,迫切需要发展更高水平的开放型经济,并形成支撑高水平开放和大规模"走出去"的体制机制。

2.改革开放以来,浙江省义乌市开始实施"兴商建市"战略,发展小商品市场,并以市场建设为龙头,带动了商贸业、金融业、交通运输业等第三产业的发展,同时第三产业的发展又拉动了第二产业的发展,最终形成了以小商品市场建设为龙头、产业集聚为基础、市场经济为主导、以点带面的加速度推进方式为特征的新型开

---

① 习近平.干在实处　走在前列:推进浙江新发展的思考与实践[M].北京:中共中央党校出版社,2006:519.

放发展模式。

3.面对双循环相互促进的新发展格局,为了进一步增强经济发展支撑,提高对外开放的质量和发展的内外联动性,义乌市需要全面创新义乌兴商建市发展战略,积极推进人文发展、创新发展、融合发展和集约内涵发展,加快建设世界小商品之都。

开放是国家繁荣发展的必由之路,封闭只会窒息自己的生机。以世界眼光审时度势、在全球范围谋篇布局,是走上世界舞台的中国必然的选择。习近平总书记曾郑重宣示:"中国开放的大门永远不会关上。"①从建立经济特区,到推动对外贸易、利用外资,再到加入世界贸易组织,中国发展的历程也是对外开放不断扩大和深化的历程。特别是进入中国特色社会主义新时代,我们坚持开放发展,实现合作共赢,实行更加积极主动的开放战略,加快构建开放型经济新体制,推进"一带一路"建设、加快实施"走出去"战略、设立自由贸易区……对外开放的深度和广度进一步拓展,一个更高水平的开放格局正在形成。

改革开放以来,浙江通过不断扩大对外开放,提高开放型经济发展水平,经济实力不断增强,使浙江从陆上资源匮乏的"地理小省""人口小省"发展成为中国对外开放的"市场大省""开放大省"。开放发展的浙江走在全国的前列,成为我国开放经济的先行探索者。"浙江经验""浙江现象""浙江模式"也成为探索浙江开放型经济发展路径的代名词。站在新的历史起点,浙江省委、省政府深入贯彻落实习近平新时代中国特色社会主义思想,坚持一张蓝图绘

---

① 习近平:中国开放的大门永远不会关上[EB/OL].(2015-09-23)[2021-08-01]. http://politics.people.com.cn/n/2015/0923/c1001-27624667.html.

到底，积极推进习近平总书记关于开放发展的重要论述在浙江的新实践。

第一节　开放发展对"兴商建市"的新要求

"不谋全局者，不足谋一域。"当前，国际经济合作和竞争局面正在发生深刻变化，全球经济治理体系和规则面临重大调整，引进来、走出去在深度、广度、节奏上都是过去所不可比拟的，应对外部经济风险、维护国家经济安全的压力也是过去所不能比拟的。今天的中国，已进入与世界深度互动阶段。中国的发展离不开世界，世界的繁荣也需要中国。要想在下一步发展中扬长避短、乘势而上，必须认真研究如何提高对外开放的质量和发展的内外联动性，形成中国与世界深度融合的互利合作格局，由此推动全球经济治理体系改革完善，引导全球经济议程，走好开放发展之路。

开放是国家繁荣发展的必由之路。改革开放以来，我国深入把握经济全球化的发展趋势，立足自身实际扩大对外经贸交流合作，积极融入世界经济，开放发展呈现鲜明的时代特征、清晰的发展方向和独特的体制优势。在改革开放之初，我国大力发展出口贸易，顺应了经济全球化的潮流。当时，尽管我国拥有大量廉价劳动力，但生产的产品质量和档次较低，难以打开国际市场。为了突破这一瓶颈、开拓国际市场，我国开始大力引进外资。外资也随之带来了技术、品牌等高级生产要素，推动我国加工贸易快速发展，进而带动出口高速增长。这是一种反映当时的时代特征、适应我国发展阶段的"要素合作型"发展模式，利用了经济全球化条件下生产要素跨国流动加快的有利条件。与此同时，市场取向的经济体制改革打破了计划经济体制下生产要素难以流动、闲置浪费或低效使用的局面,创造了新的体制优势。于是,劳动力源源不断地从农村流向城市、从中西部地区流向东部地区,其他资源要素也从生产率低的行业流向生产率高的行业。正是这种以开放引进先进要素、以改革动员存量要素的双重战略促进了要素集聚,推动了我国经济持续快速增长。

一个国家的开放发展水平需要随着经济发展阶段的提升而提升。"要素合作型"发展推动我国经济加入了国际分工,但因处于产业链和价值链的中低端,只能获得较低收益。随着我国成为世界第二大经济体、第一大货物贸易国和第二大对外直接投资国,迫切需要发展更高水平的开放型经济,并形成支撑高水平开放和大规模"走出去"的体制机制。为适应新的时代要求,我国大力实施创新驱动发展战略,着力优化要素结构,提升在全球产业链和价值链中的地位;推进自由贸易试验区建设,开启新一轮以开放促改革进程,努力在新的发展水平上增创参与经济全球化的新优势。如今,我国从引进外资开始的对外开放走到了"引进来"与"走出去"并重的发展阶段,参与经济全球化的主动权更大、空间更广阔。对外并购有利于我国企业利用国际高级生产要素,加快中国制造与国外品牌、营销网络的结合,推动制造业升级,带动国内产品出口。"一带一路"建设是我国在开放发展新阶段为促进世界合作共赢、共享发展机会而提供的公共产品,是我国全面提升开放型经济发展水平的重要标志。在"一带一路"建设中,我国各类企业在政策沟通、设施联通、贸易畅通、资金融通、民心相通中"走出去",同沿线国家企业共同提升发展能力,进而实现我国与沿线国家共同发展、合作共赢。"一带一路"建设不是中国一家的独奏,而是沿线各国的合唱。这一全新的合作方式和要素流动模式,将对经济全球化进程产生深远影响,为世界经济发展注入强大正能量。

浙江一直以开放的姿态,主动融入世界经济,构建全面开放新格局,奋力书写同世界交融发展的美好画卷。特别是 21 世纪初习近平同志来浙江工作后,前瞻性地提出,"'跳出浙江发展浙江',是浙江经济发展的必然要求,也是浙江在高起点上实现更大发展的战略选择"。[①] 一方面,跳出浙江有利于浙江企业通过跨区域投资获取新优势。21 世纪初,浙江人均 GDP 超过 2500 美元,开始进入对外投资快速增长阶段。浙江加强与外部区域的投资与贸易联系,是不同地区进行专业化分工、发挥比较优势的内在要求。浙江在外企业与浙江经济形成了很强的互动作用,有效地带动和促进了浙江经济的发展。"跳出浙江发展浙江"与"立足浙江发展浙江",把在外浙商与浙江经济更加紧密地联结起来,促进在外浙商更好地为发展浙江服务。另一方面,跳出浙江使浙江企业赢得了更大的发展空间。广大浙商是"跳出浙江发展浙江"的主体力量,不仅"跳"出浙江,还"跳"到了国际市场,延伸了浙江的产业链,推动了浙江产业的梯度转移,促进了资源要素的合理流动和优化配置,"走出去"形式发展到在境外建立生产基地、设立研发中心、海外并购、海外上市等多种新形式。

正是习近平同志绘就的"跳出浙江发展浙江"的开放发展蓝图,不断指导着浙江的实践发展,使得浙江在开放发展方面结出了丰硕成果,率先形成国内大循环为主体、国内国际双循环相互促进的新发展格局。其中,被誉为"世界小商品之都"的义乌市,

---

① 习近平.之江新语[M].杭州:浙江人民出版社,2007:124.

以其发展的速度、改革的力度、创新的广度、开放的深度,秉持"兴商建市"的独特发展之路,从"鸡毛换糖"、马路市场起步,通过"不起眼"的小商品交易一跃成为国际商贸之都,走出了以商贸业为龙头,带动区域经济协调发展的成功之路,综合实力位居全国县市前列,成为开放发展的"浙江经验"的生动体现和有机组成部分。

第二节　义乌"兴商建市"的发展历程

义乌,古称"乌伤",是浙江中部的一个县级小城。既不沿海也不沿边的义乌,"七山二水一分田",耕地稀缺,土壤贫瘠。改革开放以来,义乌开始实施"兴商建市"战略,发展小商品市场,并以市场建设为龙头,带动了商贸业、金融业、交通运输业等第三产业的发展,同时第三产业的发展又拉动了第二产业的发展,最终形成了以小商品市场建设为龙头、产业集聚为基础、市场经济为主导、以点带面的加速度推进方式为特征的新型开放发展模式。如今的义乌,不仅是世界"小商品之都",更是全国首个县级国家级国际贸易综合改革试验区、全国18个改革开放典型地区之一、中国县级城市十大活力城市,等等。习近平同志曾将义乌发展经验生动地总结为"'莫名其妙'的发展、'无中生有'的发展、'点石成金'的发展"。[①] 昔日贫困落后的农业县,华丽变身世界知名贸易城市,书写了一段中国经济发展奇迹中的传奇。义乌小商品市场发展过程及其不同阶段特点如下。

---

① 习近平.干在实处　走在前列:推进浙江新发展的思考与实践[M].北京:中共中央党校出版社,2006:519.

一、从传统的地摊市场到小商品城(1992 年之前)

义乌的起点,是各类"先天不足"。地形以丘陵为主、三面环山、土壤为不适合种植的红壤,农业不发达,工业没基础,经济发展落后,但敢闯敢拼的义乌人没有甘于现状,而是靠着"鸡毛换糖"的精神走南闯北,慢慢闯出了一条小商品市场的路。

计划经济条件下,经济生活中客观存在着人们生活的多样化需求和小商品有效供给不足的矛盾,这成全了义乌敲糖帮的生存空间,人们对小商品的需求则成了小商品市场自发形成的需求基础。从市场发展的初期形态看,依托的是传统的农村集市,集市成为一定区域内农民互通有无、调剂余缺的交换场所。1982 年之前,义乌政府对萌芽状态的市场采取了堵截、驱赶、处罚的做法,但都没有达到预期的效果。

1982 年,义乌县提出了"以商兴县"的发展战略。当时,政府认真总结经验教训,看到义乌人这种走街串巷的叫卖从而形成敲糖帮,是迫于义乌资源禀赋的不足而难以维持他们生计的原因,认识到这是一种无法抗拒的自发力量,是历史形成的一种商业文化、商业意识以及网络关系等非正式制度。与其阻挠,不如引导,于是推出了"四个允许"的政策,即允许农民进城经商、允许开放城乡市场、允许农民经销工业品、允许长途贩运。这种默认的态度为以后的经济发展奠定了基础。义乌由此出现了沿街设摊式的马路市场。

1984 年以后,政府从默认转变为管办结合,筹资建设了第二代市场。当时市场摊位为 180 个,从此义乌的市场有了固定的场所和空间,办市场由群众的自发行为转变为官民联动。政府提出"以商兴工、以商转工"战略,直接介入办市场,并进入市场微观管理;

制定政策、采取措施,规范市场经营主体的行为;通过发挥专业与行业组织进行协调管理。结果市场迅速崛起,与制造业互动发展,经济迅速起飞。从1986年起,义乌市场经历了从第三代到第四代市场的规模扩张。

这一阶段为义乌市场的产生发展也提供了一条经验教训:政府不能违背市场规律,必须顺应市场作为。

二、成为全国性商品市场(1993—1999年)

市场发展必然要求开放。义乌小商品是通过市场向市外、省外扩张,区际开放的结果使义乌市场迅速发展成为一个全国性的跨区域的大市场。政府对市场实行了管办分离,建立股份有限公司(商城集团)进行市场管理经营,使市场企业化经营管理。与此同时,政府提出"以商促工、工商联动"和"强化产业支撑"的战略决策,引导商业资源和资本向制造业转移,以期达到市场与产业互促共荣的效果;市场管理部门开展打击制假贩假活动,不遗余力打造信用市场,从传统买卖发展到现代网上交易。1992年,国家工商局市场管理司正式下文批准将"义乌小商品市场"更名为"浙江省义乌市中国小商品城"。1994年,市场成交额突破百亿元大关,"买全国货,卖全国货",义乌小商品市场成为名副其实的全国性大市场。其间,中国小商品城开始将市场办到全国去,在省外一些地方开设中国小商品城分市场,不仅使义乌本地的小商品市场成为买全国货、卖全国货的全国货市场,还使义乌中国商品城成为全国性经营的大企业。

该阶段的主要特点是:政府由对市场的直接管理转变为强化服务、发展相关支撑产业的隐性支持,标志着市场的发展步入成熟阶段。

三、国际化市场(2000—2009 年)

20 世纪 90 年代后期,全国经济由卖方市场进入买方市场,各地各种市场纷起,义乌市场经营范围受到空前的挑战。其间,国家逐步开放生产企业的出口经营权管制,中国的进出口贸易进入了一个崭新的阶段。在这样的形势下,义乌市政府开始实施"外贸带动"策略,推进对外开放,大力发展全球贸易。到 2005 年,义乌市场已拥有经营面积 260 万平方米,汇聚 34 个行业、1502 个大类、32 万种商品,几乎囊括了所有日用工业品。其中,饰品、袜子、玩具产销量占全国市场 1/3 强,并在国际上具有极强的竞争力。市场中 70％的商户从事了外贸生意,自营出口连续四年翻番增长,市场成为中国小商品出口和外商采购的重要基地。海关、检验检疫、国际物流中心等涉外机构的设立,标志着外贸促进体系的日臻完善。同时,政府依托小商品专业批发市场的优势,有意识地发展会展业,走"以贸兴展、以展促贸"的新路子,举办了中国小商品博览会和各类专业性展会,吸引了来自全球的商人甚至是世界 500 强企业来义乌小商品市场采购,商品辐射 206 个国家和地区,行销东南亚、中东、欧美等地。义乌成为国际性的小商品流通、研发、展示中心,义乌小商品市场正式走上了国际化的道路。义乌开始以建设"世界小商品之都"为目标,加大对外开放。

2008 年,金融危机对义乌出口贸易造成了一定冲击,而其后网络贸易的兴起也对义乌市场形成威胁。义乌开放发展再次面临着严峻的挑战。

四、国际商贸大都市(自 2010 年以来)

在全球金融危机冲击的背景下,义乌以建设国际商贸大都市为目标,加大了改革开放步伐。

大力推进国际贸易机制改革创新。2011年,国务院正式批复《浙江省义乌市国际贸易综合改革试点总体方案》(以下简称《总体方案》),批准设立"义乌市国际贸易综合改革试点",义乌成为全国第十个国家级综合配套改革试验区和首个在县级市设立的国家级试点。《总体方案》要求,通过改革外贸体制,主推外贸便利化,建设陆地海关。根据义乌商品市场的特色,创新市场采购贸易,使义乌出口贸易出现了高速发展势头;与此同时,加大进口贸易改革,开展多国贸易、鼓励进口贸易,鼓励经营户发展新业态,开展电子商务与网络贸易,创新商业模式,促进线上线下综合发展。

建设"一带一路"重要节点城市。"一带一路"倡议提出后,义乌大力建设"一带一路"重要节点城市建设,将义乌打造成海上丝绸之路与陆上丝绸之路的重要枢纽。2013年,"义乌港"正式升格为国际级内陆港。义乌国际贸易综合改革试点方案中提出"支持建设现代物流和集疏运平台,使'义乌港'成为综合功能完备的'始发港'和'目的港'"。"义乌港"升格后,义乌享受更优惠、更便捷的通关政策,以及泛亚铁路、泛亚公路方面的相关优惠政策。特别是"义乌—宁波北仑"的海铁联运专列开通,借助宁波港口,浙江海上丝绸之路联通到了浙中义乌。借助陆上新丝绸之路,浙江积极推动"义新欧"(义乌—中亚五国)国际货运专线建设。

2014年1月,"义新欧"集装箱专列首发,标志着义乌直达中亚的国际铁路联运物流大通道基本建成。同时,浙江提出了义甬舟开放大通道战略,通过打造义乌到宁波—舟山港口的便捷大通道,使其成为对外开放的捷径。义乌有着全世界最大的小商品批发市场,通达于东西方的丝绸之路再度崛起,义乌已当之无愧地成为现代丝路新起点。义乌借助义新欧与义甬舟开放大通道建设,全力打造丝绸之路经济带、海上丝绸之路重要支点,将"义新欧"建成安全、便捷、全天候、大运量的绿色通道。在义乌家门口即可直接将商品送至中亚各国及欧洲等地。

全力打造国际大商都。2010年,文化部正式发函批复,同意与浙江省人民政府联合主办2010中国义乌文化产品交易博览会,义乌"文博会"正式升格为国家级博览会。义博会实现了从全国性展会向国际性展会的新跨越,成为继广交会、华交会之后国内第三大贸易类展会。义乌加快构建与内外开放相适应的市场体系,建设商贸与物流、金融等配套一体、有形市场与网络市场并重、出口与进口贸易相协调,以实体市场为核心,电商物流金融、文化会展旅游为支撑的现代商贸市场体系。

加快互联网信息平台建设,大力推进商业业态变革。随着互联网经济异军突起,电子商务快速发展冲击了传统的分销方式,义乌的发展模式受到一定程度的冲击。2013年,义乌市委出台《关于加快电子商务发展的若干意见》,2014年,又下发《义乌市促进电子商务发展扶持政策实施细则》等,将电子商务确定为战略性、先导性产业。通过引进国内外知名电商平台,打造"义网通"和"义乌购"平台,实现线上线下融合发展,通过连续多年举办"中国国际电子商务博览会"和"世界电子商务大会",营造了电商发展的浓厚氛围,同时扶持发展电商专业村,打造了中国网点第一村——青岩刘村,吸引了上万余人创业。2020年,全年实现电子商务交易额3124.87亿元,同比增长12.9%,网络零售额居全省县(市、区)第一。2020年电商专业村数量增至169个,较2019年增加5个,占全省9%,金华44%,数量继续位列全省第一。以商贸城电子信息化改造、打造电子商务平台为重点,培育发展富有义乌特色的无形市场体系,打造全国网商中心促进义乌商贸大发展。明确电子商务发展重点,确立"全国网商集聚中心、全球网货营销中心、跨境电子商务高地"目标,将打造三大"中心"作为电子商务发展的重点与核心。加快有形市场和无形市场融合发展,建设全球网货营销中心。

义乌依靠小商品市场起家,创新政策先人一步,建立起商品交易市场。同时发挥本地与周边众多轻工业产业的集聚优势,加大商品区际流通,买全国货、卖全国货,迅速成为全国最大的商品市场。在国内外经济环境变化后,大力推进国际化,加快机制改革创新,使义乌成为国际大商都。

第三节　义乌"兴商建市"推动开放发展的主要内容

2021年是浙江总结学习推广"义乌发展经验"15周年。15年来,义乌牢记习近平总书记的嘱托,以习近平新时代中国特色社会主义思想为指引,深入践行"五位一体"总体布局、"四个全面"战略布局、"五大发展理念"以及建立现代化经济体系、建设贸易强国等精神和要求,忠实践行"八八战略",推动"兴商建市"发展战略的创新实践,实现了"义乌发展经验"的与时俱进,谱写了新时代"义乌发展经验"的新篇章,展示了习近平新时代中国特色社会主义思想县域实践的新成果,为浙江和全国发展大局作出了新贡献。

一、先行先试的改革先锋

2011年,党中央、国务院赋予义乌先行先试开展国际贸易综合改革试点的重任,10年来,新型贸易体制机制加速形成,贸易便利化水平显著提升,开放通道和平台不断完善,市场集聚、辐射和服务功能大幅增强,为广大中小微企业走向世界构筑共享平台,为推动形成国内大循环为主体、国内国际双循环相互促进的新发展格局提供实践经验和有益探索。习近平总书记在 2015 年 12 月出席中非领导人活动时,推介义乌号称世界"小商品之都"①,为义乌锚定了新时代的发展坐标和方向。

义乌国际贸易综合改革试点是习近平同志亲自部署、亲自推动的国家级综合改革。2010 年 7 月 25 日,时任中共中央政治局常委、中央书记处书记、国家副主席习近平对开展义乌国际贸易综合改革试点工作作出重要批示,要求浙江省委、省政府深度思考,适时推进。义乌市委、市政府在浙江省委、省政府的正确领导和大力支持下,遵照习近平同志的指示精神,全力谋划、主动申报义乌国际贸易综合改革试点总体方案。2011 年 3 月 4 日,国务院正式批复《浙江省义乌市国际贸易综合改革试点总体方案》(国函〔2011〕22 号),同意在义乌市开展国际贸易综合改革试点。这是改革开放以来,国务院首次批准在一个县级市开展以国际贸易为主题的国家级综合改革试点。2012 年 1 月 20 日,国务院办公厅专门印发《义乌国际贸易综合改革试点重点工作分工方案》,大力推进试点各项工作。

义乌国际贸易综合改革试点是"点、线、面"相结合的重要改革举措。"点"即全球最大的小商品市场所在地——义乌;"线"即海关、商检、外汇、金融、民航、保险等垂直管理部门形成的一条条行

---

① 习近平. 携手共进,谱写中非合作新篇章:在中非企业家大会上的讲话[EB/OL]. (2015-12-05)[2021-08-01]. http://www.xinhuanet.com/politics/2015-12/05/c_1117363265.htm.

政体系；"面"即全省、全国乃至全球经济社会发展。开展义乌国际贸易综合改革试点，旨在发挥义乌这个"点"的独特作用，推动各条垂直管理体系开展"线"上的改革创新，带动浙江乃至全国对外贸易整体"面"上的高质量发展。通过义乌的大胆探索、先行先试，加快转变外贸发展方式，推动内外贸协调发展，形成经济全球化条件下参与国际经济合作和竞争新优势，使义乌成为转变外贸发展方式的示范区、带动产业转型升级的重要基地、世界领先的国际小商品自由贸易中心和宜商、宜游、宜居的国际商贸名城。

义乌改革试点成为外贸出口增长的重要引擎。义乌改革试点最有实质性进展的，即试行市场采购贸易方式成效明显，成为推动我省外贸出口增长的重要引擎。目前，《浙江省义乌市国际贸易综合改革试点总体方案》确定的主要任务已圆满完成，市场采购贸易方式、贸易金融、内外贸一体化三个领域商品认定体系等 10 多项改革经验已在全国复制推广。尤其是试点工作的核心成果市场采购贸易方式正式设立，为其增列海关监管代码"1039"，并经国务院批准在全国 31 家市场复制推广，作为党中央、国务院大力培育的三种外贸新业态之一两次写入国务院政府工作报告，纳入党中央、国务院《关于推进贸易高质量发展的指导意见》。改革试点实施 10 年来，重点领域和关键环节改革全面推进，综合叠加效应全面释放，先行先试优势不断转化为发展新动能和新成就。

二、义行天下的开放先锋

义乌大力推进"义新欧"、义甬舟开放大通道建设，积极布局"一带一路"境外站、合作区，促进商品、商人、资本、平台、技术"走出去"和"引进来"，在浙江、全国对外开放合作中积极发挥桥梁纽带和窗口作用，着力打造构建人类命运共同体先行区，为"共建创新包容的开放型世界经济"作出应有的贡献。

全力建设"义新欧"开放大通道。义乌市积极响应习近平总书记关于建设运营义乌至马德里货运班列的重大倡议,仅用56天就开行了全球最长的铁路班列。截至2021年9月10日,"义新欧"中欧班列线路由1条增加至16条,联通亚欧大陆43个国家和地区,累计发运超3068列。目前,"义新欧"中欧班列已实现一般贸易、市场采购、邮(快)件、国际集拼中转等多种贸易方式和业态的全覆盖,实载率达100%。2020年疫情期间,班列积极承接空运、海运转移货源,保障产业链、供应链稳定,开通运营中国邮政号班列、防疫物资专列。2017年启动建设"一带一路"捷克站,建成捷克站货运场、物流园、浙江丝路中心(商贸服务园),助力中欧贸易发展。

大力推进义甬舟开放大通道建设。力促义乌国际陆港与宁波舟山港一体化发展,紧密连接全球最大的港口和最大的小商品市场,成为海上与陆上"丝绸之路"的连接点。积极探索开展多式联运,建设国内首个双层集装箱运输铁路——甬金铁路。2019年,义乌—宁波舟山港海铁联运班列发送5.9万标箱,运量居全国前列,成为长江经济带南翼黄金货运通道。2019年,义乌成为浙江省唯一的"四港"联动示范城市,为浙江创新发展以陆港、海港、空港、信息港"四港"高效联动和系统集成为依托的枢纽经济作出了重要贡献。

努力提升国际陆港城市开放能级。2013年5月1日,在联合国亚洲及太平洋经济社会委员会第69届年会上,义乌作为浙江唯一、全国首批17个城市之一被确定为国际陆港城市,显著提升义乌在全球贸易和物流大通关中的地位。目前,义乌的开放口岸体系不断完善,实现了铁路口岸、航空口岸双开放。开放平台功能持续提升,先后获批设立保税物流中心(B型)、综合保税区,义乌机场年旅客吞吐量突破200万人次,获评全国县级市首个国际卫生机场。义乌国际邮件互换局业务量从最初的日均处理10万件增加至2019年底的超过26万件,覆盖127个国家和地区。2019年,义乌商贸服务型物流枢纽成功入选首批国家物流枢纽建设名单。

深入践行"五通"开放合作。服务"一带一路"开放合作,助力政策沟通、设施联通、贸易畅通、资金融通、民心相通。先后成功举办"丝绸之路经济带城市国际论坛""中国—北欧青年领军者论坛""中非智库论坛""中国—东盟自由贸易区联委会会议""'一带一路'国际城市经贸合作对话会"等重要国际交流活动。2017年,义乌加入世界城市和地方政府联合组织,成为首个加入该组织的中国县级城市,并于2019年入选该组织执行局和理事会成员席位。以国际商贸城及周边区域为核心,高标准建设丝路新区,2015年6月,义乌丝路金融小镇获浙江省人民政府批准,入围第一批浙江省37个省级特色小镇创建名单。创新现代金融服务产品,使义乌成为区域性货币兑换和跨境贸易人民币结算中心。2019年,义乌信息光电高新区获批浙江省首批境外并购产业合作园,从而进一步发挥义乌在浙江省全面开放新格局中的积极作用,促进国际高端技术、资本、人才等的集聚回归。

三、买卖全球的贸易先锋

打造世界"小商品之都",建设国际小商品自由贸易中心、数字贸易创新中心。义乌市着力破除传统路径依赖,推动市场从商品供应者向综合服务者转变;促进全球最大的小商品市场与电子商务、现代物流、会展经济等相融发展,培育新业态、新模式;充分发挥基于市场形成的商贸流通优势，大力发展进口转口贸易；合作拓展全球商贸网络，成为商品市场向平台经济转型升级的样板；肩负起自贸试验区建设重任，在投资贸易自由化、便利化等方面努力探索新经验。

推动市场持续赋能提升。着力打造"世界超市"，加快建设集转口贸易、世界电子贸易平台（eWTP）数字贸易、新型海关监管、保税展示交易等功能于一体的新型进口市场，其中，义乌第六代市场的核心标志——进口商品孵化区于 2019 年 11 月 13 日开业，承接了"中国国际进口博览会"溢出效应的"中国义乌进口商品博览会秋季展"同期开行。2020 年，义乌市场经营面积扩展至 640 余万平方米，经营商位超过 7.5 万个，汇集国内 26 个大类 180 多万种商品，以及来自 100 多个国家和地区的 15 万种源头商品。创新开展进口保税货物与义乌小商品集拼转口、"义新欧"中欧班列进口货物铁海联运转口、小商品出口退运货物再转口等多种形式的转口业务，通过出口带动转口、转口促进进口，成为"买全球、卖全球"的世界级贸易平台。助力中国进口企业高效对接境外优质源头货、境外中小企业高效对接中国分销渠道，全方位展示世界"小商品之都"的活力和风采。

打造数字贸易创新发展"生态圈"。义乌把电子商务作为战略性、先导性产业进行培育，着力建设全球网货营销中心、全国网商集聚中心和跨境电子商务高地，打造国际电子商务之都。全市相继建成投用电子商务园区 35 个、淘宝镇 12 个、电商村 164 个，被列入全国第三批跨境电子商务综合试验区，内外贸网商密度分列全国第一、第二位。入选全国快递示范城市，集聚快递品牌 34 个，涵盖了国内、国际主要品牌，成为浙江乃至长三角地区重要的电商物流通道。与阿里巴巴共建 eWTP 全球创新中心,为全球中小微企业和个人创业者赋能,实现"线下市场采购＋线上跨境电商"融合发展,为小额小批量网上交易搭建高速通道。建设 eWTP 菜鸟义乌保税仓,带动跨境电商保税进口(2019 年)业务量突破 870 万单,居全国第三批跨境电子商务综合试验区首位。开行"义新欧"eWTP 菜鸟号班列,打通境内外 eWTP 重要枢纽;合作布局卢旺达和埃塞俄比亚数字贸易枢纽,使更多浙江制造商品在 eWTP 枢纽之间流通。

构建支撑全球贸易的现代物流网络。义乌把现代物流作为战略性、基础性产业,致力于打造亚太地区物流高地。传统配送体系成功转型为现代物流体系,信息流与物流充分融合,成为全国最大的零担货物配载中心、国家二级物流园区布局城市,入选首批全国现代物流创新发展试点城市。全市有国内物流企业 1600 多家、国际货运代理 1000 多家、航空货运代理 100 多家,形成了公路物流、铁路物流、航空物流、保税物流、多式联运、智慧物流等多种物流方式协同发展的大格局。中外运—敦豪(DHL)、美国联邦快递公司(FedEx)、美国联合包裹公司(UPS)等全球快递巨头以及中远海、法国达飞等国际知名船务公司在义乌设立了分公司或办事处。全市物流网络遍及世界 219 个国家和地区,公路货运可到达全国 31 个省(直辖市、自治区)的 1500 多个县级以上网点。2006 年以来尤其是近年,义乌市大力推进物流基础设施建设,实施了快递物流集聚中心、"义新欧"公路运输中心、普洛斯物流园、国内公路港物流中心、铁路口岸一期、国际陆港物流园区(陆港新区)等重大物流项目。

义乌加入中国(浙江)自由贸易试验区。2020 年 8 月 30 日,国务院印发《关于北京、湖南、安徽自由贸易试验区总体方案及浙江自由贸易试验区扩展区域方案的通知》(国发〔2020〕10号)，义乌成为浙江自贸区的重要片区，将着力打造世界"小商品之都"，建设国际小商品自由贸易中心、数字贸易创新中心、内陆国际物流枢纽港、制造创新示范地和"一带一路"开放合作重要平台。

四、产业升级的创新先锋

义乌市以提升质量、品牌、标准等为导向，大力推进传统产业标准化、品牌化升级，力促产业发展由投资拉动向创新驱动转变、由资源依赖向科技支撑转变，努力构建现代服务业与先进制造业双轮驱动，产业多元融合、协同发展的现代化产业体系，产业发展集群化、产业结构高级化、产业竞争高端化的特征日益凸显。

推动小商品制造加速升级。积极实施专利、标准、质量、品牌、信用"五创联动"，推动小商品制造向个性化、精品化、品牌化方向发展，从价格竞争转向质量、技术、品牌、标准等综合性竞争。2011年确立"质量强市"发展战略，努力创建"全国质量强市示范城市"。大力推进品牌体系建设，全市有效商标量、境内商标申请量、境内商标注册量三项指标列居全国县域首位，商标品牌综合实力连续多年居全国县域前列；上线"义乌好货"，通过"义乌好货"母品牌赋能优质义乌小商品品牌，形成"义乌中国小商品城"统一品牌，"义乌制造"市场影响力逐年提升。强化标准引领，运用标准手段加快培育新经济、新业态，促进传统产业向价值链高端发展；开展"标准进市场"工程，结合市场质量提升行动，利用"亮标＋对标＋提标＋宣标"的路径，推动市场经营主体知标用标能力。2016年5月，获评"国家知识产权示范城市"。

大力发展先进制造业。深入推进"四换三名"工程，引进了韩国 SK、泰国正大、吉利集团、普洛斯、物产中大集团等一批世界 500 强和国内知名企业。创建绿色光源小镇,引进了华灿光电、瑞丰光电、木林森照明等大型企业,"无中生有"发展形成了 LED 的全产业链条,构建起以半导体照明为主导,信息光电、智能制造为特色的产业集群。依托吉利汽车项目和绿色动力小镇建设,打造创新驱动的"智造"高地。积极打造中欧(义乌)智造园,重点引进欧洲发达国家的产业技术、发展理念和管理经验,大力发展汽车关键零部件、高端智慧装备、节能环保等产业。

深入实施创新驱动发展战略。大力推进科技创新,设立和搭建各类创新创意载体,多渠道引聚国家部委、高校、央企创新资源,集聚创新创意人才,提升产品创意设计和技术创新能力,引领义乌产业转型升级。引进、建设了国家日用小商品质量监督检验中心等一批国家级研究检验机构和研发基地,建立了中国义乌工业设计中心等一大批创新创意平台。大力实施"义乌英才"计划,引聚全球创新创意人才。坚持"以亩产论英雄",不断深化推进资源要素市场化改革,将有限的资源要素更多地配置给经济效益好、亩产效益高、社会贡献大的优质企业。

五、城乡融合的协调典范

义乌坚持城乡融合、全市域一体规划,使精品城市创建、小城镇整治、和美乡村建设并驾齐驱。大力推进城乡基础设施一体化、公共服务均等化,努力破解城乡土地、户籍二元体制。引入国有资本、社会资本参与乡村产业振兴,建设和美乡村。2020 年,义乌居民人均可支配收入达 71210 元,首次突破"7 万元"大关并继续领跑全省。其中,城镇常住居民人均可支配收入迈入 8 万元新台阶,连续 14 年领跑全国县市;农村常住居民可支配收入迈入 4 万元新台阶。城乡居民收入比首次降至1.90∶1,显著低于全国平均水平,城乡统筹一体化迈入新发展阶段。

全方位推动城乡融合发展。深入推进新型城镇化,按照"一个市"的理念规划城乡空间。2013年,义乌出台了《义乌市城乡新社区集聚建设实施办法(试行)》,创新性地开展城乡新社区集聚建设计划,由多村集中联建环境优美的高层公寓楼盘。促进城市基础设施向农村延伸,全市农村安全饮用水覆盖率、新农村电气化率、农村基础设施管护率均达100%,"光宽带村"覆盖率超过90%。扩大农村公共服务供给,持续加快农村教育、卫生、医疗等各项事业的发展。2016年,又出台了《义乌市户籍制度改革实施意见》《义乌市户口迁移登记暂行规定》等,全面取消农业、非农业二元制户口性质划分,降低城镇入户门槛,加快农民市民化步伐。

率先开展农村土地制度改革。2015年3月,义乌被列为全国农村土地制度改革试点地区。通过推进农村"三块地"改革(土地征收、集体经营性建设用地入市、宅基地制度改革)和农房抵押担保贷款试点,将改革前农房、田地等沉睡的资产有效盘活,有效破解城乡融合发展当中的"人、地、钱"问题,既保障了农民基本权利,又增加了农民财产性收益,为农村土地制度改革提供了"义乌样本"。

促进乡村产业兴旺发展。从产业筹资引资、项目选择、园区建设等方面入手,创新性地采用了村民集体入股共同开展村庄经营的众筹模式,拓宽筹资渠道,因地制宜发展休闲观光农业、农家乐休闲业和田园综合体,成功培育了马畈农业奇幻乐园等一批乡村旅游发展典型。

打造新时代和美乡村建设示范区。以"中国众创乡村"为主题,以"星级美丽乡村"为主要载体,着力构建"乡村四级联创、特色产业提升、推进乡风文明、优化富民制度"的任务体系,推动空间优化布局美、生态宜居环境美、乡土特色风貌美、村强民富生活美、人文和谐风尚美、改革发展创新美的"和美乡村建设"。各具特色的农村文化礼堂,已成为承载乡愁、展现乡风、弘扬社会主义核心价值观的"村庄客厅""文化地标""精神家园"。高度重视对历史文化村落的保护投入,累计修复古建筑 80 多处,乡村优秀传统文化得到有效保护。

第四节　加快构筑开放发展新格局

面对双循环相互促进、重叠汇合的新发展格局,为了进一步增强经济发展支撑,提高对外开放的质量和发展的内外联动性,义乌市全面创新"兴商建市"发展战略,积极推进人文发展、创新发展、融合发展和集约内涵发展,加快建设世界小商品之都。

一、加快建构三大创新生态体系

长期以来,义乌发展一直围绕"小商品"展开,科技创新是弱项。创新需要由经济社会与个人及机构的多重耦合的激励制约体系的支撑。创新体系各方面不是一种机械式的关系,是由多重生态体系建构形成的一种关系。2020 年,全年专利申请量达 11460件,申请量增长 19.4%,专利授权量 9811 件,增长 63.9%,其中,发明专利授权量 1204 件。当前,义乌一方面要继续加强财政奖补等政策,另一方面更重要的是要加快建构创新生态体系,建设创新驱动的长效机制。

1.加快建构创新的科研生态体系。这里包括培育多元化的创新主体，即形成以企业为主，高校及政府研究机构为辅，以及具有社会机构和个人积极参与，具有车间、班组等生产经营现场创新活动积极活跃的多种场景。同时要加强创新主体的文化、素质、伦理规范及成果体系等的建设。

2.加快建构创新的人文生态体系。创新是一个概率问题，因为任何区域在任何时期，总是具有某种形式的创新，差别仅在于创新发生率、成功率和应用率的不同。创新概率取决于区域社会人文生态，因此坚持创新驱动发展，坚持创新的核心作用，具体指标则是提高创新概率，其中的关键，则是建构和增强有利于创新的社会人文生态体系，形成全社会普遍重视、支持及实施创新的环境。

3.加快建构创新的治理生态体系。这包括治理架构、治理文化、治理方式、治理行为等的建设。尤其是后三者，需要具有较大创新，形成了创新之中的创新的多重促进关系。

二、努力建设世界小商品之都

1.线上线下结合，努力建设全球日用轻纺商品之都。发挥有形市场的基础支撑功能，增强完善一系列与日用轻纺商品相关的综合服务功能。打造全球日用轻纺商品的会展中心、贸易中心、时尚中心、金融中心等；发展日用轻纺商品的购物旅游、产业旅游、博物旅游、多元文化旅游、小商品城产市旅游等；努力促进和提升商贸服务、产业服务、社会服务及居民生活服务，积极打造以全球轻纺商品之都为支撑的国际化大都市。

2.城内城外结合，努力建设遍布全国和全球的仓储配送平台。自2011年以来，义乌交通运输仓储行业的增加值增长，持续快于全市服务业增加值增长，占服务业比重上升。这一状况不符合交通运输仓储行业增长弹性通常较低，占服务业比重下降的规律，意味着义乌经济存在着比较明显的粗放外延特点。加快建设"海外仓",使之成为义乌商品的境外仓储配送平台;同时,像建设"海外仓"一样,精心选择全国若干个枢纽节点,建设义乌商品的仓储配送平台。通过市场化手段,优化仓储物流,提高商贸发展效率。

3.大中小企业结合,优化企业组织结构。根据全国第四次经济普查数据,义乌企业规模大大小于全省平均规模,法人单位平均每家资产仅为全省的30.4%。实施强小促大的企业组织结构优化战略,注重发展小微企业的同时,也注重骨干龙头企业发展,争取在商贸业形成类似于日本商社那样的商贸流通企业群体。

4.模式输出与商品贸易结合,进一步提升发展效率。义乌要创造新的盈利模式,提高制造业及服务业的增加值率,改变当前义乌人均GDP在全省位次偏低状况。

三、着力打造义乌、东阳、浦江一体化大都市

义乌城区与金华城区相距50余公里,与东阳城区相连,与浦江城区相距约20公里。因此对义乌来说,在积极建构金义都市区的双城构造的同时,要努力增强与东阳、浦江的一体化,努力打造具有300万常住人口的义东浦一体化大都市。

1.双城构造是市场化造就金义都市区的优势。义乌城区超越金华市区是市场化的成果,有利于金华整体加快发展。研究浙中城市化,应摒弃按行政隶属关系的思路,实事求是分析金义都市区双城构造的整体优势。有利于增强金华的整体竞争力。这一双城构造解决了金华市区规模过小而导致的城市带动能力较弱的问题。这也是改革开放以来,金华整体发展持续较快的一个主要原因。1978—2000年,金华GDP年均增速居全省11市第六位,2000—2020年居第七位。其中后一时段,金华与增长更快的市相比,除舟山

外,差距仅零点几个点。有利于增强浙江中部城市带。浙江中部城市带系区别于浙江沿海城市带而言,始于嘉兴,串联起了绍兴、诸暨、义乌、金华和衢州,如乘坐高铁大致每 20 分钟就有一座 50 万至 100 万人口的城市,其中,嘉兴、绍兴与义乌已是名副其实的百万人口城市,金华市区正在"奔百(万)"。随着义东浦一体化大都市达到 300 万人口规模,浙江中部城市带与浙江沿海城市带遥相辉映,大大增强了浙江这两条巨龙对于全省发展的带动力,有利于发挥市场配置资源的决定性作用。城市是空间竞争主体,在符合总体发展规划前提下,城市之间主要是通过市场竞争来优化配置要素。历经 40 余年的市场化改革,浙江各地发展基本都是自身努力的结果。要像强化企业主体地位一样,强化义乌等城市在市场竞争中的主体地位。

2.增强义乌的区域经济中心功能。义乌市委"十四五"建议提出"成为区域经济中心",这是义乌赋予自身的压力和任务。从地理空间角度分析,义乌市与周边的东阳市和浦江县,具有紧密的地理空间关系,与诸暨市以及嵊州市和新昌县,也具有相对比较紧密的联系。加强整体规划引领。建议义乌市与东阳市、浦江县,强化协调,编制义东浦一体化规划。这一规划主要是指导性的,对区域发展进行若干格式化处理,如依法经过相关审批程序,也可以具有若干约束性。加强城市建设衔接。义乌城区与东阳城区已无缝衔接,下一步加强接合部的整合建设,优化两城建设融合的空间形态和空间结构,密切多层面往来,提高融合效率。加强义乌与浦江的融合通道建设,提升融合效率。深入研究杭温高铁连通义乌、浦江后,增强其对于两地发展的促进作用。加强产业发展互补。既在政府层面上加强相互之间的衔接协调,也在企业层面上促进相互之间的协商合作。同时要保护和增强企业间及基层政府间的竞争,增强基于竞争基础上的区域一体化进程。

3.增强义乌经济辐射力。建设中的金甬铁路与杭温高铁交叉,在嵊州新昌形成一个大"十"字,改写了义乌与嵊州、新昌的空间关系。金甬铁路主要是货运,将促进义乌与嵊州、新昌的产业联系;嵊州、新昌进而利用杭温高铁的客运优势,一根扁担挑两头,加强利用义乌的市场优势和宁波的港口优势促进自身发展。同时,新昌的创新驱动优势和嵊州的轻纺产业优势,对义乌具有较强的互补促进作用。诸暨是浙江中部城市带现有县级市中最具发展潜力的一座城市。诸暨城区人口有 50 万左右,直线距义乌约 50 公里,跟义乌与金华市区的直线距离相等。诸暨店口镇正在积极成为杭州的"南大门",日益加强与杭州无缝对接。这一空间格局有利于义乌通过诸暨,加强与杭州的产业等多层面联系,也有利于义乌加强与诸暨的融合。

四、积极促进区域共同富裕

共同富裕是义乌发展的一个基本特点。这是以人民为中心的根本要求,也是研究义乌发展的一个重要出发点和落脚点。2020年,义乌城镇居民人均可支配收入 8 万元,居浙江各地首位。当前,浙江高质量发展建设共同富裕示范区,义乌应发挥新的积极作用。只有共同富裕,义乌才具有持续较强的发展活力。

充分发挥义乌促进共同富裕的三大作用。一是创业发展平台的作用。当前重点是数字创业及数字化创业,根据第四次经济普查,2018 年义乌的信息传输、软件和信息技术服务业的营收占全省的 3.6%,义乌在这方面仍有较大空间。二是投资促进中心的作用。义乌资本发轫于民间且更接地气,可以在当前创新驱动、服务业繁荣发展、乡村振兴等方面，发展投资带动的积极作用。三是农业转移人口市民化平台的作用。义乌是一座移民城市，原本就是一座创造共同富裕的城市，2016年取消城乡身份差异，以"经常居住地登记、人户一致"为基本原则，适当调整和完善了城乡落户政策，目前应进一步敞开大门，创新体制机制，造就农业转移人口市民化的新格局和新趋势。

总之，习近平总书记绘就的"跳出浙江发展浙江"的开放发展蓝图，指引着浙江的实践发展，使得浙江在区域开放发展方面结出了丰硕成果，率先形成以国内大循环为主体、国内国际双循环相互促进的新发展格局。其中，被誉为"世界小商品之都"的义乌市，以其发展的速度、改革的力度、创新的广度、开放的深度，秉持"兴商建市"独特的区域发展之路，从"鸡毛换糖"、马路市场起步，通过"不起眼"的小商品交易一跃成为国际商贸之都，走出了以商贸业为龙头，带动区域经济协调发展的成功之路，综合实力位居全国县市前列，成为开放发展的"浙江经验"的生动体现和有机组成部分。

◈ 本章小结

作为改革开放以来浙江县域经济发展的典型，"义乌发展经验"是义乌结合实际创造性贯彻落实中央精神和"八八战略"的经验，体现了习近平新时代中国特色社会主义思想的要求，体现了"五位一体""四个全面"以及新发展理念的要求。40多年来，"兴商建市"战略得到一以贯之的坚持，并不断被赋予时代内涵，成为义乌发展行稳致远的关键所在。"义乌发展经验"不仅丰富了浙江的发展模式，也对全国各地正确处理政府与市场关系产生了积极影响，它的成功还在于同时用好"看不见的手"和"看得见的手"，形成市场作用和政府作用有机统一、相互补充、相互协调、相互促进的格局,推动经济社会持续健康发展。这是对我国社会主义市场经济条件下如何处理好政府与市场关系进行的生动实践。

◆◆ **思考题**

1.义乌是如何做到从无到有、点石成金,从一个人口面积不大、资源条件不优、竞争实力不强的县级市发展成为浙江第一、全国第七的县域经济百强县,成为"买全球、卖全球"的国际商贸名城?

2.义乌"兴商建市"战略中,政府和市场各自发挥了什么作用?如何协调对外开放过程中的政府与市场关系?

3.当前浙江对外开放发展存在哪些困境与挑战?结合实际谈谈,如何提高对外开放的质量和发展的内外联动性?

◆◆ **拓展阅读**

1.陆立军,王祖强,杨志文.义乌模式[M].北京:人民出版社,2008.

2.陆立军,杨志文,郑小碧.义乌试点[M].北京:人民出版社,2014.

3.科斯,王宁.变革中国:市场经济的中国之路[M].徐尧,李哲民,译.北京:中信出版社,2013.

支持长江三角洲区域一体化发展并上升为国家战略,着力落实新发展理念,构建现代化经济体系,推进更高起点的深化改革和更高层次的对外开放,同"一带一路"建设、京津冀协同发展、长江经济带发展、粤港澳大湾区建设相互配合,完善中国改革开放空间布局。

——摘自习近平总书记在首届中国国际进口博览会上的讲话①

第四章　国家战略与县域治理的嘉善样本

◆◆ **本章要点**

1.国家战略为县域高质量发展提供了战略指引,对县域高质量发展具有重大意义。

2.嘉善县是全国唯一的县域科学发展示范点,也是长三角生态绿色一体化发展示范区的重要组成部分。在推进"双示范"建设过程中,嘉善县努力建立健全高水平一体化规划管理体制,加快建立"整体智治"的数字政府,完善市场化、法治化、国际化的营商环境以及深化市场化体制,探索县域高质量发展新路径。

3.加快推进区域一体化改革,要高起点构筑经济发展体系,高层次扩大联动开放格局,高标准促进城乡融合发展,高质量促进公共资源共享,高效能探索改革制度创新来开展未来的工作,努力构建县域高质量发展新格局。

---

① 习近平在首届中国国际进口博览会开幕式上的主旨演讲(全文)[EB/OL].(2018-11-05)[2021-08-01]. http://www.xinhuanet.com/politics/leaders/2018/11/05/c_1123664692.htm.

国家战略是完善与提升新一轮改革开放空间布局的总抓手，是各省市高效实现自身发展的重要机遇，是县域构建现代化治理的坚实后盾。进入高质量发展的新阶段，国家发展战略对县域发展提出了新要求。深入践行创新、协调、绿色、开放、共享五大发展理念，全方位推进县域发展。浙江是新时代全面展示中国特色社会主义制度优势转化为治理效能的"重要窗口"，嘉善是全国唯一"双示范"叠加之地，正竭力打造"重要窗口"的重要窗口。

第一节　国家战略之于县域发展的思路与要求

党的十八大以来，习近平总书记高度重视县域经济社会发展、县域治理和县级领导班子、党的组织建设，多次阐述怎样当好县委书记、怎样加强和改善县域党的领导。县域治理是推进国家治理体系和治理能力现代化的重要一环。作为城市发展和乡村发展的结合点，县域发展是我国经济社会发展的重要组成部分和战略基石。当前，我国县域发展还面临着产业层次不高、城乡结构不合理、资源环境压力加大等共性问题。推进示范点建设，有利于探索县域发展的新途径，破解共性问题；有利于增强县域发展的活力，破解率先发展遇到的难题；有利于贯彻落实国家推动县域发展的政策措施，激发人民群众践行科学发展观的积极性和创造性，促进嘉善经济社会又好又快发展。

"十四五"时期是我国开启现代化建设新征程的第一个五年规划期，是全面落实高质量发展要求、深入推进经济发展方式转变、转换增长动力的攻坚阶段和关键时期。谋划实施好县一级"十四五"规划意义重大。在新的发展起点上，县级政府要准确把握"十四五"时期的新特征、新形势、新要求，立足县域发展实际，推动县域经济在"十四五"时期实现高质量发展。

注重县域发展一直是浙江改革开放的重要特点，尤其在县域治理现代化方面的改革创新上一直走在全国前列，很多改革创新实践为全国所复制和推广。

直接针对某一个县的国家战略并不多，嘉善属于这为数不多的县之一。嘉善县是全国唯一一个国家命名的"县域科学发展示范点"，也是长三角生态绿色一体化发展示范区的重要组成部分。嘉善县域科学发展示范点建设以提高发展质量和效益为中心，以供给侧结构性改革为主线，以全面深化改革为动力，全面加强党的建设，使嘉善切实担负起干在实处、走在前列、勇立潮头的使命，着力建设产业转型升级引领区，着力建设城乡统筹先行区，着力建设生态文明样板区、着力建设开放合作先导区，着力建设民生幸福新家园，努力把嘉善建设成为全面小康标杆县和县域践行新发展理念的示范点，为全国县域科学发展积累更多经验、提供更好示范。

长三角生态绿色一体化示范区的发展规划，坚持新发展理念，坚持推动高质量发展，坚持以供给侧结构性改革为主线，坚持深化市场化改革、扩大高水平开放，加快建设现代化经济体系，着力推动形成区域协调发展新格局，着力加强协同创新产业体系建设，着力提升基础设施互联互通水平，着力强化生态环境共保联治，着力加快公共服务便利共享，着力推进更高水平协同开放，着力创新一体化发展体制机制，建设长三角生态绿色一体化发展示范区和中国（上海）自由贸易试验区新片区，努力提升配置全球资源能力和增强创新策源能力，建成我国发展强劲活跃增长极。

习近平总书记把县域治理最大的特点形象地概括为既"接天

线"又"接地气"。即：对上，要贯彻党的路线方针政策，落实中央和省市的工作部署；对下，要领导乡镇、社区，促进发展、服务民生。[①]全面深化县域治理体制改革已全面展开，其中的重要趋势正是从以往放权让基层自主探索向进一步强化顶层设计转变。在具体推进过程中，更加注重对县域治理特点和规律的把握和运用，把顶层设计和基层探索有机结合起来。嘉善的"双示范"就是新时代县域治理的典型，在抓住国家战略机遇的同时做优做强顶层设计，持续有力推进县域高质量发展。

第二节　嘉善县域治理创新的背景与进程

一、嘉善县域治理创新的背景

嘉善地处杭嘉湖平原，毗邻上海，自然人文、发展基础等在全省乃至在全国都有较强代表性，特别是改革开放以来，其在经济社会发展和治理创新方面创造了一系列典型经验。嘉善县域发展具有典型性。嘉善是浙江陆域面积较小的县，全县总面积仅506平方公里。改革开放40多年来，嘉善人民走出了一条富有嘉善特点、时代特色的富民强县之路，实现了三大历史性跨越。一是从典型的农业县到经济强县。40多年前，嘉善是一个典型的农业大县。经过40多年的发展，目前，嘉善已经以新型工业化的城市面貌出现在沪苏浙的交界处，并跻身全国百强县行列。二是从封闭的区域经济到全方位开放发展。招商引资"一号工程""百姓致富工程"，以及主动接轨上海战略的实施，使嘉善凭借得天独厚的区位

[①] 习近平.做焦裕禄式的县委书记[M].北京:中央文献出版社,2015:52.

优势,成为全省开放发展的先行者。三是人民生活水平实现从温饱到全面小康。嘉善的农村越来越美丽,农民越来越幸福,全县统筹城乡发展水平居全省前列,已进入全面融合发展阶段。

嘉善的县域治理现代化和高质量发展实践,不仅在"如何发展"的问题上走出了一条经得起实践检验的正确道路,更在"发展为了什么"的问题上树立了标杆。产业层次不高,转型升级如何破题?嘉善向创新要动力。城乡结构不合理,一体化如何推进?嘉善向协调要引力。县域发展如何突破画地为牢、自我设限的瓶颈?嘉善向开放要活力。面对资源环境压力的加大,嘉善向绿色要生命力。面对社会建设水平不高、公共服务短板较多的现实问题,嘉善向共享要答案。

站在新的起点上,嘉善坚持改革引领,秉持创新、协调、绿色、开放、共享五大新发展理念,加快推进科学发展,不断为长三角地区县域产业转型升级提供示范、为全国县域统筹城乡发展提供示范、为平原地区生态文明建设提供示范、为大都市毗邻县依托大都市加快发展提供示范,全面建成物质富裕、精神富有的美好嘉善。

二、国家战略部署与嘉善县域治理的主要进程

习近平总书记指出,县域治理是推进国家治理体系和治理能力现代化的重要一环。① 县域治理在国家治理中居于基础地位,直接关系着经济社会发展、民生幸福美满和国家长治久安。嘉善县域治理与科学发展的过程,集中体现了习近平总书记关于县域治理重要思想的形成、丰富与深化完善的发展轨迹。

---

① 习近平.做焦裕禄式的县委书记[M].北京:中央文献出版社,2015:52.

(一)县域科学发展示范点

早在 2010 年 5 月,《国务院关于长江三角洲地区区域规划的批复》就明确提出"建立浙江嘉善县域科学发展示范点"。2012 年 9 月 30 日,习近平同志对嘉善工作作出重要批示,希望嘉善不断总结发展经验,把科学发展示范点建设同创先争优常态化建设紧密结合起来,在更高起点上系统谋划全县发展,这为制定嘉善县科学发展示范点建设方案指明了方向。2013 年 2 月,国务院同意批复《浙江嘉善县域科学发展示范点建设方案》(以下简称《建设方案》)。《建设方案》明确了嘉善下一步的发展定位,即建设产业转型升级引领区、城乡统筹先行区、开放合作先导区、民生幸福新家园,在县域经济社会发展上努力为长江三角洲地区提供示范。获批成为全国唯一的县域科学发展示范点,使嘉善迎来了重大发展机遇。

2016 年 4 月,习近平总书记在中国行政体制改革研究会等单位关于嘉善示范点建设第一阶段实施情况第三方评估专报上作出重要批示,要求进一步总结嘉善经验,继续制定新的发展改革目标,争取全面建成小康社会新成绩。2017 年 2 月,《浙江嘉善县域科学发展示范点发展改革方案》经国务院审定、由国家发展改革委批复实施。2017 年 6 月,浙江省政府办公厅制定下发了《浙江嘉善县域科学发展示范点发展改革方案重点任务省级部门责任分工》(浙政办函〔2017〕41 号),要求嘉兴市、嘉善县切实担负起主体责任,确保完成示范点建设各项任务,为全国县域科学发展积累更多经验、提供更好示范。由此,嘉善县域科学发展示范点发展改革工作进入一个新的阶段。

(二)长三角一体化示范区

2018 年 11 月 5 日,习近平总书记在首届中国国际进口博览会上,宣布支持长江三角洲区域一体化发展,并上升为国家战略。2019 年 5 月 13 日,中共中央总书记习近平主持召开中共中央政治局会议,会议审议了《长江三角洲区域一体化发展规划纲要》。6 月,浙江省委、省政府召开全省推进长三角一体化发展大会,出台了《浙江省推进长江三角洲区域一体化发展行动方案》,对全省域、全方位推动长三角高质量、一体化发展作出了具体部署。7 月 23 日,嘉兴市委八届七次全会,通过了《中共嘉兴市委关于实施全面融入长三角一体化发展首位战略 打造以一体化推动高质量发展典范的决定》,提出了全面融入长三角一体化发展首位战略,确立了实施首位战略"12410"的总体思路,为嘉兴更好地落实国家战略凝聚了思想共识、明晰了路径举措。11 月 19 日,国家发展改革委正式发布国务院 10 月 25 日批复的《长三角生态绿色一体化发展示范区总体方案》全文,推动嘉善县域治理迈向一个新高度。

三、嘉善"双示范"顶层设计

2013 年,获批成为全国唯一的县域科学发展示范点,嘉善迎来了重大发展机遇;2019 年,长三角生态绿色一体化发展示范区正式揭牌,嘉善成为一体化示范区的重要组成部分。两个"示范"叠加,机遇史无前例。

作为科学发展示范点,嘉善充分发挥其在县域践行"五位一体"总体布局和"四个全面"战略布局、贯彻落实新发展理念上的示范引领作用。坚持创新发展,建成产业转型升级引领区。立足创新驱动,推动产业转型升级,加快构建现代产业体系。全面实施创新驱动发展战略,全力提升县域产业发展层次,高水平推进产业平台和重大项目建设,深化"放管服"改革。坚持协调发展,建成城乡统筹先行区。加快新型城镇化进程,完善城乡基础设施网络,协调推进物质文明和精神文明建设。扎实推进新型城镇化,提升城乡基础设施建设水平,协调推进物质文明和精神文明建设,创新协调发展体制机制。坚持绿色发展,建成生态文明样板区。统筹推进生态环境保护、低碳经济发展和生态文明制度建设,形成绿色发展方式和生活方式。着力打造精致江南水乡,积极推进集约节约发展,建立健全生态文明制度。坚持开放发展,建成开放合作先导区。发挥区位优势,主动接轨上海,创新开放合作模式,丰富开放合作内涵,打造对外开放合作平台,实现与大都市区的融合发展。深化面向大都市的开放合作,打造对外开放合作平台,创新开放合作机制。坚持共享发展,建成民生幸福新家园。着眼于富民、惠民、安民,推进共享发展。持续推进富民增收,提升公共服务共享水平,深化平安嘉善建设。加强组织领导,全面保障任务落实。全面加强党的建设、县域善治、政策支持、组织实施。

嘉善是长三角生态绿色一体化发展示范区的重要组成部分。当前,浙江正努力将长三角生态绿色一体化发展示范区嘉善片区建设成为新时代全面展示中国特色社会主义制度优越性"重要窗口"的重要窗口。一是突出改革赋能,推动创新集成。支持率先推进改革系统集成,支持机构职能体系改革创新,推进示范区"跨省通办"试点,探索一体化发展差异化考核。二是强化市域统筹,加大要素保障。加大财政支持力度、投融资支持力度、金融服务力度以及土地资源要素支持。三是聚焦创新发展,增强内生动力。共同打造创业创新人才高地,支持专业技术人才队伍建设,支持嘉善片区发挥G60科创走廊桥头堡作用,支持高层次扩大对外开放。

四是布局未来基建,推动提标提速。支持交通互联互通,支持未来交通率先发展,支持生态和水利建设。五是提高人居品质,共享发展成果。支持发展优质教育,深入推进医保一体化,支持打造健康中国县域样板,支持城乡高质量融合发展。把长三角一体化发展上升为国家战略是党中央作出的重大决策部署。坚持稳中求进,坚持问题导向,抓住重点和关键。树立"一体化"意识和"一盘棋"思想,深入推进重点领域一体化建设,强化创新驱动,建设现代化经济体系,提升产业链水平。有力有序有效推进,抓好统筹协调、细化落实,明确责任主体。增强一体化意识,加强各领域互动合作,扎实推进长三角一体化发展。推动长三角一体化发展,增强长三角地区创新能力和竞争能力,提高经济集聚度、区域连接性和政策协同效率,对引领全国高质量发展、建设现代化经济体系意义重大。

第三节　嘉善县域治理创新的主要内容

习近平总书记指出:"当前,国内外环境都在发生极为广泛而深刻的变化,我国发展面临一系列突出矛盾和挑战,前进道路上还有不少困难和问题。……解决这些问题,关键在于深化改革。"[1]他强调,"面对新形势新任务,我们必须通过全面深化改革,着力解决我国发展面临的一系列突出矛盾和问题"。[2] 这些重要论述,深刻阐述了改革和发展之间的辩证关系,也为在县域治理中如何坚持改革和发展相结合提供了遵循。

[1]　习近平.论坚持全面深化改革[M].北京:中央文献出版社,2018:25.
[2]　习近平.论坚持全面深化改革[M].北京:中央文献出版社,2018:24.

在推进"双示范"建设过程中,嘉善县努力建立健全高水平一体化规划管理体制,加快建立"整体智治"的数字政府,统筹构建现代化经济体系,以及推进跨区域一体化改革,探索县域高质量发展新路,推进"迭代升级、再造嘉善",争创社会主义现代化先行示范区。

一、建立健全高水平一体化规划管理体制

规划水平决定建设品质,只有坚持高水平的规划,引领建立统一编制、联合批报、共同实施的规划管理体制,才能实现"一张蓝图管全域"。在"双示范"建设中,嘉善县认真落实浙江省委、省政府对嘉善片区规划编制的要求,突出高点定位、多规合一、谋定快动,努力编出具有系统性、引领性、科学性的规划。

(一)推进一体化规划管理

聚焦示范区"6+2"①一体化制度创新,同上海市青浦区、江苏省苏州市吴江区持续推进以社保卡为载体的"一卡通"服务管理,在交通出行、旅游观光、文化体验等方面实现一体化;探索形成示范区"医保一码通"、教师一体化培养、职业教育一体化发展、科技创新券通用通兑等制度创新体系,提升示范区共建共享服务水平。加快推动示范区水乡客厅城市设计方案落地,谋划启动嘉善片区项目建设,努力在跨区域财税分享、开发共建等一体化机制上取得更大突破。推动与南湖区、秀洲区、平湖市等毗邻地区协同发展,积极融入市域一体化。嘉善县牢牢把握新型城市化发展的基本规律,坚持全县"一本规划、一张蓝图",推动县域实行"中心拓展、节点集聚、城乡一体、边际互动、协调发展"的空间发展战略,充分发

---

① "6",是指示范区要探索规划管理、土地管理、投资管理、要素流动、财税分享、公共服务等一体化发展体制机制;"2",是指生态保护、公共信用。

挥中心城区和中心镇的辐射带动作用,形成"一主、一次、三片"的县域城乡空间总体框架,推动中心城区、小城镇、新社区协调发展、互促共进。

(二)建立统一的国土空间规划体系

构建一体化示范区统一的"一体规划——单元规划——详细规划"三级国土空间规划体系,统一基础户底板和用地分类,统一规划基期和规划期限,统一规划目标和核心指标。一体化示范区国土空间规划和各类专项规划由上海市、江苏省、浙江省共同组织编制、共同报批、联合印发;控详规由一体化示范区开发建设管理机构会同两区一县共同编制,按程序报批实施。逐级落实划定生态保护红线、永久基本农田保护线、城镇开发边界和文化保护控制线,制定细化可操作的国土空间用途管制规则,实施分级分类用途管制,建立覆盖一体化示范区全域的"四线"管控体系。实现"一个平台"管规划实施。建立统一的基于地理信息系统(GIS)数据库的规划管理信息平台,推进一体化示范区各级各类规划成果统筹衔接、管理信息互通共享。研究制定统一的规划建设导则,以更高标准共同提升一体化示范区规划建设品质。

(三)构建综合交通规划体系

坚持世界眼光、国际标准、中国特色、高点定位,以建设"长三角高质量一体化交通示范区"为目标,聚焦"生态化、数字化、一体化"三大理念,高标准谋划嘉善交通发展蓝图,构建完善综合交通专项规划蓝图,加快构筑现代化交通体系。为实现交通基础设施提升攻坚战早出形象、早出亮点,嘉善系统运用目标、责任、推进、评价"四个体系"理念,强化专班运作、部门协调、压实主体责任,形成攻坚合力。编制县域综合交通规划,打造长三角主要城市、示范区主要节点、县域内部各组团三个半小时互达交通圈,构建面向未来的综合立体交通网络。打造内通外联的综合交通枢纽体系,全面构建一体化骨干路网,加密省际毗邻地区公交线路,推动跨区域联网售票一网通和交通一卡通,推动共建"轨道上的一体化示范区"。

二、加快建立"整体智治"的数字政府

习近平总书记指出:"大数据在保障和改善民生方面大有作为。要坚持以人民为中心的发展思想,推进'互联网＋教育''互联网＋医疗''互联网＋文化'等,让百姓少跑腿、数据多跑路,不断提升公共服务均等化、普惠化、便捷化水平。"[①]坚持科技引领、数字赋能、应用带动,实施数字赋能引领工程,以政府数字化转型带动各领域全方位的数字化改革,全力打造数字治理先行区。高标准推进"云上嘉善"建设,拓展智慧政务、智慧交通、智慧环保、智慧民生等服务应用,探索构建城市运行监测预警、监督管理、决策支持系统,带动管理创新、服务创新、模式创新。

(一)构建"1＋N"改革体系

以数字化改革为总抓手,构建"1＋N"改革体系,突出重点攻坚,努力打造"双示范"标志性成果。"1"就是突出数字化这个总抓手。按照"规定动作接得住、自选动作有创新"的要求,聚焦聚力推进重点领域、重点环节数字化迭代升级,构建党建统领的整体智治体系,在全省数字化改革浪潮中奋勇争先。"N"就是若干项牵一发动全身的改革项目。重点攻坚"县镇一体、条抓块统"省级改革试

---

① 习近平主持中共中央政治局第二次集体学习并讲话[EB/OL].(2017-12-09)[2021-08-01].http://www.gov.cn/xinwen/2017-12/09/content_5245520.htm.

点,推动县域治理体系迭代升级,打造基层治理新格局;重点攻坚长三角一体化制度创新,联动青浦、吴江共同推进相关制度创新,在先行启动区嘉善片区建立改革实验室,率先推进集成改革,为"快出显示度"增强软实力;重点攻坚建立高质量发展体制机制,紧盯基本农田规划调整、外商投资股权投资企业等关键试点,努力破解制约高质量发展瓶颈;重点攻坚城乡融合发展体制机制创新,紧盯国家级农综改革、省级新时代乡村集成改革等重大试点,努力打造城乡融合、乡村振兴嘉善样板。

全面深化"最多跑一次"改革,以"互联网＋政务服务"为重点,以数据共享推动业务协同,实现让数据多跑路、让群众少跑腿甚至不跑腿。聚力聚焦系统性、整体性、协同性改革,以政府数字化转型和基层治理能力提升为着力点,构建跨部门跨层级协同、多业务多场景应用的数字化运行治理体系,实现从被动响应向主动预防、从末端执法向前端管理、从定点管控向多点治理的智慧化、高效化转变升级,破解基层治理碎片化、点状化、部门化等问题。

(二)构建数字赋能的平台支撑体系

运用大数据、云计算、区块链、物联网等技术,加快数字化平台集成应用,推动社会治理用数据说话、用数据决策、用数据管理、用数据创新。加快推进城市大脑建设。围绕党建引领、产业经济、社会治理、生态绿色、公共服务五大领域,依托城市大脑数据底座、数据中台和业务中台,通过整合数据资源、打通场景应用和监管数据链条,综合应用"互联网＋"信息技术,打造集数据分析、资源汇总、监督检查、考核评价、信息共享为一体,形成智能感知、指挥调度、巡查检查、协同联办、分析研判全流程智慧治理系统。建设一体化在线政务服务平台,倡导办事企业和群众网上咨询、网上预约、网上办理,推动网上办事不仅"可办",而且"好办"。

综合应用"互联网＋监管"平台,整合本地数据资源,打通业务条线数据链条,建立县镇一体的行政执法检查事项库、行业监管事项库、监管对象库、执法人员库,实现人员信息云上录入、监管程序云上流转、监管流程云上记录、监管行为云上监督、人员培训云上开展。依托长三角一体化执委会数据中枢,加强与青浦、吴江两地的监管执法数据交互,构建三地综合执法信息化平台。

（三）推进社会治理场景化应用协同

迭代完善"基层治理四平台"架构和功能,不断叠加、拓展个性化应用场景,推进各个业务系统有机衔接、深度融合、闭环流转。加快社会治理底座引擎持续赋能,加强治理信息在决策、服务、执行、监督、评价等方面的运用,推进智安小区县域全覆盖的迭代升级,全面建设智安街道,打造"无防盗窗城市"。创新和升级智慧督察、新居民服务、城市经营码、"综合查一次"等场景应用,建立亮点和应用标杆。

统筹协调"综合执法＋专业执法＋联合执法"工作,推进数字技术在行政执法领域深度应用,基本实现"大综合一体化"行政执法改革集成。持续完善网格化管理、精细化服务、信息化支撑、开放共享的基层治理平台,打造系统集成、执行有力、运转高效的工作体系,推动长三角生态绿色一体化示范区基层治理能力提升和治理体系迭代升级。全面彰显共商共建共治共享的整体治理效能,全面形成上下贯通、县乡一体的整体治理格局,全面实现上下贯通条块联动、系统集成融合一体、整体智治高效协同,打造成高水平现代化基层治理示范县。

三、统筹构建现代化经济体系

党的十九大报告指出,人民对美好生活的向往,就是我们的奋斗目标,必须使发展成果更多更公平惠及全体人民。推动县域经济发展,实现强县目标,最终是为了富民。县域经济是建设现代化经济体系的空间核心,对保持我国经济稳定发展、提升发展质量、促进新型城镇化建设具有重要的战略意义。县域经济从高速增长阶段向高质量发展阶段转换,需要用新发展理念指导建设县域现代化经济体系,改造提升传统经济体系。

(一)着力深化经济体制改革

嘉善县在发展改革进程中,牢牢把握经济体制改革这条主线,以"最多跑一次"改革为牵引,按照高质量发展的要求,实施改革项目化、清单式、责任制管理,统筹抓好经济体制改革各项任务落地生根,推动质量变革、效率变革、动力变革,为保障经济持续健康发展提供了强大的体制机制保障。

以"亩产论英雄"深化要素市场化配置改革。大胆冲破体制机制障碍,通过建立亩产效益评价和差别化配置机制,让各种要素快捷、高效、顺畅地流向优质企业和市场主体,为全域的经济结构调整和产业升级提供源源不断的动力。以"区域环评+环境标准"深化行政审批制度改革。区域能评和环评改革,主要是通过编制区域的环评规划和节能报告、制定区域统一的项目准入标准和区域负面清单、精简审批环节、落实承诺备案管理、强化监管等举措,实现更大幅度的"放"和更加精准的"管"。

(二)打造最优营商环境

加强一体化示范区"放管服"改革联动,推动建立统一开放大市场,全力打造长三角营商环境最优县。充分发挥市场机制的作用,进一步释放市场主体活力和创造力。深化国资国企改革,积极稳妥推进国有企业混合所有制改革,加强国资运营平台跨区域合作。优化民营经济发展环境,鼓励民营经济跨区域并购重组和参与重大基础设施建设,促进民营经济高质量发展。鼓励行业组织、商会、产学研联盟等开展多领域跨区域合作,形成协同推进一体化发展合力。打造有利于生产要素自由流动和高效配置的良好环境,加快推进资源要素有序自由流动,统一开放的市场体系基本建立,行政壁垒逐步消除,一体化制度体系更加健全;与国际接轨的通行规则基本建立,协同开放达到更高水平;制度性交易成本明显降低,营商环境显著改善。

90天变1天,嘉善企业开工审批时间的精简,是持续优化营商环境的有效探索。近年来,嘉善深化"放管服"改革,对标世界银行标准实施优化营商环境,全面推行"无差别全科受理",政务服务事项全部实现"网上办""掌上办",实现企业开办一日办结、从项目赋码备案至竣工验收全流程"最多80天"改革,项目备案"零上门、不见面"。开通"企业服务直通车"平台并设立线下服务专窗,实行企业服务"一图一表"制,组建县、镇两级红色代办员队伍,提供全流程服务。

(三)深入实施以全面接轨上海为重点的开放发展战略

嘉善县定位于浙江接轨上海的"第一站"和"桥头堡",立足比较优势,全面对接上海,探索"小县城"的"大开放"之路。嘉善县上下思想统一、步调一致,不断深化以接轨上海为重点的区域合作和以上海为窗口的国际合作,在产业配套协作、吸引科技人才、干部挂职锻炼、资源共享和机制创新等方面积极接轨上海,多层次区域联动,全产业协同发展,走出了一条依托大都市的开放发展之路。抢抓嘉兴设立浙江省全面接轨上海示范区的机遇,深化与上海市金山区合作共建的毗邻地区一体化发展示范区建设,进一步打破行政区划壁垒,实现产业经济、社会治理、生态环境、交通网络、旅游资源和红色党建等 6 个方面的一体化发展,打造具有"长三角综合枢纽城"功能的区域联动发展实验区。

嘉善抓住中国(上海)自由贸易试验区获批的机会,设立了上海自贸区嘉善项目协作区。借助上海这个大平台,引进了量子通信、氢能源、无人机、半导体、生物医药等一批具有国际顶尖技术的项目,高新技术产业集群不断形成。嘉善县坚持高端外资、优质民资和央企国资并举,引资、引智和引税并行。与此同时,嘉善以全省推进台资企业创业创新为契机,引导台资企业顺应发展新常态、践行发展新理念、凝聚转型新共识、加快转型新步伐,明确台企转型升级的方向和路径,着力打造高质量台资集聚地。

四、推进跨区域一体化改革

充分发挥嘉善地处长三角地理中心的独特区位优势,以关键廊带为纽带,加强区域协同联动发展,推动能级跃升,形成全县域全方位推进一体化发展整体格局,努力将长三角生态绿色一体化发展示范区嘉善片区建设成为新时代全面展示中国特色社会主义制度优越性重要窗口的"重要窗口"。

(一)推进示范区政务服务一体化

强化政务服务跨区通办和数据互通共享,在不破行政隶属,打破行政边界的原则下,率先在政务服务领域实现一体化。自 2019 年以来,嘉善县立足长三角区域一体化发展国家战略,主动担当作为,携手长三角生态绿色一体化发展示范区内的上海青浦、江苏吴江,坚持以人民为中心的发展思想,将示范区政务服务"自助通办"作为实现长三角政务服务一体化的突破口,打破区域数据壁垒,整合三地政务服务资源,实现示范区政务服务自助终端"一体化"融合,聚力破题示范区政务服务一体化发展。科学布局谋在前,统一示范区自助通办新步调,统一目标、硬件与界面;专班专案攻在前,实现示范区异地办理新突破,成立专班定向攻,划定重点集中攻,建立轮岗交流机制。发挥优势走在前,打造示范区政务服务新样板,注重功能整合、减证便民、试点先行。

聚焦"线下专窗联办",实现"小窗口大服务"。率先在一体化示范区设立长三角一体化服务专区,集成市场监管、税务、公安、人行等多部门资源,推行跨省事项办理"一站式、集成式、保姆式"服务。聚焦"线上自助通办",实现"小平台大作为"。作为全国唯一一个县域科学发展示范点,嘉善主动担当牵头责任,突破区域数据壁垒,整合三地政务服务资源,统一软硬件技术,合力破题示范区政务服务"自助通办",实现示范区政务服务自助终端"一体化"融合,一机可办三地事。聚焦"电子证照互联",实现"小切口大成效",业务协同时间从原来的 5 天压缩到半天。

(二)推进跨区域联合执法

嘉善法院会同上海青浦、江苏吴江法院与三地发改部门签署纪要,建立长三角生态绿色一体化发展示范区失信联合惩戒机制,实现"一地失信、三地联惩"。嘉善法院牢固树立"一盘棋"思想和"一体化"意识,秉持示范发展、共建共享、高效务实的协作原则,积极推进与青浦、吴江等法院的合作,形成了跨区域协作的基本架构,为推进一体化示范区建设提供了有力保障。深化区域一体协作,建立六方协商机制,健全"双跨"网络系统。搭建数据资源共享平台,畅通跨地区、跨部门网络连接,破除跨域信用信息壁垒。强化智能失信惩戒。依托信用平台实现失信信息"自动识别+自动拦截＋自动惩戒",使失信被执行人在招投标、投资经营、高消费等方面处处受限,全面挤压被执行人"生存空间"。

建立三地法院信息互联机制,定期互通失信被执行人信息,并将失信名单推送至三地发改部门,嵌入三地信用平台,助推区域诚信体系建设。建立三地法院、发改部门联席会议制度,每年召开工作会议,解决失信名单列入、推送、移除等方面的争议难点,提炼总结先进经验,并根据需要适时召开临时会议。建立信息共享目录,实现失信被执行人信息跨域即时交换流转,为一体化示范区信用体系建设提供数据支撑和技术保障。与青浦、吴江法院健全信息共享、执行协助、委托执行等机制,建立失信被执行人联合曝光台,助力解决执行难的困境。

(三)推进医保一体化

嘉善县医保局牵头,会同青浦医保、吴江医保共同探索长三角生态绿色一体化发展示范区统一医保经办服务制度的新模式。高标准建立三地统一清单,以国家医保局统一的事项服务清单为标准,规范三地经办目录,首批统一了包括门诊费用报销、住院费用报销、医保转移接续等9个高频经办事项,统一相关办事表单及流程,力争实现"只进一个门、办理三地事"的工作目标;高质量推进三地业务联办,实现跨省异地转移接续全流程网上办理,经办时间可进一步缩减,只需在转入地经办窗口就能完成转出、接续等全部流程的申报工作;高效能建立协调办理机制,三地积极对接建立协调办理的工作机制,确保各项业务的平稳运行;高密度做深经办服务宣传,根据实际开辟多种形式的宣传途径,面对人群的高流动特性,突出微信、微博等新媒体的宣传形式,使传播更加快速,覆盖更加全面,效果更加明显。

惠及人次不断增多。服务人群范围进一步扩大,青浦、吴江参保人员可在嘉善本地进行一般医保事项办理,惠及更多异地参保人员。经办质效不断优化。三地先行与国家标准进行融合,加快了规范化服务的改革进程,促进了服务质量的进一步提升。因试点工作纵深推进,三地不同程度精简了办理材料,规范了服务标准。群众体验不断提升。服务标准明确,办理流程清晰,使得群众办事效率高、体验好。同时,各事项已按国家标准不断压缩办理时限,各备案类时限均可实现"即办"。原时限较长的转移接续手续则在跨省转移接续平台上实现提效缩时。原来的办理时限为45个工作日,且办理人需在转出地、转入地办理两次,通过系统可实现转入地办理,时间平均为3～4个工作日,办理速度大幅提升,取得了良好的社会效应。

第四节　构建县域高质量发展新格局

强化政治思维,提升风险治理能力。强化系统思维,提升整体治理能力。强化法治思维,提升依法治理能力。强化数字思维,提升智慧治理能力。强化担当思维,提升协同治理能力。全方位构建县域高质量发展新格局。

一、高品质推进全域生态建设

深入践行"绿水青山就是金山银山"理念,坚持生态优先、绿色发展,大力推进生态文明建设,推动区域生态环境共保、共治、共管、共建,打造绿色美丽一体化示范区。联动保护重要生态环境空间。坚持把生态保护放在优先位置,编制实施嘉善片区生态环境保护和绿色发展专项规划,加快构建河网密布、城水相依、林田共生的生态环境格局。联动推进生态环境协同治理。以共同打好区域污染防治攻坚战、改善区域生态环境为中心,扎实推进水、气、固废协同防治。共同提升全域生态环境品质。以"美丽嘉善"建设为重点,实施全域环境大整治大提升专项行动,打造"全域美丽大花园"。共同推动集约节约发展,实行能源消耗总量和强度双控行动,大力倡导绿色生活方式。

二、高起点构筑经济发展体系

实施创新驱动战略,依托优美环境、人文底蕴,高浓度集聚高端创新资源,高起点发展高端高新产业,加快建立优势互补、协同发展、具有核心竞争力的先进产业集群。打造现代化的产业创新体系和全产业链,推动一体化示范区产业协同发展,实现产业要素资源、发展空间和产业市场共推共享。聚焦数字经济"一号工程",以"数字产业化、产业数字化"为主线,编制数字经济跨越发展行动计划,加快建设省级国家数字经济创新发展试验区。制定实施服务业高质量发展行动计划,加快培育科技服务业、商务服务业、文旅服务业、高端商贸业等产业,打造知识创新型总部集聚区,推动服务业高质量发展。高水平推进平台优化提升攻坚行动,加快打造高能级战略平台。

三、高层次扩大联动开放格局

积极融入"一带一路"建设,创新开放合作模式,打造开放合作大平台,构建立体全面开放格局,打造对外开放新高地。深化面向大都市的开放合作,积极融入上海都市圈,参与上海大都市圈空间协同规划编制实施,共同参与打造长三角世界级城市群。共同建设高质量外资集聚地。深化"一盘棋"产业链精准招商,实施高水平利用外资集聚攻坚行动,加强投资促进和贸易合作,加快提升贸易自由化、便利化水平。坚持"引进来"和"走出去"并重，加强对外交流合作。共建一体化示范区绿色金融支持政策超市，加快聚集产业资本，建立"长三角（嘉善）科创板"，推动嘉善企业在科创板上市。全面确立人才引领发展的战略地位，高水平推进人才发展体制机制改革创新。

四、高标准促进城乡融合发展

牢固树立城乡"一盘棋"理念，优化城乡发展布局，协调推进乡村振兴战略和新型城镇化战略，实现更高水平的城乡融合发展。深入推进以县城为重要载体的城镇化建设，加快提升未来新城国际化品质，高质量推进各个重点项目建设。深入实施新型城镇化战略和乡村振兴战略，持续提升各城镇建设水平，完善中心城镇节点性功能，大力发展现代农业，建设新时代美丽乡村，打造城乡融合发展示范区的新典范。坚持协调发展理念，构建城乡全面融合新格局，坚持节点带动、城乡联动，中心城区城市框架进一步拉开，设施配套不断完善，产城融合深入推进，城市有机更新提速提质，城市整体形象功能进一步提升，现代农村建设进一步加快，扎实推进新型城镇化，城乡全面融合发展格局持续深化。

五、高质量促进公共资源共享

围绕增强人民群众幸福感、满意感，推进公共服务便捷共享、江南文化共推共荣、社会治理深度融合，不断优化高品质公共资源供给，合力打造跨区域民生共建共享示范样板。扩大优质教育供给，推进全国义务教育优质均衡发展县创建，打造教育服务长三角一体化发展的先行区。推动全民健身和全民健康深度融合，持续提升人民群众健康水平。深入践行社会主义核心价值观，推进新时代文明实践中心建设，建设崇德向善、文化厚重、和谐宜居、人民满意的文明新高地。完善社会保险制度，扩大重点群体参保覆盖面，提高社会保障水平。持续推进"平安嘉善"建设，争取开展县域治理能力现代化建设试点，提高现代治理社会化、法治化、智能化、专业化水平。

六、高效能探索改革制度创新

积极探索实施行之有效的区域一体化和县域一体化制度安排，推进全面深化改革系统集成，着力增强一体化示范区制度供给，为长三角地区全面深化改革、实现高质量一体化发展提供示范。加快破除制约一体化发展的行政壁垒和体制机制障碍，探索建立有效管用的发展新机制。加快推动全面深化改革举措集中落实、率先突破、系统集成，积极探索省级综合授权改革，争取省级改革创新试点落地实施。激发创新创业活力，完善吸引海外高端人才制度，健全外国人来华居留工作许可制度和人才签证制度。完善创新激励制度，推进行政审批制度改革、事中事后监管制度改革。共同探索建立跨行政区域、跨部门的政府数据资源统筹管理制度，推进政务公共数据资源开放应用。

总之，嘉善县坚决贯彻落实习近平新时代中国特色社会主义思想，坚持充分发挥区位优势，主动融入和服务国家战略大局，走出了一条创新集聚、发展方式转变之路，走出了一条城乡统筹、融合发展之路，走出了一条生态优先、绿色发展之路，走出了一条接轨上海、开放合作之路，走出了一条民生改善、推进共富之路，为我国县域践行新发展理念、推动高质量发展提供了生动范例。

◆ 本章小结

嘉善坚定不移地把握国家战略趋势、抢抓战略机遇，明确战略定位、笃定战略方向，发挥战略优势、筹谋战略部署，凸显战略重点、推进战略实施。率先争创嘉善县社会主义现代化先行示范区,追求县域更高质量发展。高水平建设县域科学发展示范点与长三角生态绿色一体化发展示范区是一项光荣而艰巨的历史任务,只要实干笃行,补短板、拉长板,以更坚实的步伐向目标迈进,就一定能把嘉善建设成为县域发展的"极中之极"。"十四五"时期是统筹推进"双示范"建设的第一个五年,全县上下将坚持高点定位、高标谋划,以只争朝夕的使命感,精雕细琢出一个专属于嘉善的美好未来。

思考题

1.为什么嘉善县要率先争创社会主义现代化先行示范区?

2.在高质量发展阶段,嘉善县在争创社会主义现代化先行示范区还存在哪些难点? 结合实际谈谈,如何攻克这些难点?

拓展阅读

1.本刊特约调研组.习近平新时代中国特色社会主义思想的生动实践:浙江省嘉善县全面贯彻落实新发展理念调查[J].政策瞭望,2018(6):10-13.

2.盛世豪,马斌,黄俊尧,等.县域治理现代化的样本:来自浙江嘉善的探索与实践[M].杭州:浙江人民出版社,2020.

我们要乘势而上,加快数字经济、数字社会、数字政府建设,推动各领域数字化优化升级,积极参与数字货币、数字税等国际规则制定,塑造新的竞争优势。

——摘自"国家中长期经济社会发展战略若干重大问题"①

第五章　数字赋能与县域治理的德清样本

◆ 本章要点

1. 数字时代,数据是重要的生产要素之一。以数据为关键投入要素的数字经济正在成为高质量发展的重要驱动力。

2. 德清通过构建全域覆盖、数字赋能、改革集成、重点攻坚与集约安全五大顶层设计,不断壮大数字经济新产业、推动数字经济的倍增发展,实现产业新旧动能转换,以数字化改革为抓手,构建"整体智治"现代政府。

3. 数字赋能县域治理,应该建立全域数据要素的市场培育体系,构建科学前瞻、调控智能、惠商利企的经济治理体系,构建资源归集、上下贯通、服务便捷的社会治理体系,建立监管精准、高效转化、考核科学的生态治理体系,加快形成便民高效、一体协同、透明公开的政府治理体系。

世界各国正在从工业时代向数字时代转变。数据正在成为人们生产生活的基本要素,信息化和数字化正在成为创新和治理的

---

① 习近平.国家中长期经济社会发展战略若干重大问题[EB/OL].（2020-10-31）[2021-08-01].http://www.qstheory.cn/dukan/qs/2020-10/31/c_1126680390.htm.

核心驱动力。早在 2003 年,习近平同志在浙江工作期间就作出建设数字浙江的重大决策部署。近年来,浙江认真贯彻落实习近平总书记关于全面深化改革和数字中国建设的重大部署,坚持以人民为中心的发展思想,深化"最多跑一次"改革,大力推动政府数字化转型,并撬动经济社会全方位数字化转型,省域治理体系和治理能力现代化程度显著提升。当前,浙江已经进入数字化改革阶段,这是数字浙江建设的新阶段,也是浙江省迄今为止推动的最复杂的系统工程,同时给县域发展和县域治理带来了新机遇。其中,德清以数字化变革增创体制机制新优势,全面提升县域治理现代化水平,推动县域高质量发展,为实现县域治理现代化与高质量发展提供了德清样本。

第一节　数字赋能与高质量发展

党的十九大报告中提出,我国经济已由高速增长阶段转向高质量发展阶段。随后,党的十九届五中全会进一步强调,我国已转向高质量发展阶段。高质量发展将会是"十四五"乃至更长时期我国经济社会发展的主题,关系我国社会主义现代化建设全局。高质量发展已不再仅限于经济领域,而是体现在经济社会发展的方方面面。随着我国发展阶段、发展环境、发展条件都发生了巨大变化,当前亟待转变曾经以经济建设为中心的发展模式。高质量发展将会是当前和今后一个时期确定发展思路、制定经济政策、实施宏观调控的根本要求。

数字化是转向高质量发展的明显特征。作为推动经济与社会变革的变量,数字技术则是高质量发展的关键支撑,且两者之间相辅相成,缺一不可。以互联网为代表的新一代信息技术不断涌现,数字技术的发展正处于密集创新期和高速增长期,这为推动数字中国建设带来了新的发展契机。随着数字技术与经济社会各个领域深度融合,加强"数字中国"建设,不仅推动了经济领域高质量发展,还在社会、文化、生态等各个领域取得了显著成效。党的十八大以来,我国数字化进程已经扩展到政务、民生、实体经济等各个领域。党的十九届四中全会对"坚持和完善中国特色社会主义行政体制,构建职责明确、依法行政的政府治理体系"作出部署,提出了"建立健全运用互联网、大数据、人工智能等技术手段进行行政管理的制度规则"、建设数字政府等重要任务,从而指明了信息革命时代背景下借助数字技术等科技手段赋能政府治理体系和治理能力现代化的改革方向。例如在民生领域,习近平总书记在中共中央政治局就实施国家大数据战略进行第二次集体学习时曾指出,大数据在保障和改善民生方面大有作为,要坚持以人民为中心的发展思想,推进"互联网+教育""互联网+医疗""互联网+文化"等,让百姓少跑腿、数据多跑路,不断提升公共服务均等化、普惠化、便捷化水平。尤其是在新冠肺炎疫情期间,数字技术在追踪疾病接触人员动态、智能调度医疗防护资源、疫情实时大数据报告等方面发挥了显著作用。不仅如此,数字能力更成为国家综合实力的重要组成部分。

2014年2月,习近平总书记在中央网信领导小组第一次会议上强调,网络信息是跨国界流动的,信息流引领技术流、资金流、人才流,信息资源日益成为重要生产要素和社会财富,信息掌握的多寡成为国家软实力和竞争力的重要标志。2020年4月,《中共中央国务院关于构建更加完善的要素市场化配置体制机制的意见》把数据与土地、劳动力、资本、技术等传统要素并列，将其列为新的关键生产要素。浙江不断探索数字化改革、数字化创新，在2021年浙江省政府工作报告中，更是把"推进数字化改革"列为"'十四五'开局之年全面深化改革开放"的首要举措。

"十四五"时期是我国开启全面建设社会主义现代化国家新征程、向第二个一百年奋斗目标进军的第一个五年，也是数字经济加速成为世界经济增长新动力的关键期，更是我国经济高质量转型发展、产业提质增效升级的核心期。在此期间，数字赋能是推动传统产业和企业突破瓶颈、释放潜力的破局发力点。面对新形势新挑战，相应的数字化建设标准与要求发生了较大变化。党的十九大报告中提出，"经济发展必须坚持质量第一、效益优先，以供给侧结构性改革为主线，推动经济发展质量变革、效率变革、动力变革"，而2019年的中央经济工作会议则进一步明确"大力发展数字经济是推动高质量发展的方向"。数字化对经济发展具有全局赋能作用，其不仅体现在经济领域，更体现在社会的整体性发展上，如2019年5月，中共中央办公厅、国务院办公厅印发的《数字乡村发展战略纲要》中就强调，要"着力发挥信息技术创新的扩散效应、信息和知识的溢出效应、数字技术释放的普惠效应，加快推进农业现代化"。

在新发展理念的引领下，浙江省从外部倒逼转向内生驱动、从要素驱动转向创新驱动、从先行先富转向共赢发展、从发展优先转向绿色优先、从开放大省转向开放强省，积极探索高质量发展有效路径。2021年2月，浙江提出全面推进数字化改革，将数字化改革作为浙江新发展阶段全面深化改革的总抓手。围绕建设数字浙江目标，浙江统筹运用数字化技术、数字化思维、数字化认知，把数字化、一体化、现代化贯穿党的领导和经济、政治、文化、社会、生态文明建设全过程,对省域治理的体制机制、组织架构、方式流程、手段工具进行全方位、系统性重塑。

近年来,德清立足解决实际问题、提高老百姓的获得感,激活数据要素,激发创新活力,持续释放出强大动能。面对数字化改革的机遇,德清以全域数字化治理试验区建设为总抓手,统筹推进国家新一代人工智能创新发展试验区、全国数字农业试点、国家数字乡村试点、全域自动驾驶与智慧出行示范区、省域空间治理数字化平台等一批试点项目,全面提升县域治理现代化水平,全力打造"整体智治"的县域样本。

第二节 数字赋能高质量发展的总体思路

高质量发展是"十四五"乃至更长时期我国经济社会发展的主题,关系我国社会主义现代化建设全局,而数字化是厚植高质量发展优势的战略抉择。德清聚焦数字化改革,把数字技术延伸至经济社会发展的方方面面,为数字赋能德清高质量发展探出新路、创造经验。

一、改革的背景

党的十九届四中全会明确"坚持和完善中国特色社会主义制度、推进国家治理体系和治理能力现代化"为全党的重大战略任务。浙江省委十四届六次全会作出了推进省域治理现代化的决策部署,明确将"必须坚持以数字化治理为支撑"作为省域治理现代化的基本原则。2020年,习近平总书记在浙江考察时作出"让城市更聪明一些、更智慧一些,是推动城市治理体系和治理能力现代化的必由之路，前景广阔"的重要指示，这是对数字赋能提升治理现代化水平的肯定。

为此，德清县委、县政府积极落实，率先开展了"全域数字化治理试验区"建设研究，创新谋划建设"全域数字化治理试验区"，致力于综合运用地理信息、大数据、人工智能、区块链等新一代数字技术，以技术创新推动体制机制新变革，努力在提升县域治理现代化水平的同时，促进地理信息、人工智能等数字经济和数字产业发展，得到了浙江省委、省政府的大力支持。

二、改革的意义

(一)壮大数字新产业，培育高质量发展新动能

随着长三角一体化、G60科创走廊、宁杭生态经济带等建设，德清接沪融杭步伐进一步加快，区位优势进一步凸显，为德清新兴产业布局带来了难得的机遇。尤其在"双循环经济"新格局下，如何抓住新机遇布局构建新产业体系是至关重要的。德清充分发挥临杭区位优势，积极打造杭州城西科创大走廊北翼中心，抢先布局以人工智能、车联网、北斗等未来前沿产业，逐步形成以地理信息"北斗＋"等未来产业为引领的数字经济产业体系。不仅如此，数字技术还有效推动了德清数字经济产业结构优化、提升产业发展质量和效益，同时也有利于推动新兴产业崛起、构建现代产业体系，切实推动德清数字经济实现高质量发展。

(二)推动数字新制造，实现传统产业新旧动能转换

德清是浙江省制造业高质量发展示范区，制造业发展位于全省前列。尽管德清产业结构高新化趋势越来越明显，但是经济增长对能源资源消耗的依赖度较高、亩均效益不高的问题仍然比较突出，制造能力急需通过数字化手段实现全面提升。从国际环境

看,中美贸易摩擦将对我国经济发展带来短期和长远影响,新冠肺炎疫情对制造业发展带来不确定性,对德清制造业稳增长带来一定的挑战。面对复杂的国内外宏观环境变化,需要用高质量理念和数字化手段来推进制造业发展,通过数字技术应用对产业体系进行全方位、全角度、全链条改造,不断释放数字化对经济发展的放大、叠加、倍增作用,全面推动制造业转型升级。

(三)全方位深化政府数字化转型,打造"整体智治"现代政府

浙江正处于"两个高水平"建设的关键阶段,在全国率先提出了高水平推进省域治理现代化的目标,以政府数字化转型为路径,打造"整体智治、唯实惟先"现代政府是浙江争当省域治理现代化排头兵的重要举措。目前,德清正积极谋划建设省级全域数字化治理试验区,通过地理信息、人工智能、大数据等技术赋能,以数字赋能经济治理、公共服务、社会治理、乡村治理、风险防控、社会信用、权力监督等七大体系,全面提升县域治理整体效能,努力打造成为全域数字治理现代化的县域典范。德清县以数字化新治理模式为试验方向,以场景化的多业务协同应用为抓手,把"条"上的数字化技术集成应用在县这个"块"上,整体推进县域治理数字化转型,推动形成即时感知、高效运行、科学决策、主动服务、智能监管的新型治理形态,为加快推进省域治理数字化转型提供德清样本。

(四)加快体制机制创新,构建新型的数字化生产关系

深入推进供给侧结构性改革、优化市场配置资源机制、激发市场主体活力、着力破除数字经济发展中的体制性障碍是德清县把握数字经济发展新形势、创造新思路、谋划新发展、开启新未来的重要举措。近年来,德清不断加强政策供给、要素保障、服务机制改革创新,在要素市场化配置、智能制造技改、企业码服务机制、数字化招商、产业金融支持、数字经济区域合作等领域开展多项创新性探索,尤其在"标准地＋承诺制"改革、"亩产效益"数字化评价、土地要素高效利用和企业码应用推广等方面改革创新取得实质性突破,在符合数字经济发展的体制机制创新方面探索形成一批具有示范推广价值的新路径。数字赋能有利于进一步发挥德清体制机制优势,在构建数据资源流动交易、新制造推进机制、新产业培育模式和数字化治理机制建设等重点领域形成有益经验,为全省其他县(市、区)提供参考和借鉴。

三、改革的总体思路

德清县以数字技术全面赋能引领县域治理体系与治理能力现代化,以"最多跑一次"改革为总牵引,以基于地理信息技术的城市大脑为基底,以建立健全数据要素优化配置机制为支撑,以增强县域治理的精准度和实效性为目标,以试验区建设总体方案编制为契机,坚持"整体智治"理念,通过技术创新与制度创新的有机结合,集成创新场景化多业务协同应用,围绕打造整体智治县域样板的建设目标,强化基于数字化的智慧化治理,明确试验区建设思路、建设原则、建设路径,重点构建"一个大脑、一个平台、五大领域和 X 个多业务协同场景应用"的"1＋1＋5＋X"县域数字治理总体框架,推动构建现代化的县域政府治理、经济治理、社会治理、生态治理体系,实现治理效能的全面提升。重点考虑和把握以下五个方面。

(一)坚持全域覆盖

将试验区建设作为推进经济社会发展的总牵引、总抓手,以基于地理信息技术的城市大脑为支撑,把数字化治理触角延伸至改革发展的方方面面,以智慧赋能"智变"撬动县域治理"质变"。当前,试验区建设共包括"率先探索建立全域数据要素的市场培育体系""构建科学前瞻、调控智能、惠商利企的经济治理体系""构建资源高度归集、上下高度贯通、服务高度便捷的社会治理体系""建立健全监管精准、高效转化、考核科学的生态治理体系""加快形成便民高效、一体协同、透明公开的政府治理体系"等五个方面,涵盖数据治理、经济治理、社会治理、生态治理、政府治理等五大领域,直接参与试验区建设的单位达 55 个。

(二)坚持数字赋能

德清县以增强县域治理的精准度和实效性为目标,以数字化变革增创体制机制新优势,广泛运用地理信息、人工智能、大数据等数字技术,打通点线面相结合、打防管控相贯通的治理通道,强化基于数字化的智慧化治理,推动改革发生化学反应,形成集群效应,提升县域治理整体效能,实现以智慧赋能"智变"撬动县域治理"质变"。

(三)坚持改革集成

把"最多跑一次"改革蕴含的理念、方法、作风运用到试验区建设体制机制创新中,全面梳理近 100 项省级改革试点的效应边界,集成一批领域相近、功能互补试点,耦合一批碎片化、点状化改革,力求形成互融共促的化学反应。目前,试验区各项任务覆盖了经济体制改革、社会事业领域改革、党的建设制度改革等九大领域,集成了国家新一代人工智能创新发展试验区、全域自动驾驶与智慧出行示范区等一批改革试点,特别是带动了各领域改革在数字赋能下释放出更大的集成效应。

(四)坚持重点攻坚

在全面推进 62 项具体项目基础上,明确每年重点攻坚至少"十件事",力求通过抓实一批"牵一发而动全身"的改革,着力在解决县域治理现代化的难点、痛点、堵点方面寻求突破。如 2020 年排出并加快推进重点突破"十一件事",其中,经济治理体系 5 件、社会治理体系 4 件、生态治理体系和政府治理体系各 1 件,做到每个领域都涵盖的前提下有所侧重,以点带面推动治理效能整体提升。

(五)坚持集约安全

坚持信息化公共基础设施平台集约化、一体化建设,在省重点项目的大框架下迭代深化,做到能贯通的贯通、能联动的联动、能统筹的统筹,减少重复投资、避免应用分散。目前,城市大脑已整合各类业务系统平台 64 个,根据测算预计每年可减少相关财政支出 2000 余万元。同时,坚持开放共享与信息安全相统一,举办长三角空天信息系数据开放创新大赛,出台《德清县政务外网管理办法》,切实防范数据泄露、滥用、篡改等风险。

第三节　德清县全域数字化治理的主要内容

全域数字化治理是深入贯彻落实习近平总书记关于全面深化改革和数字中国建设决策部署的自觉行动和总抓手,是政府数字化转型的一次全方位拓展和升级,是浙江立足新发展阶段、贯彻新发展理念、构建新发展格局的重大战略举措。近年来,德清县以数字化改革撬动各领域、各方面改革,率先在全省建设全域数字化治理试验区,围绕经济治理、社会治理、生态治理等方面,全面推进 62 项具体项目,特别是 2020 年重点攻坚的"十一件事",全力深化数字技术全面赋能,加快撬动县域治理体系与治理能力现代化,为数字化改革打下良好基础。

一、建立全域数据要素的市场培育体系

全域数字化治理,高质量的全域数据要素是基础。对此,德清通过强化数据源头管理,健全县域公共数据治理机制,加快推动各地区、各部门、各层级数据的共享交换。为破除阻碍数据要素自由流动的体制机制障碍,德清通过"大平台、小前端、富生态"集约建设新模式,实现了县域治理向科学化、精细化、高效化转型。为全面提升数据要素价值,德清建立了统一规范的数据管理制度,提高数据质量和规范性,全面提升数据要素价值。

(一)健全县域公共数据治理机制

切实按照《浙江省数字经济促进条例》和《公共数据开放与安全管理暂行办法》规定,推进数据治理。构建统一的公共数字资源目录清单,理清县域数据需求清单,制定县域数据安全技术标准规范,推动公共数字资源平台整合共享,实现数字资源的承接互联和汇聚融合。贯通省、市两级公共数据平台,建立社会治理、车路协同、产业链、物联网感知等专题数据库以及基于数字治理的人工智能标签数据库、泛化智能算法模型库,构建人工智能数据处理、分析、可视化工具集,提高全县域数字信息情报自动化处理能力。加快推进普惠金融、交通出行、医疗健康、市场监管、社会保障、文化旅游等公共数据开放。目前,德清县政府与阿里合作共建的全国首个县域阿里云 ET"城市大脑",已初步建成"目录清晰、标准统一、一数一源、动态更新"的公共数据资源管理体系,采用中台理念,搭建融通政务数据和社会数据的公共数据服务管理平台,归集58 个部门近 10 亿条数据。

(二)建立促进数据要素自由流动和高效配置机制

以联合国全球地理信息知识和创新中心落户德清为契机,充

分发挥德清地理信息企业协会作用,以地理信息、自动驾驶路测数据交易为切入点,探索建立数据产权交易机制、行业自律机制等。推动和培育空间地理知识产权交易中心,规范交易平台治理,健全交易信息披露制度,打通数据要素自由流动制度性通道。加强数据资源整合,加快地理信息数据场景化、多业务协同的开发利用,推动人工智能、车联网、物联网等领域数据采集标准化,进一步提升社会数据资源价值,提升数据要素配置效率。德清县先行探索构建集共享开放、交易配置、安全管理等于一体的数据治理体制机制,并举办长三角空天信息系数据开放创新大赛,在衡量数据质量、挖掘数据价值、检验数据管理机制的基础上,开发兼具创新性与可实施落地的数据应用,推动数据开放共享。

(三)健全数据安全管理制度

加强各类数据的闭环处理,全面提升数据安全维护,厘清安全责任边界,落实安全管理主体责任,建立安全态势感知平台,利用数据分级授权、数据脱敏、行为监控等手段,根据各方职责及实际需求,设定权限,并对数据进行分层动态管理,提高数据安全风险防控能力,切实防范数据泄露、滥用、篡改等风险,提升平台网络安全态势感知、监控预警、分析研判、信息通报和应急处置能力。推动区块链技术在数字治理中的应用,加快构建从数据采集到数据应用、覆盖数据全生命周期、可实现数据全程溯源的安全管理机制,制定县域数据安全相关技术标准规范,实现公共数据安全有序共享、开放和应用。德清县大力强化通村政务网络安全保障,对接"浙政钉"用户体系,实现管理员身份实名认证,应用权限分级管理,对敏感数据脱敏处理,确保"一张图"安全、稳定运行。

二、构建数字经济治理体系

为大力推动数字化全方位赋能经济发展,德清坚持将经济高质量发展作为试验区建设的根本目标,聚焦未来产业、聚力智能工业、强化数字赋能、优化营商环境,并从基础设施、产业培育、融合应用、数字化治理等多层次、多维度进行突破,在数字产业化、产业数字化、数字化治理等方面加强战略部署,实现了县域数字经济的高质量发展。

(一)构建基于数字化的新型空间治理模式

基于省域空间治理数字化平台总体框架,推动数据整合提升,实现经济社会数据空间化、实体空间数据三维化,构建形成"全域覆盖、时间贯穿、活动清晰"的县域空间治理数据库。实现智能动态预警,深化各类规划空间性内容的"多规合一",构建县域空间治理一张图,以"实景三维+一地一码"动态更新区块"健康"程度,辅助空间治理决策。搭建空间治理数字化平台,实行"共享版+业务版+N种应用场景"弹性组合,提供经济社会综合分析类和地理信息技术分析类"工具箱",推动实现空间治理"数据生产"与"数据管理"的全方位参与,全面提升空间资源配置效率。自2015年开展"智慧德清时空信息云平台"项目以来,德清县完成了覆盖全县、面向应用的时空大数据体系、时空信息云平台、运行支撑体系和应用示范建设,为首届联合国地理信息大会提供了全方位的地理信息保障服务。

(二)建立县域经济智能运行体系

构建内容全面、动态更新的经济数据库,以新一代人工智能技术打造县域产业数据智能中枢,搭建移动端监测平台,丰富宏观监测预警、行业态势分析等多样化功能,以分级授权、有限介入方式,推动经济数据最大化共享。2020年,浙江德清经济开发区启用了数字园区"云治理"中枢,加快推进数字化园区建设,以数字赋能推动园区运营、管理、服务水平显著提升,实现了县域经济运行宏观和微观的数字化检测、分析、决策。针对园区管理中传统统计方式低效、重复、滞后等痛点问题,绘制"经济运行总表",通过"地区分类、行业分类、重点产业"三个维度,汇总"产值、用工、负债"等98个企业生产经营指标,有效掌握园区发展"基本盘"。针对基层政府对园区企业信息掌握碎片化、片面化问题,设立"整体分布图",依托高清地图和全景构建技术,完成园区内近万家企业以及污水处理厂、交通枢纽等基础配套设施规划布局的"一图"展示,实现园区全覆盖可视化管理。针对传统服务方式对企业需求了解不及时、困难处理不迅速问题,耦合"企业码＋政务端"两应用,开发数字园区云治理中枢平台,打通"企业诉求与政府服务"的双向直通车,通过企业诉求快速提交、后台及时受理、部门限时答复、企业满意度评价方式,实现企业服务高效精准。

(三)建立县域产业智能管理机制

构建内容全面、动态更新的经济数据库,以新一代人工智能技术打造县域产业数据智能中枢,搭建移动端监测平台,推动经济数据最大化共享。打造"产业链数字地图＋大数据招商"精准合作招商系统,围绕县域产业定位逐个绘制完善产业链数字地图,对地理信息、人工智能、生物医药等产业链数据进行梳理,对产业链结构、产业要素、重点企业、创新资源、产业组织等产业现状进行全方位梳理和解读,促进产业布局优化和产业结构调整。开发招商系统移动端,持续优化匹配度算法,为一线招商员精准匹配与推送企业、项目、会议、人才等信息,推动实现选商引资指向与产业发展方向高度契合。

（四）建立县域企业智能服务机制

自 2020 年 3 月浙江省委在全省制造业高质量发展大会上提出"探索打造基于大数据的'企业码'"以来，德清县作为全省首个试点地区，依托省市两级公共数据平台，以高频涉企服务事项为突破口，深化拓展德清工业大数据平台的应用场景，先行探索推广"企业码"，贯通"三服务"小管家、省企业服务综合平台等涉企应用，建立线上线下相结合的高效协同服务机制，全面构建以企业为主体、以涉企数据集成利用为基础、以多功能应用场景为延伸、以机制协同为支撑的"企业码"生态系统，打造成为覆盖企业全生命周期的服务直通车。积极推进企业智能化技改服务机制创新，严格执行新引进项目生产必须智能化的要求，推进实施龙头骨干企业智能化改造三年全覆盖工程。

（五）促进地理信息跨界融合

探索运用"创新沙箱"监管模式，构建促进地理信息产业跨界融合发展的体制机制。探索"区块链＋存证服务"，建设完善"清云存证"电子法务平台，打造全流程记录、全链路可信、全节点可见的公证司法链。建设运用"银税超市"平台，打通纳税信用与企业融资联结通道，实现"以税易贷、一键即来"。探索数字金融应用，推进"企业码"码上融资，创新类金融企业数字监管，开发金融机构数字征信系统，打造高效便利的县域数字化金融服务体系。打造人才数字大脑，推进人才工作数字化转型。加快完善行业信用分级分类监管制度，建立健全行业信用评价指标体系、监管评价（预警）模型，率先探索民宿、地理信息、人工智能等特色行业信用监管场景。

三、构建数字社会治理体系

为加快推进县域社会治理现代化进程,德清将"最多跑一次"改革向社会治理领域延伸,探索矛盾纠纷排查化解"最多跑一地",打造"数字乡村一张图"的乡村"智治"新模式。为打造共建共治共享的社会治理格局,德清创新县域治理参与模式,广泛调动多元力量参与社会治理,构建"人人参与"社会治理共同体。此外,德清还加快推进"智安德清"社会风险防控体系建设,并依托"我德清"一站式数字生活服务平台,进一步健全"科、教、卫、住、行"等民生领域建设。

(一)建立健全矛盾纠纷排查化解"最多跑一地"机制

推进社会矛盾纠纷调处化解中心规范化建设,构建县域数字基层治理中心,分类推进事权部门"常驻＋轮驻＋约驻＋按需入驻",实现矛盾调解资源应驻尽驻。以"社会矛盾纠纷调处化解协同应用系统"为依托,深化 ODR 平台(在线矛盾纠纷多元化解平台)运用,畅通"掌上最多跑一地"渠道,形成线上矛盾调解一云多端工作格局,同步健全案件办结反馈评价机制。推进矛盾纠纷排查化解品牌工作室建设,坚持自治、法治、德治相融合,健全矛盾纠纷排查化解工作链条。探索"区块链＋社会治理"场景应用。

(二)全面构建"数字乡村一张图"

德清县充分发挥独有的"地理信息＋人工智能"的基础优势,依托城市大脑建立乡村治理数字化平台,资源共享,通过整合乡村治理数据、深化数据分析、强化场景应用,将数字技术运用到基层治理。打造基于 CIM(城市三维信息模型)动态交互的数字乡村全景图、乡村服务管理的移动端和县域(乡村)数字治理中心,即"一图一端一中心",提升乡村治理辅助决策分析能力。推进乡村服务数字化,拓展农业科技在线咨询、农村助残、就业等网上办理功能模块。推动乡村监管数字化,重点推进农村住房数字化管理。2020年4月,德清县政府与阿里巴巴(中国)软件有限公司签署数字乡村建设合作协议,重点围绕"国际乡村未来社区"的发展定位,在"数字渔业生产服务平台""旅游大数据应用平台"等乡村数字治理各方面开展全方位、多层级的政企合作,特别是将合作共建全国首个数字乡村联合实验室,作为乡村振兴数字化转型的"中枢大脑",加快数字乡村建设研究、实施推广,有效提升乡村数字治理能力,推动农业农村数字化转型再上新台阶。2020年10月,德清县成功入选国家数字乡村试点县。2020年12月,德清县在东衡村试点打造数字乡村一张图2.0版,持续提升"一张图"的实用价值和经济价值,并创新开发定位标注、信用账本、异动管理、智能搜索等功能,实现"一人式"精细化管理、基层党建智慧化管理,进一步提升乡村治理现代化和精细化水平。

(三)以数字手段丰富自治功能

建立社会组织多元主体大数据归集池,推进数字化管理。开发以区块链为技术支撑的志愿服务数字化管理系统,应用"时间银行"模式,推出"志愿服务代币",建立健全物业费减免抵扣、商品价格补助减免等激励保障机制。运用大数据信息技术,推出"人有德行"量化评价机制,建立涵盖民间设奖获奖情况、违法行为曝光情况等内容的正负向评价标准。依托"我德清"数字生活平台中"随心问""随手拍"等板块,整合党外人士建言直通车、民宗数据管理平台、侨务服务平台、乡贤参事平台等基层群众参与治理载体并对接打通"基层治理四平台",推动各类群众性自治组织网上联动、线下互动,建立以在线为主要形式、全域覆盖"云上统战"平台,形成数字化民事民议、民事民办、民事民管基层协商治理格局,打通闭环式社情民意线上互动渠道,打造"人人都是网格员"的社会治理新模式。目前已梳理整合推出社会组织参与基层社会治理223项服务清单,通过"随手拍""随心问"答复解决群众提出的各类问题,群众满意率达99.47%。

(四)健全完善智能化风险防控及突发事件应急处置机制

推进"智安德清"社会风险防控体系建设,建立"地理信息＋基层治理四平台＋智慧警务"数字化多维平台,以社会综治信息的有效流动助推治安联保、平安联创。健全网络风险智能化防范机制,铺开以智能机器人正向信息推送、负面信息管控为主要内容的"网络生态瞭望哨"布点建设。构建"应急管理数字一张图",建立智能辅助决策模型,植入指挥调度功能,实现企业安全生产、道路交通安全、火灾风险防范、重大自然灾害等各类突发应急事件的预警、识别、跟踪、报送、分派。完善疫情防控机制和公共卫生应急体系,搭建数字化疫情指挥平台和疫情防治物联网体系,开发疫情演进智能化预警分析系统,在疫情监测分析、病原体溯源、防控救治等方面发挥支撑作用。

(五)构建以大数据为支撑的民生服务智享工作格局

依托"我德清"数字生活平台,进一步打通"科、教、卫、住、行"等各领域的信息数据共享渠道,深挖民生服务大数据归集池,建立服务供给预测系统,精准开展不同层次民生服务信息推送,构建线上线下一体化的民生服务体系。提速数字设施全域覆盖。加快智慧校园全域提升,建设教育大数据分析中心,持续推进教育智慧化改革。深化综合医改全域共享,加快数字医共体建设,全面升级全民健康信息平台。推进智慧社区全域改造,重点在康乾街道推进现代智慧城市数字治理和协同服务体系建设。推动公共交通全域便捷,以地理信息数据为基底,进一步提升城乡公共交通准点率。据了解,德清已有效归集 58 个部门涵盖水、空气、垃圾、出行等 282 类数据的近 10 亿条基础数据,实时共享时空信息、基层治理四平台、污水处理等 15 个系统数据。

四、建立生态环境的数字化治理体系

坚持"绿水青山就是金山银山"理念,从自然条件、生态环境、资源禀赋、文化底蕴等实际出发,利用大数据、物联网、云计算等信息化技术手段,构建立体化的环境监测监管体系,大幅提升生态环境部门监管的效率和质量。同时,德清以"生态经济化、经济生态化"为导向,探索生态产品价值实现机制,推动生态优势转化为产业优势和经济优势。

(一)构建立体化监测监管体系

依托浙江省生态环保综合协同管理平台,全面运用物联网、地理信息、大数据等数字技术和无人机、机器人等智能设备,建立覆盖全县域水域、大气等环境质量在线监测和预报预警系统,确保数据采集真实、准确、实时。2020 年 5 月,德清县率先运用多维度遥感监测,凭借地空一体化智能环境监测无人机对德清县城区及周边重点污染排放单元进行多维度、全方位、高精度、全过程部署监管。通过车载智能环境监测设备对县城区进行了全天候覆盖式走航,并利用无人机载航测加强对两个空气监测站点及周边的航空观测,为大气污染防治科学管控、精准管控提供了决策支持及措施依据。实行污染源全生命周期档案管理。建立渣土车数字化监管模式,通过对车辆 GPS、道路卡口监控、审批项目等基础数据的采集和分析,实现对渣土车实时掌握和动态整治打击。渣土协同管理平台涵盖了车辆跟踪、路线模拟、点位倒查、黑名单监管、工地管理、工程车监管等内容,将工程渣土的"装、运、卸"三位一体融合至平台,有效提升了工程渣土管理效率。

该平台自上线以来,通过智慧化监管模式,全县渣土运输秩序得以明显改观,渣土车偷倒乱倒、抛洒滴漏等违章现象得到有效遏制。将"护航发展"与"守青山护绿水"有机结合,收效显著。开展数字化"智慧工程"建设,实现"数据一个库,监管一张网,管理一条线"的智慧化"一张图"管理。开展数字化"无废城市"建设,推动固体废物从产生、收集到利用处置的闭环管理。建设智慧水网,依托浙江省水管理平台,按照全覆盖、全过程的要求,推进涉水对象数字化、监视预警动态化、预报调度科学化、协同监管智能化建设。

(二)创新生态价值与经济价值转化模式

推进数字农业建设,加快推进农业设施智能化升级,建设示范型数字植物(育种)工厂、数字渔场和数字牧场。推进数字农合联建设,建立特色农产品、休闲农业等生态产品与电商平台、"直播"平台等线上平台的常态化合作机制,打通线上线下融合营销渠道,提升生态产品附加值。探索推行"两山银行"建设,将碎片化的生态资源转换成连片优质的"资产包",优化资源变资产成资本转化路径,推动生态产品价值可量化、能变现。积极推动科技和人才植入美丽山谷,加速落地华为浙江鲲鹏产业人才培养创新中心等一批高能级科创载体,积极建设外国高端人才创新集聚区,打造"绿水青山就是金山银山"转化 2.0 版。适时采用浙江省农村集体经济数字管理系统,全面掌握和精准分析村集体经济运行状况。同时,德清县学习借鉴先进地区改革经验,将"两山银行""GEP(生态系统生产总值)向 GDP 转化"等创新做法吸纳进试验区建设。

目前，德清正致力于建成研发育种中心、水产种业公共服务中心、虾类养殖全产业链数据综合管理平台、罗氏沼虾种虾培育基地、罗氏沼虾良种扩繁基地等"两中心、一平台、两基地"的水产种业项目。据悉，该项目建成以后，将控制全产业最上游环节50％以上的产能供应，以此大大提高优质种虾的培育规模，为日后育种工作及罗氏沼虾养殖生产提供重要的种质资源和良种保障。

(三)建立生态考核数字账

深化"践行联合国2030可持续发展议程中国(德清)样本"。构建"绿水青山就是金山银山"转化大数据平台，建立生态价值推演模型，积极探索GEP考核体系。实施"生态—经济—社会"动态效益评估，开展遥感生态指数评价、投入产出评价和生态人居环境效益评价。完善GEP与GDP转化的统计标准。运用测绘地理信息技术开展自然资源资产离任审计服务，开展数字化自然资源资产负债表编制、生态文明建设目标评价考核。建立企业环境信用动态评价体系，根据自动采集的数据结果绘制"五色图"形成奖惩机制。

五、加快形成数字政府治理体系

德清坚持"整体智治"理念，将数字化治理延伸至政府治理体系改革，重点围绕服务集成平台、业务协同平台、信息公开平台等建设，全面深化"互联网＋政务服务"打造"24小时不打烊"网上政府，加快推广"互联网＋协同办公"打造"掌上办公平台"，扎实推进"互联网＋监督"确保基层公权力公开透明，实现了政府治理体系和治理能力现代化。

(一)深化"互联网＋政务服务"

搭建数字化平台，打通线上线下融合、上下联动的政府服务通道。加快"一件事"数字化应用建设,推行信息连锁变更审批服务机制,推出一批"申请零材料、填报零字段、审批零人工、领证零上门、存档零纸件"的"智能秒办"事项,率先在公共服务领域实施一批"无感智办"。推进自助终端综合化、标准化、集约化、智能化建设。发挥"浙里办"自主化运营优势,开发上线一批实用性强、体验感好的小应用,提升平台活力。搭建全流程数字化闭环服务流转平台,开发智能"决策中枢"应用程序。推进各镇(街道)、部门档案数字化,整合全县档案数据资源,着力打造一个以民生档案为主的全县档案资源数据库和集数据共享、查询、协查及档案救济等功能的档案数据查询服务平台,实现县域范围内民生档案查询"一窗受理、联动协查""县域通办"的一站式服务。

(二)加强"互联网+协同办公"

基于"浙政钉"平台,推广应用全县机关内部"最多跑一次"系统,实现与部门自建系统全面对接。聚焦机关事业单位人事、资产、后勤管理、政府投资项目等领域,推出一批机关内部"一件事"。探索推行机关内部"一表通办+承诺制",做到零材料提交。优化升级党政机关办公自动化系统,依托"浙政钉"加快开发办公、监管、决策类微应用,增加部门定制业务功能,整合各类政务办公业务、内部审批业务、多部门协同业务移动端。推广数字证书、电子印章在电子公文、电子审批、电子证照(证明)中的使用,强化电子文件的有效性和合法、合规性。应用大数据技术建立全流程、全环节、全要素的信息化监管机制。基于"浙里督"平台构建政务督查数字化交互机制,定期发布工作重点任务责任分解情况,实现问题线索网上监督,形成平台管分流、政府管办理、社会管监督、群众管评价的全方位数字化督察格局。

(三)推进"互联网十权力监督"

建立"四风"数字化联动监督模式,完善基层公权力运行线上线下公开、监督联动模式。理清各单位行政权力数量、法定依据、种类等,明确每一项职权的行使主体、运行流程,运用大数据技术精准监督权力运行全过程。建立权力运行数据记录平台,重点针对重大项目和民生工程的招投标、审批程序、资金划拨、监管验收等关键环节,以及重点领域办事流程的异常变更等敏感区域,实施关键数据全程采集监测、动态分析预警。以数字化手段加强对小微权力运行监督,探索重点小微权力事项在线审批。例如,德清县纪委县监委探索建立"清风云监督"系统,开展公车领域的专项检查,通过导入公务车辆数据库,设置禁行区电子围栏、特殊时间出车统计、异常行驶情况记录等功能,实现实时监督、动态分析、自动预警、重点核实,进一步提升监督质效,严防车轮腐败。此外,县纪委还与大数据局联合推出"我德清"程序扫码公开平台,进一步规范"阳光公开"事项清单。

第四节　强化数字赋能构建县域高质量发展新格局

在新发展阶段,数字化改革是"十四五"国家治理体系和治理能力现代化的重要突破口,是新发展阶段全面深化改革的总抓手,是"最多跑一次"改革和政府数字化转型的迭代深化,是浙江立足新发展阶段、贯彻新发展理念、构建新发展格局的重大战略举措。从2003年提出"数字浙江"建设到"四张清单一张网"再到"最多跑一次"改革和政府数字化转型,数字化改革代表了数字浙江建设进入了新阶段。因此,"十四五"时期要加快建设数字经济、数字社会、数字政府,以数字化转型整体驱动生产方式、生活方式和治理方式变革。

一、以数据资源为基础,提升数据质量和价值

数据已成为基础性战略资源和生产要素。数据生产要素属性的提升,不仅关系经济增长长期动力,更涉及县域未来的发展。因此,全域数字化治理必须以数据资源为基础,在不断采集整合、开放共享、广泛应用中提升数据质量和价值,释放治理能动性。数字化治理,就是一个收集数据、分析数据、运用数据的完整过程。试点中,德清县坚持用"城市大脑"采集整合数据、用规制创新实现数据共享、用场景开放激活数据价值,建立起了从数据的产生到销毁的全生命周期管理体系,以数据的可信、可用、可靠实现治理的精度和效能提升的目标。

二、以业务协同为支撑,打造整体性政府

数字化改革的意义不仅仅在具体的场景应用上,更在于推动治理方式发生基础性、全局性和根本性的改变。全域数字化治理必须以业务协同为支撑,在推动平台共建、流程再造、主体联动中打造整体性政府,强化治理协同性。相对于传统治理,从政府的视角看,数字化治理的优势在于能够让数字成为主体联动、流程再造的载体,最终实现跨部门、跨系统、跨地域、跨层级的高效协同。试点中,德清县建立了一系列跨地区、跨部门、跨层级的协同工作平台和相应的管理机制,通过"大平台、小前端、富生态"集约建设新模式,改变系统分散、烟囱林立的局面,实现业务流程再造、治理主体联动,减少审批环节、压缩审批时间,提升治理主体间沟通协作效率,最大程度提升政府行政和治理效能。

三、以现实需求为导向,精准捕捉发展所需、群众所盼

全域数字化治理必须以现实需求为导向,在精准捕捉发展所需、群众所盼中推动技术载体有效匹配服务客体,凸显治理实效性。推进数字化治理,必须从用户体验角度优化服务流程和应用设计,以"来不来用、爱不爱用、管不管用"的结果检验数字化转型的成效,其关键在于不断提升数字赋能改革的内生性,使差异化需求得到精准匹配。试点中,德清县把群众满意度、幸福感作为出发点和落脚点,不断强化改革的用户导向、需求导向,努力提供高效、便捷的数字化惠民服务。例如,推出聚焦精准服务企业的"企业码",以企业迫切需要、高频使用事项为突破口,推出政策直达、公共服务、产业链合作和政银企联动等一批场景应用,打造覆盖企业全生命周期的服务直通车,并依托诉求快速提交、后台及时受理、部门限时答复、企业满意度评价的工作闭环机制,持续推动"企业码"更新完善、迭代升级。

四、以制度创新为保障,推动技术创新与制度创新有机结合

数字治理是公共管理、社会治理理论与数据技术相结合的产物。全域数字化治理必须以制度创新为保障,在推动技术创新与制度创新有机结合中实现县域治理体系和治理能力双提升。推进数字化治理,制度创新和技术创新如鸟之双翼、车之两轮,要最大限度地释放技术创新的力量,必须不断地推动制度创新进程,实现技术创新与制度建设的良性互动。坚持整体考量,从技术革新到业务创新、从管理创新到体制机制改革,成体系推进"数字政府"改革建设,一方面,以技术革新推动出台或完善与"数字政府"建设相适应的制度、机制及配套政策;另一方面,以实打实的督考为新技术推广应用保驾护航,为"数字政府"可持续发展提供制度支撑。

◆ 本章小结

数字赋能县域高质量发展是一项复杂的系统性改革工程,涉及社会生活的方方面面。浙江不断探索数字化改革,并于2021年浙江省政府工作报告中,把"推进数字化改革"列为"'十四五'开局之年全面深化改革开放"的首要举措。作为全域数字化治理试验区,德清始终把数字变革作为关键突破口,紧紧围绕推进县域治理体系和治理能力现代化,以"整体智治"理念为引领,率先开展了"全域数字化治理试验区",以数字赋能推动制度体系系统性重塑、治理效能整体性提升、发展环境集成式优化,全力打造整体智治的县域样板。"十四五"时期,浙江要加快建设数字经济、数字社会、数字政府,以数字化改革整体驱动生产方式、生活方式和治理方式变革。

◆ 思考题

1.德清为什么要推进县域数字治理?

2."十四五"期间,县域数字治理还存在着哪些困境?结合实际,谈谈该如何突破这些困境?

3.数字赋能生态治理体系改革还存在哪些挑战?请结合实际,谈谈该如何推进生态治理领域的数字化改革?

◆ 拓展阅读

1.郑永年.技术赋权:中国的互联网、国家与社会[M].北京:东方出版社,2014.

2.国务院发展研究中心创新发展研究部.数字化转型:发展与政策[M].北京:中国发展出版社,2019.

3.芳汀.构建虚拟政府:信息技术与制度创新[M].邵国松,译.北京:中国人民大学出版社,2010.

4.格林.足够智慧的城市:恰当技术与城市未来[M].李丽梅,译.上海:上海交通大学出版社,2020.

5.张建锋.数字治理:数字时代的治理现代化[M].北京:电子工业出版社,2021.

加快科技创新是推动高质量发展的需要,是实现人民高品质生活的需要,是构建新发展格局的需要,是顺利开启全面建设社会主义现代化国家新征程的需要。现在,我国经济社会发展和民生改善比过去任何时候都更加需要科学技术解决方案,都更加需要增强创新这个第一动力。同时,在激烈的国际竞争面前,在单边主义、保护主义上升的大背景下,我们必须走出适合国情的创新路子,特别是要把原始创新能力提升摆在更加突出的位置,努力实现更多"从 0 到 1"的突破。

　　　　　　——摘自 2020 年 9 月 11 日习近平在科学家座谈会上的讲话①

第六章　县域创新发展与县域治理的新昌样本

◆◆ 本章要点

　　1.加快科技创新是推动高质量发展的需要,是实现人民高品质生活的需要,是构建新发展格局的需要,是顺利开启全面建设社会主义现代化国家新征程的需要。"十四五"时期,仍要坚持创新在我国现代化建设全局中的核心地位,把科技自立自强作为国家发展的战略支撑,完善国家创新体系,加快建设科技强国。

　　2.新昌县在资源禀赋有限、区位优势不明显的情况下,秉持"资源不足科技补"的理念,做好"主体培育、产学研合作、强研发投入"三篇文章,走出一条"小县大科技"的创新之路;秉持"区位不足服务补"的理念,着眼平台、人才、服务三大体系,打造创新创业群

---

　　①　习近平.在科学家座谈会上的讲话[N].人民日报,2020-09-12(2).

体的理想栖息地和价值实现地;秉持"动力不足改革补"的理念,完善政策供给、保障激励、领导组织三大机制,走出一条科技强、产业优、生态好的创新驱动高质量发展之路,形成"小县大创新"的县域创新发展典型模式。

3.新昌县域创新示范点建设的实践表明,县域治理必须始终坚持改革创新这一根本动力,坚持因地制宜,将科技创新作为发展的重要法宝。面向经济社会发展的重点领域,贯彻创新驱动发展战略,深入推进体制改革,优化产学研布局,提升企业创新能力,激发人才创新活力,大力弘扬创业精神,为构筑更加完善的全域创新体系贡献力量。

创新,始终是推动一个国家、一个民族向前发展的重要力量。加快科技创新是推动高质量发展的需要,是实现人民高品质生活的需要,是构建新发展格局的需要,是顺利开启全面建设社会主义现代化国家新征程的需要。新一轮科技革命和产业变革正在孕育兴起,我们必须紧紧抓住机遇,全面增强自主创新能力,掌握新一轮全球科技竞争的战略主动。浙江省持续深化推进县域开展以科技创新为核心的全面创新实践,其中,以 2014 年新昌县为试点地区开展的全面创新改革试验,有力促进了县域创新驱动发展和经济转型升级,形成了"小县大创新"的县域创新发展典型模式。

第一节　创新驱动发展对县域创新治理的新要求

坚持创新在我国现代化建设全局中的核心地位,这是以习近平同志为核心的党中央把握大势、立足当前、着眼长远作出的战略布局。党的十八大首次明确提出"科技创新是提高社会生产力和综合国力的战略支撑,必须摆在国家发展全局的核心位置"。强调要坚持走中国特色自主创新道路、实施创新驱动发展战略。

创新驱动发展战略具有两层含义:一是中国未来的发展要靠科技创新驱动,而不是传统的劳动力以及资源能源驱动;二是创新是为了驱动发展,而不是为了发表高水平论文。实施创新驱动发展战略,就是要推动以科技创新为核心的全面创新,坚持需求导向和产业化方向,坚持企业在创新中的主体地位,发挥市场在资源配置中的决定性作用和社会主义制度优势,增强科技进步对经济增长的贡献度,形成新的增长动力源泉,推动经济持续健康发展。

党的十九大报告进一步明确了创新在引领经济社会发展中的重要地位,提出加快建设创新型国家,标志着创新驱动作为一项基本国策,在新时代中国发展的行程上,将发挥越来越显著的战略支撑作用,并从四大方面提出了实施创新驱动发展战略、加快建设创新型国家的具体举措。一是瞄准世界科技前沿、具有前瞻性、引领性的基础研究科技创新;二是旨在转化现实生产力、推动经济迈向全球价值链中高端的应用基础研究科技创新;三是有利于调动创新积极性、促进科技成果转化的科技体制机制创新;四是培养创新人才和创新团队的科技人才队伍建设。这四大方面,既有创新的"硬件"建设,也有创新的"软件"建设。尤其是"软件"建设,也就是体制机制创新,对创新驱动发展战略的深入实施将提供有效的制度保障,担负着"兵马未动粮草先行"的重要角色。

当前,新一轮科技革命和产业变革正在孕育兴起,全球科技创新呈现新的发展态势和特征,新技术替代旧技术、智能型技术替代劳动密集型技术趋势明显。我国依靠要素成本优势所驱动、大量投入资源和消耗环境的经济发展方式已经难以为继。党的十九届五中全会审议通过的《中共中央关于制定国民经济和社会发展第十四个五年规划和二〇三五年远景目标的建议》(以下简称《建议》),在分析我国发展环境面临的深刻复杂变化时也指出"创新能力不适应高质量发展要求"。

为此,《建议》在"十四五"时期经济社会发展指导思想中提出"以改革创新为根本动力",在分领域阐述"十四五"时期经济社会发展和改革开放的重点任务中将"坚持创新驱动发展,全面塑造发展新优势"列在首位,强调坚持创新在我国现代化建设全局中的核心地位,把科技自立自强作为国家发展的战略支撑,分别从强化国家战略科技力量、提升企业技术创新能力、激发人才创新活力、完善科技创新体制机制四个方面提出要求,并擘画了二〇三五年"进入创新型国家前列"的远景目标。

习近平同志在浙江工作期间,高度重视科技创新,敏锐把握当今世界经济科技发展趋势,深入市县、企业、高校和科研院所调查研究,立足浙江实际和经济社会发展全局,提出一系列重要的科技创新思想,反复强调浙江经济发展必须要"腾笼换鸟、凤凰涅槃","凤凰涅槃"主要靠的就是自主创新;作出一系列重大战略决策和部署,包括提出并实施"八大战略"、倡导并大力推动"数字浙江"建设等举措。大力度推进科技强省建设,为浙江经济社会转型升级、创新发展起到了十分重要而深远的作用。

2003年7月10日,在浙江省委十一届四次全体(扩大)会议上,习近平同志提出并实施"八八战略",强调进一步发挥浙江的人文优势,积极推进科教兴省、人才强省,加快建设文化大省。科技强省是建设文化大省的重要内容之一,科技强省思想渗透和反映在"八八战略"的各个方面。比如,在第三个方面,强调进一步推进"数字浙江"建设,用高新技术和先进适用技术改造提升传统优势产业,大力发展高新技术产业,全面提升浙江产业发展的层次和水平。

"八八战略"不谋一时、不为一事,而是为浙江发展留下了长远性、全局性的擘画,开启的是创新、协调、绿色、开放、共享发展的新境界。在科技创新思想的引领下,浙江省高度重视创新驱动发展的战略落实,全面实施"科技新政""人才新政",在推进县域创新驱动发展上走在全国前列。

2016年初,浙江省委全面创新改革试验,以推动科技创新为核心,以破解科技成果转化机制不顺畅、高新技术产业培育机制不够强、创新人才制度不健全、科技金融体制不完善等"瓶颈"问题为主攻方向,选择杭州市、嘉兴市、湖州市长兴县、绍兴市新昌县为试点,努力率先破解推进创新驱动发展的体制性障碍,在改革试点区域内,基本构建全面创新发展的长效机制,建立企业主体、市场导向、产学研结合的技术创新体系,取得一批重大改革突破,并向全省复制推广。

第二节　试点改革的背景和总体设计

一、改革的背景

新昌县域面积1213平方公里,地貌特征"八山半水分半田",截至2020年末,全县常住人口41.9万,是典型的山区小县,没有高校,没有大院大所,没有铁路、水运、空运,可供连片开发的土地少,科技人才基础薄弱,区位条件不优,资源禀赋一般。但新昌县牢牢抓住科技创新这一牵动经济社会发展全局的"牛鼻子",用10年时间实现了从全省环境保护重点监管区到国家级生态县的跨越,用11年时间实现了从全省次贫县到全国百强县的跨越。新昌县推动科技创新的基本特点有如下几个方面。

(一)科技人才基础薄弱但创新活力较强

一是研发投入高。2018年,新昌规上企业研发投入占主营业务比重为3.52%(全省平均1.65%),全社会研发投入占GDP比重为4.01%,连续五年保持在4%以上(全省平均2.57%),一直保持在全省各县(市、区)前三位。二是产学研率高。新昌企业与国内外110多家高校院所建立长期合作关系,平时活跃在新服务企业的专家团队超过50支,现有高校共建研究院3所、院士工作站13家、博士后工作站13家,全县规上企业产学研合作覆盖率高达92%以上。三是成果水平高。2019年,万人发明专利拥有量60件,每万人专利授权指数428.8,在全省同类型县市中稳居第一。新昌企业已累计获得国家科技进步奖、技术发明二等奖奖项9个,新昌也成为全国唯一一个设在县域的国家级科技成果转化服务示范基地。

(二)区位条件不优但发展质量较好

一是经济增长稳。2006—2019年,新昌地区生产总值、财政总收入、一般公共预算收入年均分别增长8.9%、13.5%和16.5%。特别是在经济下行的宏观背景下,新昌企业经营稳健,2019年贷款不良率仅0.32%,保持全省最低水平。二是企业效益好。2014—2019年,规上工业销售利润率从7.87%提高到12.75%。全县10家上市企业总市值1842亿元,万人拥有上市公司数和人均上市公司市值均列全省第一。规上工业企业亩均税收31.06万元/

亩,万元 GDP 综合能耗 0.29 吨标准煤(全省 0.402 吨标准煤)。三是生态环境优。PM2.5 浓度保持在 30 微克/立方米左右,空气优良率保持在 90％以上,"三江"水质均值保持 Ⅱ 类水标准,获评全国生态文明建设示范县、全国"绿水青山就是金山银山"实践创新基地。

(三)资源禀赋一般但产业层次较高

一是转型升级快。传统的医药化工产业转型以创新药物制剂、生命营养品等生命健康产品为主,传统的机械制造产业转型以节能环保制冷设备、高端数控机床、智能纺织印染装备等高端智能产品为主。通用航空、新材料、数字经济等新兴产业快速发展,2019 年规上战略性新兴产业增加值占比 62.87％(全省平均31.09％)。尤其是制造业一枝独秀,早在 2018 年一些关键指标已达到或超过《中国制造 2025》设定的目标,如规上制造业研发经费内部支出占主营业务收入比重为 3.52％(目标 1.68％)、规上制造业每亿元主营业务收入有效发明专利 2.3 件(目标 1.1 件)、宽带普及率 97.9％(目标 84％)、数字化研发工具 100％(目标 82％)、企业设备数控化率 82％(目标 50％)。二是高新占比大。2014—2019 年,高新技术产业工业总产值年均增速 17.47％;高新技术产业增加值占工业增加值比重由 40.55％提高到 90.05％,排名由全省第 32 名提升至全省第 2 名。三是产品冠军多。拥有一大批具有国际竞争力的拳头产品,其中,维生素 E、车用电子膨胀阀、铝合金轮毂等 11 个产品市场占有率全球业界第一,瑞舒伐汀、液位传感器、三气通用电控阀、智能转杯纺纱机、动漫服饰创意产品等 13 个产品国内行业第一。2019 年,新产品产值率 50.13％(全省平均 38.2％)。

二、改革的总体设计

事实上,从 1993 年起,新昌县就确立并实施了"科教兴县"战略;2005 年,东阳、新昌、长兴等地接连发生因环境问题而引发的群体性事件,时任浙江省委书记习近平专门主持召开省委常委会,深入分析问题根源,提出"增长不是发展,发展不是无节制的,发展应该是与人协调、与环境协调的发展""要加快整个产业的结构调整步伐,也要积极调整相关产业的内部结构"等重要论断,为遵循习近平同志指示,新昌深入践行"八八战略",铁了心抓创新。[①]

2014 年末,浙江科技体制改革与创新响起一声"春雷"——浙江省委、省政府作出重大战略决策:在全国率先进行县级科技体制改革与创新,以试点开路,先行先试,试图走出一条可复制、可推广的创新驱动发展的新路子。同年 12 月 23 日,浙江省政府在新昌县召开首个县级科技体制改革试点县改革启动大会。将新昌作为浙江省政府确定的全省首个县域综合性的科技体制改革试点,总体目标是:通过科技体制改革,有效突破制约产业技术创新的体制障碍,激发企业自主创新活力,力争到 2017 年基本建立与主导、支柱产业相匹配的开放合作、充满活力的科技体制与区域技术创新体系。

会后,新昌按照省政府批复的试点方案,专门成立了创新驱动领导小组,制订出台加快创新驱动推进工业强县建设等 10 多个文件,优化科技管理体制,从财政、税收、金融、要素保障等方面加大倾斜力度,明确科技财政投入占比达 10%,每年安排 3 亿元用于科技创新、人才引进和战略性产业发展,每年减免高新技术企业所得税近 3 亿元,并设立了 3 亿元产业基金,支持大众创业、万众创新,

---

① 周咏南,刘乐平,周智敏.创新新昌绿意浓[N].浙江日报,2017-07-24(4).

极大地激发了企业的创新热情。

自 2016 年以来,新昌根据浙江省委、省政府印发的《浙江省全面创新改革试验任务导则》要求,大力探索新时代县域创新驱动发展的新路径,聚焦重点领域关键环节,全力推进各项改革举措落地,跻身首批国家创新型县(市)建设名单,走出了一条科技强、产业好、生态优的高质量发展之路。

2019 年 3 月,新昌县委、县政府发表《新昌县人民政府关于坚持创新驱动加快推进工业经济高质量发展的若干意见》,为深入实施创新驱动发展战略,坚定走工业立县之路,引导和鼓励企业坚守实业、做强主业,进一步加快推进工业经济高质量发展,为打造县域经济升级版指明方向。

(一)大力推进战略性新兴产业发展

县财政每年安排 1.5 亿元战略性新兴产业发展资金,用于战略性新兴产业的发展,结余资金滚存使用。新昌县加大对战略性新兴产业项目的支持;加大对传统行业中小企业技术改造的支持力度。为产业集群转型升级提供服务的公共服务平台给予补助。对列入省重点技术创新专项项目和重点高新技术产品开发项目计划的,经验收合格给予补助。加快推进省级智能纺织印染装备产业技术创新综合试点建设。

(二)大力发展数字经济全面推进智能制造

县财政安排 5000 万元资金,支持发展数字经济,推动智能制造和传统产业改造提升等工作。加大对智能制造项目的扶持。新昌县加大对信息化建设项目补助力度;加大对工业信息工程公司的扶持;鼓励企业争创智能制造样板示范项目。推进两化深度融合。大力推进"企业上云"。加快推进工业互联网建设。

（三）系统推进"三名"培育工程

"三名"培育工程是指知名企业、知名品牌、知名企业家（以下简称"三名"）培育工程。新昌县加大对县重点成长型中小企业的培育力度；加大对县创新型苗子企业的培育力度；加大对创新型企业的培育力度。鼓励大众创业。鼓励企业加强创新建设。支持企业参与产品标准制订。鼓励企业积极参与国防科技工业建设。对当年自营出口位居全县前 10 位的企业，授予"自营出口十强企业"。鼓励有条件的企业创办境外企业，更直接地参与国际竞争。加快外资项目落地。鼓励企业提高精细化管理水平。对获得国家级、省级、市级荣誉的企业实施现金制度奖励。充分发挥工业行业协会作用。

（四）进一步落实金融扶持措施

加快企业上市步伐。鼓励发展股权投资，加强对创业创新企业的支持。支持开展企业知识产权质押贷款、专利保险等科技金融产品创新。鼓励担保机构为全县中小企业提供担保。鼓励担保机构为县创新型苗子企业提供担保。金融机构要加大对战略性新兴产业的信贷比例。担保机构要加大对战略性产业项目的担保支持。

（五）鼓励企业绿色发展

对绿色企业给予现金制度奖励。对列入县节能降耗循环经济项目、节能、节水和资源综合利用项目且设备投资给予补助。对列入淘汰落后产能计划且按时完成拆除落后产能整体生产线的企业给予补助。鼓励企业提高土地利用效率。建立以"亩均税收"为导向的评价机制。

（六）加大对科技创新的支持力度

加强企业创新主体培育。加大对产品开发的技术攻关。推进开放合作协同创新。加强创新创业平台建设。打造创新生态最佳县。科技奖补政策具体按照《新昌科技创新 20 条》执行。

（七）加大对科技人才引进和培养力度

建立高层次人才引进培养专项资金和创业创新基金。建立高层次人才引进培养机制。建立高层次人才引进激励机制。建立企业家领导科技能力提升机制。高层次人才引进培养相关政策按照《关于深化完善"天姥英才"计划加快推进"创新强县"战略实施的意见（修订）》执行。

第三节　新昌县域创新发展的主要内容

近年来，新昌县坚持因地制宜，把科技创新作为发展的重要法宝，积极探索虚拟智汇平台，培育科技成果市场，探索"企业出题、高校解题、政府服务"的产学研合作新模式，力争从源头上破解科技创新"四个不"（科技投入产出不匹配、产学研用结合不紧密、科技成果评价不科学、科技创新的体制机制不适应）的体制机制，补齐科技创新短板，激发全社会创新活力。

一、坚持企业主体，持续合作创新

新昌县秉持"资源不足科技补"的理念，做好"主体培育、产学研合作、强研发投入"三篇文章，走出了一条"小县大科技"的创新之路。

（一）建立科技企业主体培育机制

"坚守实业，做强主业"育企业。新昌县始终把创新驱动实体经济作为县域经济发展的根本，引导企业坚守实业，专注创新，做强主业。

一是培育县域创新的"主力军"。建立以科技、效益、集约等为主的项目综合评估机制，实行科技导向的差别化用地价格机制，推行精准供地答辩制、标准地＋承诺制等，深入实施上市企业、高新技术企业、科技型中小企业"三倍增"计划，目前，全县拥有上市企业 10 家，国家高新技术企业 188 家，占到规上企业数的 64.3%。

二是培育细分市场的"领头羊"。引导企业坚守"本分"，心无旁骛做强实业、做精主业，努力成为细分领域的"单打冠军""隐形冠军"，全县现有国家标准和行业标准制订企业 63 家，各类"隐形冠军"企业 43 家。在此次中美贸易战中，新昌县部分产品凭借其完全的自主知识产权和产品的不可替代性，获得关税豁免，或由客户共同承担关税，有效对冲了风险。如浙江医药的盐酸万古霉素产品占到全球的 50%，通过抗辩，美国最终将其排除在加征关税清单外，国内同类产品也因此得到了关税豁免。

三是培育赋能企业的"智慧云"。实施数字化改造提升行业全覆盖计划。在全国率先开启企业大面积推广智能制造的先河，"数字化制造、平台化服务"的智造模式全省推广。全县骨干企业设备联网率超过 70%，两化融合发展指数 93.19，被工业和信息化部授予"全国中小企业数字经济发展示范区"称号，被列为两化深度融合国家示范区、浙江省智能制造试点县，成为全省首个通过国家高端装备制造业标准化试点验收的县（市、区）。

（二）建立健全政企校创新协同机制

健全"企业出题、高校解题、政府服务"的创新协同机制，打通科技成果转化"最后一公里"。

一是深化企业精准出题。建立企业出课题、出经费、主导产学研合作的体制机制,深入挖掘企业需求,精准编制产学研合作需求清单,促进产业端与技术端的精准对接。每年挖掘并凝练企业技术需求和攻关课题超过 100 项,技术交易额从 2014 年的 1.01 亿元增加到 2019 年的 4.28 亿元。

二是深化院校精准解题。高校针对企业需求清单,把实验室搬到企业,扎实开展技术攻关,推动高校研究生把论文写在产品上,企业自主创新能力明显提升,如新和成与浙江大学等多家大学合作,6 年内两次荣获国家技术发明二等奖。有的企业还与大院名所建立战略合作关系,如捷昌驱动、五洲新春各投入 1000 万元在浙江大学设立创新基金,为企业带来更多的原创技术和高层次人才。

三是深化政府精准助题。县领导带着企业和课题进高校找团队,带着合作协议和研发团队回新昌,每年举行 5 次以上大型科技人才对接活动,组织开展点对点的小范围精准对接活动超过 100次。实行县领导结对创新团队制度,每月联系,每季走访,帮助解决困难。全县现已集聚浙江工业大学、浙江理工大学、中国计量大学等高校共建产业创新研究院 3 家,九三学社中央科技服务基地和近 20 家高校技术转移中心落户新昌。2017 年,教育部在新昌召开会议推广新昌专业学位研究生培养新模式。

(三)建立创新投入有效增长机制

深度研发、适度超前,持续加大科技创新的高强度投入,努力做到人无我有、人有我优。

一是建精机构搞研发。坚持把研究院建在企业,把人才留在企业,支持企业建设高能级研发机构,对省级重点企业研究院按一比一配套县级财政投入。新昌企业对设施设备等硬件投入不遗余力,以至于大家都说"在新昌,最好的房子是企业研究院,最旧的是政府大楼"。全县现有省级以上研发机构 131 家,其中,国家级企业技术中心 6 家,省级重点企业研究院 10 家,数量居全省各县(市、区)首位。2018 年,研发投入占主营业务收入比重超过 5％的企业达 38 家,占全部规上企业的 13.43％,大企业如京新药业高达 8.23％,中小企业如北斗星智能电器和康立科技分别为 14.53％和 12.57％。

二是盯着市场搞研发。引导企业紧盯市场加快产品升级换代和新产品开发,全县新产品产值率始终稳定在 50％以上,现有全球细分市场占有率第一的产品 11 个,国内细分市场占有率第一的产品 13 个,如维生素 E 产量占全球市场的 60％,家用空调的核心部件"四通换向阀"占全球市场的 63％,铝合金轮毂占全球市场的 35％。

三是盯着明天搞研发。新昌企业始终盯着五年、十年甚至二十年后的行业趋势,按照"实施一批、储备一批、研究一批"的技术方针,开展前沿技术研发。如三花控股集团 2010 年就开始研发新能源汽车热管理系统,2017 年获得美国汽车工业 PACE 大奖;如新柴股份 2014 年着手研发欧 V 排放标准的非道路柴油机,2017 年被德国 Bosh 评为年度全球标杆样机。

二、坚持精准服务,构筑创新生态

新昌县秉持"区位不足服务补"的理念,着眼平台、人才、服务三大体系,打造创新创业群体的理想栖息地和价值实现地。

(一)建立平台资源开放共享机制

围绕创新链抓平台建设,做好内部创新资源的优化配置和外部创新资源的整合利用。

一是构建产业承载平台。目前90％以上的高新技术产业集中在两大省级园区。高新园区在全省省级高新区中排名第一,在包括国家级高新区在内的园区中位列第四,智能装备小镇被评为2018年度省级特色小镇"亩均效益"领跑者;浙江(新昌)境外并购产业合作园成为全省首批设立的三个境外并购产业合作园之一。

二是构建创新服务平台。推进新昌智造科创大走廊建设,核心区规划面积10.55平方公里,科创服务中心、科技孵化器、中小微企业产业园、高校研究院集聚园等项目相继建成,集聚优质服务中介和新型研发机构38家,新昌轴承产业创新服务综合体列入第二批省级产业创新服务综合体创建名单,创新服务平台日臻完善。

三是构建资源共享平台。出台鼓励建设开放实验室的意见,全县20家大型企业82个实验室向社会开放共享,每年服务中小微企业近千家,创新要素沿着产业链快速传导,形成龙头企业引领、中小企业协同的"雁阵式"企业创新梯队。如三花控股集团带动本地40多家冷配企业,日发纺机、泰坦股份等智能纺机龙头企业带动上下游400多家企业技术创新。2017年,全省开放实验室暨服务企业助力众创工作现场会在新昌召开。

(二)建立柔性的人才引进集聚机制

积极探索"户口在外地、工作在新昌"的柔性引才模式,做好借智借力文章。一是政策引才。实施"天姥精英"专项引才行动,县主要领导每年带队到智力富集地区开展人才对接活动,大力引进高端人才和创新团队。连续多年举办海外高层次人才智力项目洽谈会和"天姥英才"高层次人才创新创业大赛,每年人才政策兑现资金在1亿元以上。二是"飞地"聚才。政府主导在杭州市西湖区、滨江区设立科创飞地,助力企业柔性引才。出台总部经济政策,鼓励企业实施以技术为核心的并购重组。近五年来,新昌企业实施并购项目 53 个,并购额超过 190 亿元,在美国、英国、德国、以色列等国家设立海外研发中心 13 个,在北京、上海、深圳、杭州等地设立国内异地研发机构 32 个,通过"飞地"模式集聚博士以上高层次人才近 1000 名,企业创新能力得到快速提升。三是服务留才。健全完善县领导联系优秀人才制度,加快人才公租房、专用房建设,推出安家补贴和购房货币化补助办法,用服务留人,用感情留人。

(三)建立高效的为企服务全方位机制

围绕企业需求,主动做好科技"三服务",让企业专心创新创业。一是办事"零跑腿"。以"最多跑一次"改革为牵引,借助互联网技术,对政府办事事项进行流程再造,让科技服务"跑零次是常态,跑一次是个例"。二是服务"零距离"。建立县领导联系科技企业、科技项目、科技人才和高校团队制度,抓好科技管理部门、科技指导员、企业首席科技官、中介服务机构和科技创新专家等五支队伍建设,在县级部门选调 597 名业务骨干担任驻企指导员,全面入驻科技型企业。建立"书记、县长面对面"制度,把每个月的 27 日设为"爱企日",由书记、县长与高新技术企业负责人面对面恳谈,了解企业需求,更好解决问题,实现科技服务"零距离"。三是保护"零缺位"。强化创新保护,成立知识产权司法保护服务和维权援助两个中心,组建省级知识产权维权援助专家团,设立知识产权巡回审判庭,推进规上企业知识产权保护警企联络室全覆盖,严格做到知识产权纠纷 100% 调解,知识产权违法行为 100% 查处,知识产权维权 100% 跟进,实现创新保护"零缺位"。

三、坚持改革引领,优化创新治理

新昌县秉持"动力不足改革补"的理念,完善政策供给、领导组织、保障激励三大机制,坚持科技创新与体制机制改革双轮驱动,让创新创业活力竞相迸发。

(一)建立健全精准刚性政策落地机制

建立健全"精准供策、刚性施策"的政策落地机制。一是"两个10％"精准供策。明确科技投入的财政支出占比不低于10％,年均增幅不低于10％,相继制订出台了《新昌科技创新20条》《关于坚持创新驱动加快推进工业经济高质量发展的若干意见》等一系列文件,并且每年根据企业的意见建议修订完善。如针对中小微企业创新投入动力不足的问题,明确科技政策下不设限;针对公共技术服务能力弱的问题,专门出台了共建高校技术研究院的意见;针对企业创新投入不足的问题,明确了企业研发投入与政府奖励挂钩,出台了科技金融专项扶持政策等。2014年到2019年,县本级财政科技支出年均增长22.81％。二是"五个100％"刚性施策。即产学研协同创新按合同金额一定比例补助100％兑现,每年促成产学研项目100项以上。研发经费税前加计抵扣100％兑现,全县每年加计抵扣额超过10亿元。高新技术企业税收优惠政策100％兑现,每年减免高新技术企业所得税超过3亿元。科技创新成果奖励分配100％兑现,每年用于科技创新成果奖励的金额超过3000万元。企业研发创新政府补助100％兑现,每年兑现科技政策性财政补助超过5亿元。

(二)建立一把手抓第一动力工作机制

建立健全"一张蓝图绘到底、一把手当行动队长、一盘棋强统筹"的创新领导机制。一是"一张蓝图绘到底"。新昌县委、县政府把创新驱动作为首要战略，作为政策制定和制度安排的核心要素，对于确定下来的科技创新重点工作和重大事项，一届接着一届抓，一任接着一任干，不因领导变化而改变，也不因创新成效慢而放弃，真正做到久久为功、铁了心抓创新。二是"一把手当行动队长"。坚持"领导抓、抓领导"，书记、县长带头当好科技创新的"行动队长"，工作中做到"三个亲自""三个不少于"即：科技创新重大事项亲自谋划、科技创新政策制定亲自研究、科技创新重点工作亲自推进，每周安排科技创新相关活动不少于一次，每月协调推进创新改革不少于一次，每季上常委会或政府常务会议议题不少于一个。三是"一盘棋强统筹"。明确各部门推进科技体制综合改革工作的任务表、签订责任状，做到同步设计、同步部署、同步推进。两个省级园区专门配备科技副主任，切实加强科技领导力量。突出科技创新在园区、部门、乡镇街道绩效考核中的权重和应用，科技创新在园区绩效考核中占比不少于30％。同时建立科技与人才工作重大事项容错免责机制，让干部吃下"定心丸"。

（三）建立全面的人才保障激励机制

建立健全"在政治上给足荣誉、在经济上给足回报、在社会上给足荣誉"的人才激励机制。

一是坚持文化引领。深耕"崇文守正务实创新"的新昌精神，引导企业培植各具特色的创新文化，以企业文化凝聚人心，汇拢人才。如三花控股集团在1994年成立时就以"管理之花、科技之花、人才之花"为内涵，形成了"企业是树，人才是根；根有多深，树有多盛"的常青树文化。又如浙江医药新昌制药厂在20世纪80年代就提出"人才来去自由"的理念，鼓励科研人员赴国内外知名大学和科研机构深造，深造期间待遇不变，学成之后去留自由，非但没有造成人才流失,还吸引了一大批海内外精英,培养了一大批技术骨干。

二是全面喊响创新光荣。2017 年,新昌正式将每年的 5 月 31 日设立为"新昌科技日",是全国第一个县域科技日,每年举办科技创新大会和中国县域创新发展新昌论坛,重奖科技创新"好企业、好团队、好专家"。如在 2019 年科技日上,隆重举行了新昌十大科技创新人物颁奖仪式,全面喊响创新光荣。

三是做到"三个给足"。在政治上给足地位,畅通科技人才建言献策、参政议政的渠道,对具有科技领导能力的优秀企业家,在"两代表一委员"等政治待遇及各项荣誉评选上优先安排。在经济上给足回报,万丰奥特、五洲新春、日发精机、美力科技、捷昌驱动、远信工业、达利丝绸等企业普遍建立了股权激励、销售分成、项目制奖励等多种人才激励机制。如三花控股集团、新和成等每年人才奖励资金在 1000 万元以上,如康立科技实行项目提成制度,其气流纺研发团队已累计获得销售提成奖励 300 多万元。在社会上给足荣誉,每年表彰报道科技创新先进人物和事迹,让"科技人才"在新昌拥有"高光时刻";成立高层次人才联谊中心、推行人才服务"一卡通",让人才在新昌"高人一等"。

第四节　科技创新推动县域转型发展

新昌县域创新示范点建设的实践表明,县域治理必须始终坚持改革创新这一根本动力,坚持因地制宜,将科技创新作为发展的重要法宝。面向经济社会发展的重点领域,贯彻创新驱动发展战略,深入推进体制改革,优化产学研布局,提升企业创新能力,激发人才创新活力，大力弘扬创业精神，为构筑更加完善的全域创新体系贡献力量。

一、坚持战略导向，谋求跨越发展

县域转型发展，必须要把创新作为实现跨越发展的核心战略，以全球视野来谋划和推动；充分把握科技发展态势，紧密结合各县区位优势、经济基础和产业特色，实行差异化转型，强化独创独有的关键领域科技创新；转型发展过程中，要运用包含科技创新、制度创新、管理创新、品牌创新、模式创新在内的五位一体综合创新概念，最大限度用好县内、县外两种创新资源，掌握科技竞争的战略主动权。

二、坚持创新驱动，支撑重大需求

县域转型发展，必须要将创新面向经济社会发展的重点领域，明确主攻方向和突破口，加强关键核心共性技术研发，打通科技成果向现实生产力转化的通道，推动要素驱动、投资驱动向创新驱动转变，让创新真正落实到创造新的增长点上；围绕县域发展的首位产业、重点产业链、龙头企业、重大投资项目等，强化产业招商，正确引导企业投资和社会投资，着力培养引领县域经济发展的战略性新兴产业和特色优势产业，让创新真正服务于主战场和主需求。

三、坚持深化改革，增强创新动力

县域转型发展，必须要持续深化各项体制机制的改革创新，厚植发展动力，不断加快产业转型、科技创新步伐，遵循社会主义市场经济规律和科技创新规律，深化科技、经济、管理三改联动，推进科技体制改革和经济社会领域改革同步发力，完善制度供给，破除一切制约创新的思想障碍和制度藩篱，提升劳动、信息、知识、技术、管理、资本的效率和效益,激发全社会创新活力和创造潜能,充分释放创新活力和改革红利。

四、坚持企业主体,完善创新生态

县域转型发展,必须要着力强化企业的创新主体地位,促进各类创新要素向企业集聚,以企业为主导来发挥市场机制在配置科技资源中的基础性作用;推进产学研深度融合,支持企业牵头与高校院所、科研中介机构等组建创新联合体,承担国家重大科技项目,构建更加高效的创新网络;发挥大企业引领支撑作用,支持创新型中小微企业成长为创新重要发源地,加强共性技术平台建设,推动产业链上中下游、大中小企业融通创新。

五、坚持文化引领,集聚创新资源

县域转型发展,必须要大力弘扬企业家精神和创客文化,形成吸引更多人才从事创新活动和创业行为的社会导向;大力弘扬科学精神,坚持制度规范和道德自律并举原则,建设集教育、自律、监督、惩治于一体的科研诚信体系;加强科技创新宣传力度,报道创新创业先进事迹,树立创新创业典型人物,进一步形成尊重劳动、尊重知识、尊重人才、尊重创造的良好风尚;加强科学技术普及,充分利用科技馆、博物馆等公共场所开展公益性科普服务,提高全民科学素养,在全社会塑造科学理性精神。

◆ 本章小结

创新,始终是推动一个国家、一个民族向前发展的重要力量。实施创新驱动发展战略,就是要推动以科技创新为核心的全面创新,坚持需求导向和产业化方向,坚持企业在创新中的主体地位,发挥市场在资源配置中的决定性作用和社会主义制度优势,增强科技进步对经济增长的贡献度,形成新的增长动力源泉,推动经济持续健康发展。让创新活力尽情释放,让创新源泉竞相迸发,将县级改革作为突破口,浙江进行了精心的准备与部署,2014年新昌县牢牢抓住科技创新这一牵动经济社会发展全局的"牛鼻子",破"四不"促转型,积极探索虚拟智汇平台,培育科技成果市场,探索"企业出题、高校解题、政府服务"的产学研合作新模式,走出了一条创新驱动发展、加快转型升级的新路子。"十四五"期间,仍要坚持将科技创新作为县域治理的重要法宝,面向经济社会发展的重点领域,贯彻创新驱动发展战略,深入推进体制改革,优化产学研布局,提升企业创新能力,激发人才创新活力,大力弘扬创业精神,为构筑更加完善的全域创新体系贡献力量。

◆◆ 思考题

1.新昌是如何突破自身局限,成为浙江乃至全国最具创新活力的县域之一的?

2.谈谈县级科技体制改革对于构建国家创新体系的意义。

3.构筑更加完善的现代化全域创新体系还面临哪些挑战?结合实际,谈谈你的理解。

4."推进自主创新,最紧迫的是要破除体制机制障碍。"你如何理解这句话,并结合实际,谈谈如何完善科技创新体制机制。

◆◆ 拓展阅读

1.中共中央文献研究室.习近平关于科技创新论述摘编[M].北京:中央文献出版社,2016.

2.朱英明,张珩,童毛第.创新驱动发展论[M].北京:经济管理出版社,2014.

3.黄烨菁,等.科技创新中心的支撑力、驱动力与竞争力:上海探索与实践[M].上海:上海人民出版社,2019.

构建更加完善的要素市场化配置体制机制,要坚持以供给侧结构性改革为主线,坚持深化市场化改革、扩大高水平开放,破除阻碍要素自由流动的体制机制障碍,扩大要素市场化配置范围,健全要素市场体系,推进要素市场制度建设,实现要素价格市场决定、流动自主有序、配置高效公平,为推动高质量发展、建设现代化经济体系打下坚实制度基础。

——摘自习近平在中央全面深化改革委员会第十一次会议上的讲话①

第七章　要素市场化改革与县域治理的海宁样本

◆◆ 本章要点

1.完善要素市场化配置是建设统一开放、竞争有序市场体系的内在要求,是坚持和完善社会主义基本经济制度、加快完善社会主义市场经济体制的重要内容。

2.海宁的要素市场化改革,建立了以亩产绩效综合评价、分类施策、退出激励为主要内容的差别化要素配置机制,建立了健全土地、金融、科技、人才等要素节约集约利用机制,建立了综合性要素交易市场,找准有为政府和有效市场的黄金结合点,深入推进资源要素市场化配置,激发各类市场主体创新活力。

3."十四五"期间,要抓住土地、人力、资本、技术、数据五大要

---

① 落实党的十九届四中全会重要举措　继续全面深化改革实现有机衔接融会贯通[N].人民日报,2019-11-27(1).

素市场化改革的重点和难点,破除阻碍要素自由流动的体制机制障碍,扩大要素市场化配置范围,健全要素市场体系,推进要素市场制度建设,实现要素价格市场决定、流动自主有序、配置高效公平,为建设高标准市场体系、推动高质量发展、建设现代化经济体系打下坚实制度基础。

完善要素市场化配置是建设统一开放、竞争有序市场体系的内在要求,是坚持和完善社会主义基本经济制度、加快完善社会主义市场经济体制的重要内容。随着我国进入新发展阶段,改革又到了一个新的历史关头。进入新发展阶段,浙江不断深化要素配置的市场化改革,其中,以 2013 年海宁的要素市场化综合配置改革试点开启了新一轮市场化改革,探索县域经济转型发展的新途径,为推进县域经济高质量发展、构建更加完善的要素市场化配置体制机制探路。

第一节 高质量发展对要素配置市场的新要求

生产经营活动所需要的各种必备资源统称为生产要素,它们维系着企业的健康运行,支撑着国民经济的持续发展。2020 年 4 月 9 日发布的《中共中央 国务院关于构建更加完善的要素市场化配置体制机制的意见》明确要进行市场化配置的要素主要有五种:土地、劳动力、资本、技术、数据。

经过 40 多年改革开放,我国的商品和服务市场不断发育完善,但是土地、劳动力、资本、技术、数据等要素市场发育相对滞后,市场决定要素配置范围有限、要素流动存在体制机制障碍、新型要素市场规则建设滞后等,影响了市场对资源配置决定性作用的发挥,成为高标准市场体系建设的突出短板。完善要素市场化配置是解决经济结构性矛盾、推动高质量发展的根本途径,是让要素活力竞相迸发的重要保障。加快要素市场化改革是深化供给侧结构性改革、解决制约全局深层次矛盾的重要突破口。从破除无效供给看,有助于释放错配资源;从培育新动能看,有助于生产要素从低质低效领域向优质高效领域流动,支撑实体经济发展,形成协同发展的产业体系。要素市场化改革有助于提高要素配置效率和全要素生产率,盘活"沉睡"的要素资源,靠改革来激发要素蛰伏的潜能,使之成为推动经济发展的动能。

党的十八届三中全会以来,中央频频推动要素市场化改革。党的十九大报告中提出,经济体制改革必须以完善产权制度和要素市场化配置为重点。十九届四中全会强调推进要素市场制度建设,实现要素价格市场决定、流动自主有序、配置高效公平。2019年11月召开的中央全面深化改革委员会第十一次会议通过《关于构建更加完善的要素市场化配置体制机制的意见》,提出要构建更加完善的要素市场化配置体制机制,破除阻碍要素自由流动的体制机制障碍,扩大要素市场化配置范围,健全要素市场体系,推进要素市场制度建设,实现要素价格市场决定、流动自主有序、配置高效公平,为推动高质量发展、建设现代化经济体系打下坚实制度基础。2020年11月,习近平总书记主持召开中央全面深化改革委员会第十六次会议,会议审议通过的《建设高标准市场体系行动方案》强调,建设高标准市场体系,围绕夯实市场体系基础制度、推进要素资源高效配置、改善提升市场环境和质量、实施高水平市场开放、完善现代化市场监管机制等重点任务,畅通市场循环,疏通堵点,努力实现市场准入畅通、开放有序、竞争充分、秩序规范,为构建新发展格局提供有力的制度支撑。①

在改革的方向上,《中共中央 国务院关于构建更加完善的要素市场化配置体制机制的意见》(以下简称《意见》),分类提出五个要素领域改革的方向:土地要素方面,着力增强土地管理灵活性,灵活产业用地方式,灵活土地计划指标管理,适应经济社会发展需求。劳动力要素方面,着力引导劳动力要素合理畅通有序流动,畅通落户渠道,畅通职称评审渠道。资本要素方面,着力完善多层次的资本市场制度,完善股市基础制度建设,完善债券市场统一标准建设。技术要素方面,着力激发技术供给活力,促进科技成果转化,激活产权激励,激活技术转移机构和技术经理人活力。数据要素方面,着力加快培育数据要素市场,全面提升数据要素价值。此外,《意见》提出加快要素价格市场化改革和健全市场运行机制,明确政府对要素价格、市场运行的调节和监管内容。

浙江是较早进行市场化取向改革的省份。温州是中国实行改革开放以后市场经济的重要发祥地,是中国民间市场主体最早发育成长的摇篮,也是在实践中大胆突破传统计划经济体制、积极探索创新市场经济体制的先行者。以"民营化、市场化"为鲜明特征的温州模式成为我国市场化改革的开路先锋。

党的十八届三中全会以后,浙江不断探索新时期新阶段深化市场改革,其中,2013年海宁的要素市场化综合配置改革试点开启了新一轮市场化改革,2014年9月,浙江进一步推动资源要素市场

---

① 习近平主持召开中央全面深化改革委员会第十六次会议并发表重要讲话[EB/OL].(2020-11-02)[2021-08-01]. http://www.gov.cn/xinwen/2020/11/02/content_5556789.htm.

化配置改革扩面,将全省 25 个县(市、区)纳入改革,把依亩产效益排序竞争性获取资源作为市场调节的"无形之手",把制定和执行好制度规则、保障公平竞争市场环境作为政府调控的"有形之手",引导资源要素向配置效率高的领域和环节有序流动。

"十四五"时期,浙江开启争创社会主义现代化先行省新征程,浙江省"十四五"规划纲要指出,坚持实施扩大内需战略同深化供给侧结构性改革有机结合,持续提升高端要素集聚、协同、联动能力,持续推动扩大内需,持续推进以"一带一路"统领全面开放,推动形成全方位全要素、高能级高效率的双循环,重塑国际合作和竞争新优势。加快高标准市场体系建设,突出数字赋能,实施高标准市场体系建设行动。建立健全统一开放的要素市场,创新土地、劳动力、资本、技术、数据、能源、环境容量等要素市场化配置方式,完善要素交易规则和服务体系。加强工业用地保障,深化"亩均论英雄"改革,完善"标准地"制度。深化电力、天然气体制改革。推动长三角要素市场一体化,实现要素跨区域流动共享。健全公平竞争审查机制,提升市场综合监管能力。

第二节　试点改革的背景和总体思路

一、改革的背景

海宁是全国首批沿海对外开放(县)市,是浙江省"工业强市"之一。改革开放以来,海宁市坚持解放思想、改革创新、与时俱进,探索建设资源节约型和环境友好型社会,在全省率先实施了涵盖用地效率、项目准入、税收调节、亩产评价、价格杠杆等领域倒逼工作机制,促进经济发展方式转变,在保障要素供给、提高资源配置效率、推动产业转型升级等方面取得了显著成效。然而,经济高速发展与资源要素的矛盾也越来越突出,具体表现有以下四个方面。

(一)土地瓶颈制约

海宁市 700 平方公里的土地开发强度已达到了 28%,全省平均水平为 11.5%,嘉兴市大约为 25%,一般发达国家国土开发强度不超过 15%。如果开发强度达到 30% 以上,人和自然就难以和谐相处。按规划,海宁到 2020 年可新增建设用地 6 万亩,截至 2014 年 7 月,已用 4 万亩,意味着 2015—2020 年每年只有 3000 多亩新增建设用地可用。

(二)产出效益欠佳

2013 年,海宁市开展的工业用地绩效调查中,海宁市规上企业亩均税收为 9.53 万元,规下企业亩均税收为 3.27 万元,全市总体平均水平为 8.56 万元/亩。2013 年,全市规上企业全员劳动生产率为 16.5 万元/人,反映的是企业生产效率、劳动投入,是企业生产技术水平、经营管理水平、职工技术熟练程度和劳动积极性的综合表现,仅排名嘉兴市第 3 位。这些都表明海宁的产出效益还有较大的提升空间。

(三)能源资源紧缺

2005 年,海宁市生产总值和工业用水、工业用电量分别为 217 亿元、20 亿度,2013 年分别达到 633 亿元、55 亿度,在短短的 8 年时间内生产总值实现了翻番,但同时用水量、用电量也同步翻番,经济增长仍依赖于高能耗拉动。2013 年,海宁规上工业企业用电量为 39.6 亿度,每度电产出为 33 元,同期江苏昆山每度电的产出为 60 元。在提高经济发展数据的同时,还必须提高经济发展质量。

（四）环境容量不足

海宁工业废水排放总量 2002 年为 1896 万吨，2013 年超过了 3720 万吨，11 年间废水排放量增长了近一倍。全市工业企业每年向大气排放工业粉尘等污染物达 2 万吨。海宁市委、市政府提出治水，全省首推河长制，经过多年治水，劣五类的水在减少，但是比重还很高。

县域经济的快速发展对要素资源的需求日趋扩张，呈现市场需求激增、有效供给不足、区域供给失衡等问题。这些问题都需要依靠改革来解决，通过放权给权，扩大发展空间，用改革的方式来获取发展红利。面对发展中遇到的土地、资金、能源、环境容量和水电等要素资源的制约，再不改革、再不创新、再不突破，转型发展将举步维艰。要走在前列，不能等，也等不起，严峻的形势需要我们抓住时机加快改革、主动改革、创新发展。2013 年 9 月 11 日，浙江省人民政府正式发文决定明确在海宁开展要素市场化配置综合配套改革，打造浙江经济升级版。

二、改革的意义

海宁市要素配置综合改革试点旨在探索县域经济转型发展的新途径，破解要素瓶颈问题，提升发展保障水平，为全省县域转型发展提供示范；有利于提高资源和能源节约集约利用水平，加快循环经济发展，提高单位要素产出，推进落后产能淘汰，为全省县域可持续发展、发展方式转变提供借鉴；有利于贯彻落实中央加快转变经济发展方式的重大决策部署，为县域经济发展提供强劲的"改革红利"，促进县域经济加快发展、高质量发展。

（一）推动资源要素配置方式由政府主导型向市场决定型转变

党的十八届三中全会提出，"要使市场在资源配置中起决定性作用"。推动资源要素市场化配置改革,破除行政化配置资源的思维定式和习惯性思维,充分发挥市场在资源配置中的决定性作用,把依亩产效益排序竞争性获取资源作为市场调节的"无形之手",推动资源配置依据市场规则、市场价格、市场竞争,实现效用的最大化和效益的最优化。同时推动政府管理向积极有为强化公共服务转变,把制定和执行好制度规则,保障公平竞争市场环境作为政府调控的"有形之手",引导资源要素向配置效率高的领域和环节有序流动。要素市场化改革既能消除过去政府主导指令性计划管理资源存在的配置低效问题,又能解决单纯以市场价格为导向的市场配置失灵问题。

(二)推动资源要素利用方式由粗放型向集约型转变

浙江是经济大省、资源小省,发展任务重,资源承载压力大,必须从根本上加快转变传统粗放型资源要素利用方式。以土地为例,全省工业和仓储用地平均容积率仅为 0.83 和 0.54,城市建设用地近 23％处于低效利用,5％处于闲置状态。2006—2020年,土地利用总体规划实施以来,全省建设用地和城乡建设用地已经出现倒挂,包括海宁在内全省各地普遍存在这样的情况。用能、用水、用电和环境容量也存在着粗放低效用的问题。推进资源要素的市场化改革,其重要举措就是建立亩产效益综合评价制度和分类施策的价格倒逼机制,推动市场主体以最集约的方式利用个别资源要素最大限度地挖掘和开发利用潜力,腾出未来的发展空间。

(三)推动经济发展方式由资源要素驱动型向创新驱动型转变

改革开放以来,浙江省经济持续高速增长,主要依靠大量资源要素的投入。譬如浙江省的土地开发强度为 11.68％,而日本和韩国仅为 4.95％和 7.84％,每平方公里经济密度不到他们的一半。近几年浙江省大力实施创新驱动发展战略,已经取得明显成效,但经济发展还是过多依赖资源要素的投入。这在很大程度上制约了可持续发展。推进资源要素市场化配置改革,根本是要创新资源要素配置的体制机制,给企业戴上转型升级的"紧箍咒",倒逼企业,形成大的氛围。切实把经济发展转到创新驱动的轨道上来,增强浙江可持续发展的动力。

三、改革的总体思路

2013 年 9 月,浙江省人民政府批复《海宁市要素市场化配置综合配套改革试点总体方案》(以下简称《方案》),明确在海宁市开展要素市场化配置综合配套改革试点。《方案》要求海宁围绕土地、能源、资金、人才、环境容量等重点要素领域,加快开展市场化配置改革,为全省要素市场化配置改革积累经验、作出示范。

试点要求围绕科学发展主题和加快转变经济发展方式主线,通过开展要素市场化配置综合配套改革试点,大胆探索先行先试,逐步破除要素配置中的体制性障碍,更好地发挥市场在要素配置中的基础性作用,提高要素配置效能和节约集约利用水平,加强生态环境保护,加快淘汰落后产能推动经济转型升级。试点要求立足于要素配置方式向更好地发挥市场基础性作用转变,正确处理政府和市场的关系,不断提高要素配置效能;立足于经济增长方式向创新驱动转变,强化内生动力,提升产业层次,加快转型升级;立足于政府管理方式向公共服务型转变,完善政策制度提高服务效率,优化发展环境。

试点改革内容主要分为近期改革、探索性改革和配套改革等三个方面。近期实施改革主要围绕土地使用管理制度、能源与环境要素地方金融体系以及科技创新体制改革等内容展开。其中，土地要素是改革核心。《方案》强调土地使用和管理制度主要围绕盘活存量土地、提高土地使用效益、强化农民权益保障。开展农村土地整治的统一立项调整验收、统一组织实施、统一调配使用节余指标的"三统一"改革，探索开展以市场方式推动空间换地的改革，农户自愿复垦，指标全市统一交易收储、有偿使用。推进盘活存量建设用地改革。允许自行开展批而未供土地空间调整改革，推动有限的土地要素向大项目、大产业集聚。探索开展工业用地弹性制度改革。在保持50年土地使用权不变的前提下，按照一定的建设期、投产期和剩余年限使用期，对工业用地进行分阶段弹性管理，着力解决低效工业用地退出难的问题。建立以"亩产效益"考核评价为核心的低效用地退出机制。建立以单位用地销售收入、应缴税金、工业增加值等为主要指标的"亩产效益"评价体系，实施差别化政策引导机制和末位淘汰机制，促进土地资源向高效益、高产出、高科技企业集聚。开展城镇土地使用税差别化征收使用制度改革。按照省政府征收标准规定，调整城镇土地使用税区域等级和征收标准，按亩产税收等产出率、贡献率实施差别化税收减免制度，增加低效用地持有成本，促进企业转型升级。

推进以节能减排为重点的能源与环境要素市场化配置改革。选择重点行业、重点企业开展"煤改气"改革，促进清洁能源的推广应用，有效减少二氧化硫排放。建立高耗能行业用电差别化电价、加价部分直接结算制度。允许自行制定高耗能行业用电差别化价格制度，加价部分用于高耗能行业企业技术改造。探索建立用能指标交易机制。通过实施新增用能有偿使用和减少用能补偿制度,限制高耗能行业发展,鼓励节能技术改造和新能源推广使用。建立污水处理复合计价收费制度。开展差别化的排污总量控制和排污权交易制度改革。建立排污权差别化核定和交易制度,按污染程度对企业核定差别化的排污总量和交易价格,促进重污染高耗能企业转型升级。

推进地方金融体制改革和科技创新体制改革。支持创建省级民间融资管理县(市、区)试点,探索设立小微企业金融服务中心和民间资本管理公司,为民间资金借贷提供登记、公证等综合服务平台,引导民间借贷阳光化、规范化。鼓励民间资本投资入股金融机构和参与金融机构重组改造,支持海宁农村信用合作社改制为农村商业银行。扩大债券融资、股权融资比重;支持小额贷款公司发行定向债。探索开展农村宅基地使用权和土地承包经营权抵押贷款;设立政府出资的小微企业信贷风险补偿基金,为小微企业提供增信服务,降低融资成本。支持设立浙江省股权交易中心分中心。推动初创型、成长型中小科技企业在股权交易分中心挂牌,拓展融资渠道;鼓励企业以股权激励方式引进、留用人才。

探索研究的改革主要包括争取打破行政区划限制,探索研究以市场机制开展拆旧复垦区和安置建新区跨区域挂钩的改革;探索民间资本发起设立民营银行的体制改革;探索推进小额贷款公司转制为村镇银行的体制改革。探索以市场机制推进碳排放交易制度改革。

配套支持的改革主要包括支持设立企业投资项目高效审批制度;支持建立贸易(企业)主体设立快速审批制度;支持开展开发区(园区)前置审批方式创新;支持开展综合行政执法改革。

第三节 海宁市要素市场化改革的主要内容

海宁市把要素差别化配置和节约集约利用作为政府的"有形之手",把企业亩产质量和效益作为市场的"无形之手",划分政府和市场的界限,让市场在资源要素配置中起决定性作用,淘汰落后产能,提高要素配置效能,推动产业转型升级,倒逼出一条高质量的发展之路。

一、构建差别化要素配置机制

围绕盘活存量,海宁市结合自身实际,建立以亩产绩效综合评价、分类施策、退出激励为主要内容的差别化要素配置机制。

(一)建立完善亩产效益综合评价体系

结合海宁市的产业结构和企业规模,从质量效益、技术创新、绿色发展等多个方面出发,综合考虑单位用地税收、单位用地产出、单位消耗和科研经费投入和全员劳动生产率等因素,科学合理设置指标和权重。一是对规上、规下工业企业分别设置了亩产效益综合评价体系,规上企业设亩均税收、亩均销售、亩均工业增加值、单位能耗工业增加值、单位 COD(化学需氧量)工业增加值、全员劳动生产率,以及 R&D 经费支出、优秀人才当量密度、发明专利等科技创新等 6 大指标,规下企业设亩均税收、亩均销售、单位电耗税收 3 大指标。从 2013 年起本着"大稳定、小调整"原则,每年根据企业反馈意见和向社会各界公开征求到的建议,对评价体系不断优化(见表 1、表 2)。二是分纺织、皮革、机械电子制造和其他等四大行业按规上、规下分别建立排序制度。三是印染、化工、制革等整治行业一律不列入 A 类企业。四是建立动态排序制度,

表 1　规上工业企业亩产效益综合评价指标体系变化

2013年 指标	权重	2014年 指标	权重	2015年 指标	权重	2016年 指标	权重	2017年 指标	权重	2018年 指标	权重	2019年 指标	权重
亩均税收	50%	亩均税收	40%	亩均税收	37%	亩均税收	37%	亩均税收	37%	亩均税收	40%	亩均税收	40%
亩均销售收入	12%	亩均销售收入	15%	亩均销售收入	15%	亩均销售收入	11%	亩均销售收入	11%	亩均销售收入	6%	亩均销售收入	6%
亩均工业增加值	10%	亩均工业增加值	12%	亩均工业增加值	12%	亩均工业增加值	11%	亩均工业增加值	11%	亩均增加值	11%	亩均增加值	11%
单位能耗工业增加值	10%	单位能耗工业增加值	12%	单位能耗工业增加值	12%	单位能耗工业增加值	11%	单位能耗工业增加值	11%	单位能耗增加值	12%	单位能耗增加值	12%
每吨COD工业增加值	10%	每吨COD工业增加值	12%	每吨COD工业增加值	12%	主要污染物排放总量工业增加值	11%	主要污染物排放总量工业增加值	11%	单位排放增加值	10%	单位排放增加值	10%
全员劳动生产率	8%	全员劳动生产率	9%	全员劳动生产率	9%	全员劳动生产率	9%	全员劳动生产率	9%	全员劳动生产率	9%	全员劳动生产率	9%
				科技投入占比	3%	科技投入占比	10%	科技创新 R&D经费支出占比5% 发明专利3% 省级新产品2%	10%	科技创新 R&D经费支出占比6% 发明专利4% 省级新产品2%	12%	科技创新 R&D经费支出占比6% 优秀人才当量密度6%	12%

每年进行综合评价排序并公布。第一批对用地 3 亩以上的 1659 家工业企业综合评价打分(实际参加排序 1609 家),排名前 80% 的为 A 类发展提升类(其中前 20% 为重点扶持类,以下简称 A1、A2),排名中间 15% 的为 B 类整治提升类,排名最后 5% 的 83 家为 C 类落后淘汰类企业。

表 2　规下工业及租赁类企业亩产效益综合评价指标体系变化

2013 年		2014 年		2015 年		2016 年		2017 年		2018—2019 年	
指标	权重	指标	权重	指标	权重	指标	权重	指标	权重	指标	权重
亩均税收	90%	亩均税收	50%	亩均税收	50%	亩均税收	50%	亩均税收	50%	亩均税收	50%
		亩均销售	35%	亩均销售	35%	亩均销售收入	35%	亩均销售	35%	亩均销售	25%
单位电耗税收	10%	单位电耗税收	15%	单位电耗税收	15%	单位电耗税收	15%	单位电耗税收	15%	单位电耗税收	25%

(二)建立差别化要素价格机制

海宁市配套出台一系列政策文件,按照 A、B、C、D 分类实施差别化的城镇土地使用税、电价、水价、排污权交易价格、用能交易价格、污水处理价格等政策。

1.差别化城镇土地使用税。调整提高原有土地等级划分,将城镇土地使用税从 3 元/m² · 年调整至 6 元/m² · 年(涵盖了 96% 的工业企业),再根据企业"亩产效益"综合评价结果分类分档减免,减免后实际税负为 A 类企业 1.2 元/m² · 年,B 类企业的前 50% 为 2.4 元/m² · 年,B 类企业的后 50% 为 3.6 元/m² · 年,C 类企业为 4.8 元/m² · 年,D 类企业为 6 元/m² · 年,同时对 A 类企业减征房产税 20%。

2.差别化用电。对 A、B、C 类企业在有序用电和节能减排指标上进行差别化用电额度分配。对 D 类企业第一年、第二年及以上分别执行加价 0.3 元/千瓦时、0.4 元/千瓦时。同时采取差别化用电管理措施，加强对低、小、散企业及家庭作坊用电的精细化管理。2013 年以来共收取差别化电费 6411 万元，并专项用于企业节能改造支持。

3.差别化用水。对 D 类企业实行差别水价和超计划用水累进加价管理，差别水价执行标准在现行水价基础上每吨水增加 1 元，超计划用水量实行分档累进加价收费。

4.差别化污水处理收费。对污水入网工业企业实行多因子复合加价收费制度（化学需氧量、酸碱度、悬浮物、磷酸盐、氨氮、总氮 6 种），其中，A、B、C 类工业企业实施常规地按污染物排放浓度阶梯式收费标准，A、B、C 类属高污染的化工、印染、制革行业工业企业在常规收费标准上进一步差别化加价，D 类企业实行最高档加价。资源要素的差别化价格促使企业重视中水回用，重点行业规模以上工业水重复利用率从 2013 年的 36.96% 上升至 2019 年的 82.2%；万元工业增加值从 2013 年的 27.56 立方米/万元下降至 2019 年的 17.6 立方米/万元。

5.差别化用能。率先建立实施用能总量核定和交易制度，对年综合耗能 3000 吨标煤以上或新增年耗能 1000 吨标煤以上的工业企业，以 2011 年、2012 年两年用能量最高值为基准值，按 A、B、C、D 四类和单耗低于或高于工业增加值五年规划目标值差别化核定用能总量，其中，A 类企业按基准值 100%、98% 核定，B 类企业按基准值 98%、96% 核定，C 类企业按基准值 94%、92% 核定，并实行核定配额内不收费、新增用能量有偿申购、超限额差别加价收费制度，A、B、C 类工业企业超额部分分别按基准价的 50%、80%、150% 收费，D 类企业原则上拉电限超，超额部分按基准价的 200%

执行。改革以后,2013—2015 年,单位 GDP 能耗下降率分别为 4.1%、4.2%和 3.7%,2019 年下降为 7%。

6.差别化排污总量和价格核定。对所有排污单位的排污权指标和有偿使用价格每年进行差别化核定并经公示后确定。差别化核定企业年度减排任务,A、B 类减排任务为"十二五"全市工业平均年度减排任务的 50%;C 类工业企业执行平均减排任务的 1 倍;D 类为 4 倍。差别化核定排污权交易价格,A、B 类为基准价,C 类为基准价的 1.5 倍,D 类为 4 倍。自 2013 年要素市场化改革到 2019 年底,海宁市共削减 COD 258.29 吨、氨氮 11.09 吨、二氧化硫 618.85 吨、氮氧化物 135.74 吨,有力地保护了生态环境,提高了发展环境容量。

7.其他各类差别化管理政策。在价格杠杆调节基础上,叠加其他差别化的用地、用电、信贷、人才等管理措施。A 类企业保障用地、用电,对兼并重组、信贷规模、贷款利率等予以重点支持,享受人才引进个人所得税减免;C 类企业,不予核准和审批新的投资项目,实施有序用电和节能管理时作为首要限电对象,在防范资金链、担保链风险的前提下,不再提供新增授信和直接融资。

(三)建立淘汰激励和增量选优机制

制定相关激励政策,鼓励低效落后产能企业主动淘汰退出。对兼并重组企业,并购过程中产生的各类税费地方留成部分给予全额返还,并购重组后的企业享受三年内企业所得税环比增长地方留成部分的全额奖励。2013—2019 年,全市共完成兼并重组企业 85 家,涉及面积 4072 亩。建立项目准入制度,根据国家和我省产业导向,制定符合海宁实际的产业导向目录。建立以投资强度、亩均税收、单位能耗、单位排污为主要内容的项目准入标准体系,

2020 年投资强度和亩均税收分别要求达到 250 万元/亩和 15 万元/亩以上。

二、建立要素节约集约利用机制

围绕增量选优,海宁市结合自身实际,建立健全土地、金融、科技、人才等要素节约集约利用机制,不断优化产业结构。

(一)建立项目准入制度

根据国家和浙江省的产业导向,海宁市制定了符合自身实际的产业导向目录,并且每年进行修正。建立以投资强度、亩均税收、单位能耗、单位排污为主要内容的项目准入标准体系,通过部门联席会议联合评审、集体把关,2019 年投资强度和亩均税收分别要求达到 300 万元/亩和 18 万元/亩以上。

(二)实行新增用地弹性出让制度

根据产业、行业和企业特点,分别设定 10～50 年不等的弹性出让年限,实行一次性出让、"3＋5＋X"分阶段评估管理模式,即 3 年以内为建设期,5 年以内为投产达标期,对建设和投产达标情况分阶段考核验收,验收合格后进入生产期,并分期缴纳土地出让金。截至 2019 年底,海宁市已对 70 宗 2190 亩产业用地进行弹性年限出让和"3＋5＋X"分阶段管理。

(三)创新地方金融要素供给

创新地方金融组织,民资主发起、注册资本 1 亿元的民间融资服务中心组建成立。首家村镇银行已开始筹建,首家民营银行组建方案已经上报。引入 15 亿元民营资本组建融资租赁公司、小额贷款公司、担保公司等新型金融机构,3 家融资租赁公司为企业技改和机器换人提供 18.45 亿元资金保障。创新融资方式,引导企业上市以及发行公司债、企业债、私募债、中期票据等各类债券，2013年通过上市、发债直接融资92.3亿元，首次超过80.8亿元的银行贷款间接融资。积极推进规改股、股上市，截至2019年底，累计完成股份公司组建40家，其中，9家企业分别在上交所、深交所、香港联交所、美国纽交所上市，17家企业在浙江股交中心成长板、创新板挂牌，1家企业在全国新三板挂牌。

（四）创新科技人才集聚机制

创新企业以联合抱团方式申报省级企业研究院，截至2019年底，5家牵头企业已制定实施方案。设立浙江省（海宁）知识产权维权援助中心，推进知识产权保护。出台专利质押贷款管理办法，发放质押贷款880万元。在全市22家企业中推行技能人才企业自主评价标准化体系建设，6家企业获省鉴定中心批复。引进上海博尔捷建设"沪浙人力资源服务产业园"，已有东方汇智等4家人力资源服务企业入园。

在资源要素差别化配置政策和土地、金融、科技、人才等要素集聚机制的引导下，新兴产业借势提速发展。2013年要素改革实施后，海宁市战略性新兴产业、高新技术产业和高端装备制造业增加值的占比每年以递增的态势发展。从2013年占全市规上工业增加值比重18.04%、19.18%、15.79%分别提升至2019年的30.8%、58.8%和33.8%，大大优化了海宁工业经济结构。

三、建立综合性要素交易市场

2013年9月，海宁市启动全省要素市场化配置综合配套改革试点，为配合试点工作顺利推进，更好发挥市场在要素配置中的决定性作用，提高要素市场化配置程度，根据要素交易的实际需要，2014年3月由原海宁市公共资源交易中心和海宁市排污权储备交易中心改制组建成立了浙江江南要素交易中心有限公司,作为海宁综合性要素交易市场和要素交易政府信用担保结算平台。2014年5月经省金融办备案,同年12月取得省国资委国有产权交易机构资格。浙江江南要素交易中心成为浙江唯一的企业性质的公共资源交易中心。

要素交易中心成立以来,在促进国有资产进场交易、规范要素交易流程、推进要素市场活跃方面发挥了积极作用。"十三五"期间,浙江江南要素交易中心交易总额为1705.6亿元。其中,土地一级市场成交额724.9亿元,土地二级市场成交额36.8亿元;限额以上工程招投标成交金额392.3亿元;政府采购成交额25.2亿元,其他进场采购成交额15.1亿元;国有产权交易额11.3亿元;农村集体产权交易额10.9亿元;排污权一级市场交易额1.7亿元,二级市场交易额4764万元;公款竞争性存放金额486.8亿元。

(一)构建市场化要素交易平台,实现资源要素全覆盖

为破除阻碍要素自由流动的体制机制障碍,更好地发挥市场在要素配置中的决定性作用,自2014年起,海宁按照"1＋X＋Y"①模式统筹建设综合性市场化要素交易平台。

1.打造一个综合性资源要素交易市场。海宁于2014年上半年撤销事业单位性质的海宁市公共资源交易中心,改制建立全市集中统一的资源要素专业交易平台浙江江南要素交易中心有限公司,把政府配置要素的权力交给市场,成为全省首个综合性企业化要素交易平台。通过企业化运作,工作人员人数由原有的25人减少到目前的15人,精减人员近一半,交易效率提升50％以上。

---

① 1个综合性资源要素交易市场,若干个资源要素专业市场,多个交易平台业务合作。

2.建立若干个资源要素专业市场。建立科技市场"淘科技"、金融服务市场、人才交易市场、企房云平台和涉审批中介市场等若干个要素专业市场，依托浙江大学国际联合学院、鹃湖国际科技城等平台，推动科技、人才、股权等要素充分配置，为资源要素市场化流动提供多要素、多类型、多元化的交易服务，每年开展咨询和交易服务超2万次。

3.开展与多个交易平台的业务合作。推进与长三角区域业务合作，与浙江产权交易所等专业机构深化战略合作，在规则协同、项目合作、信息共享、客户推荐等方面展开全方位交流，实现信息资源平台共享。成立浙江省股权交易中心海宁分中心，开展股权、债券及其他权益类产品的融资、转让等活动，为中小企业对接多层次资本市场提供服务。

(二)构建多元化要素交易平台，实现资源要素全进场

平台自运行以来，海宁大力推进各类资源要素进场交易，成为全省资源要素进场交易品种最齐全的交易平台之一，各类资源要素成交额达1928亿元。

1.推动国有资源要素应进尽进。编制全市国有(集体)要素资源交易目录，推进国有土地使用权、国有产权、非上市公司股权、排污权、用能权、公款存放、国有企业采购等要素进场交易，实现全市国有(集体)资源要素品种共5大类11小类70项全进场，有效优化国有资源配置效率，促进国有资源保值增值、防范廉政风险。

2.实现农村集体要素全部纳入。作为全国农村集体产权制度改革试点县(市)，海宁积极推行农村集体产权市场化交易改革，将全市农村集体产权特别是农村集体房屋租赁权，经村(社区)和镇(街道)申请、农业部门核准，由平台进行公开交易，农村集体产权租赁中普遍存在的长期合同、低价合同和关系合同等不规范、不合理问题得到消除。自 2015 年以来,共成交农村集体产权 1356 项、交易总金额 11.1 亿元,为村级集体增收达 4000 多万元,有效助推农村集体经济发展和农民增收。

3.引导社会民营资源要素进场交易。作为全省要素市场化配置综合改革试点县市,海宁建立工业企业亩产效益综合评价体系,引导民营企业工业用地、房产和排污权等社会资源进场交易,盘活土地和排污权二级市场交易。企业通过市场出让闲置土地、多余排污权等指标,也可通过市场购买超标排污权、用能指标,实现企业资源要素自由流动、"退低进高"。平台自运行以来,共交易民营企业项目 252 个、交易总额 46.86 亿元,其中,企业间土地交易额 45.76 亿元、排污权交易额 1.1 亿元。

(三)构建规范化要素交易平台,实现资源要素全保障

海宁市以制度化、标准化、数字化为抓手,打造"交易规范、公正透明、廉洁高效"的资源要素交易平台。

1.以制度化促规范化。完善各类资源要素进场交易制度,建立一个交易品种、一份规范性交易文件、一套交易流程规则的"三个一"要素交易运行机制,为各类要素安全交易、高效流转提供规范化制度保障。建立健全要素交易信息披露制度、管理制度、监督制度和部门联席会议制度,形成交易中心负责入市交易规则和电子监察、各主部门负责业务监管的运作机制,强化全流程监管,从源头上预防腐败。

2.以标准化促规范化。建立健全硬件(开评标场地管理标准、设备设施管理标准)和软件(窗口服务标准、交易流程标准、现场开评标服务标准、员工管理标准)等一系列交易服务标准,通过统一规范服务标准、交易场所,为市场各方提供优质的咨询和交易服务,服务满意率显著提高。

3.以数字化促规范化。以"最多跑一次"改革为引领,交易效率有效提升,2020年为各方主体节约交易成本4000万元以上。改变过去单一现场竞价的交易方式,研发集成交易信息发布、产权交易网上竞价、交易保证金网上收退和原路返还、资金结算、数据统计分析等功能的要素交易管理系统,在全省率先推出"交易平台网络端、微信平台移动端、自助服务终端"三位一体网上竞价交易方式,要素交易申请、受理、审批、竞价全流程网上流转,实现竞价人"一次不用跑"、中标人"最多跑一次"。启用招投标电子"不见面开标"系统,单个项目开标评标时间由半天缩短为半小时,中标结果网上公示,参与投标"一次不用跑"。

(四)试点工程建设项目招投标"评定分离"

作为全省首个"规范与创新招投标试点县(市)",在政府和社会资本合作模式项目,政府投资项目(含国有投资控股企业项目)限额以上施工、勘察、设计、监理、检测等服务类招标和电梯、空调、材料等货物设备招标试行评定分离,改变以往工程建设项目招标投标以得分最高者为中标者的评定办法,将评标委员会评标和招标人定标作为相对独立的两个环节予以分离,在此基础上招标人最终确定中标人。在试点期延长后,进一步扩大试点范围至施工项目,涵盖了"服务、设备、工程"等领域,并向水利与交通工程延伸。通过招投标"评定分离",进一步完善工程建设项目招标投标机制,落实工程建设项目"业主负责制",实现权责统一。"十三五"期间,共完成"评定分离"招标项目42个,中标价21.51亿元,招标人满意率达100%。

四、加快推进相关配套改革

为推进要素市场化改革,海宁市着重从深化行政审批制度改革和综合行政执法体制改革,改善制度供给,真正靠市场优化资源配置,不断优化经济社会发展环境。

(一)深化审批制度改革

1.清理审批事项。海宁市本级行政审批事项从上一轮 184 项(行政许可事项 164 项,非行政许可事项 20 项)减少到 131 项(行政许可事项 114 项,非行政许可事项 17 项),削减率达 29%。管理服务事项 207 项。承接省级行政许可事项 87 项,承接嘉兴市级行政许可及其他事项 79 项。

2.全面实施核准目录外企业投资项目不再审批改革试点(零审批)。作为全省四个试点县(市)之一,对负面清单外的工业项目实施零审批。28 个项目正式进入"零审批"项目库,其中,全省首个"零审批"项目敦奴时装产业园在内的 4 个项目已正式开工建设。出台并实施不再审批外投资项目全流程"六阶段"办法(准入、土地取得、立项、图审与施工许可、施工建设以及竣工验收等6 阶段)。

3.推行先照后证商事登记改革。海宁市率先推行先照后证商事登记改革,放宽市场准入,降低企业开办门槛,与企业、群众密切相关的烟草零售等 35 个行业推行先照后证;与以往不同的是,商事登记营业执照不再记载详细的经营范围,仅记载主营业务类型,同时,注册资本还实现了零首付。从多部门跑到跑一个部门,从前置审批到后置审批,不仅大大降低了创业的门槛,简化了前期审批程序,还改变了以往"重审批轻监管"的现状,实现"轻审批重监管"。实行商事制度改革以后,企业可以先办理营业执照,然后分阶段按照自己的意愿和市场的需求办理相关的证,大大降低了企业的机会成本,提高了企业的竞争力。

4.打造无收费城市。海宁市率先取消与行政审批相关的涉企、涉农行政事业收费,年为企业减负 2000 万元;取消房屋所有权登记费、组织机构代码证书收费等 14 项收费,涉企类行政事业性收费由 33 项减为 19 项,削减幅度达 42.4%。

(二)深化综合行政执法体制改革

海宁市较早开展综合行政执法改革。2013 年在许村镇开始试点,成立综合行政执法局,整合三方面 84 名人员组成一支执法队伍,20 个市级行政执法部门充分授权,开展联合执法,在实行先照后证、环评能评备案制等审改后,加强市场主体监管,完善许村镇行政执法局体制,理清了许村镇(行政执法局)行政权力清单,按照权力清单进一步强化镇局合一的管理体制,积极探索完善决策权、执行权、监督权既相互制约又互补协调的执法运行机制。在许村镇试点的基础上,海宁市综合行政执法改革突出重心下移、人员下沉,整合分散在多部门、多个执法队的执法事项,注重将人员力量向执法岗位和基层一线倾斜,进一步推动执法力量下沉,实现行政执法的"综合"和"下沉",构建简约高效的基层管理体制。近年来,海宁市不断深化"大城管""大执法"改革,完善基层四个平台和"部门专业执法+综合行政执法+联合执法"的机制,试点一支队伍管执法工作,着力构建条块结合、责任明晰的大执法体制。有效承接新划转职能,拓展"综合查一次""双随机、一公开"等执法模式,不断提升依法治理水平。

建立健全"综合查一次"执法模式。自 2020 年以来,海宁市以"服务零距离、检查不扰民"为目标,积极推动"最多跑一次"改革向执法领域延伸,紧扣城市管理和综合执法职能,规范和优化执法方式,实现不同职能领域、多个检查事项一次检查到位,提高靶向式管理力度,降低行政成本,优化营商环境,助推高质量赶超发展。以"互联网＋监管"为载体,助推智慧执法。以职责范围内重点行业领域、重点监管企业和执法人员为基础,依托浙江省行政执法监管(互联网＋监管)平台的"双随机、一公开"监管系统,建立执法检查对象和检查人员名录库。以梳理重点为手段,实行清单执法。梳理汇总各领域内生产经营单位信息及执法资源,突出重点领域、重点行业、重点环节和重点问题,通过征询主管部门意见,掌握了解被检查对象基本经营情况,结合工作方案的要求拟定检查重点及开展步骤。以规范执法为保障,强化闭环管理。积极推行行政执法全过程记录,实现执法全过程留痕,加强对"掌上执法"系统的运用,规范取证。合理确定年度随机抽查比例和频次,保证必要的抽查覆盖面和工作力度,防止检查过多和执法扰民。

第四节　构建更加完善的要素市场化配置体制机制

要素配置市场化改革是"十四五"期间改革的重要突破口。"十四五"期间,要继续坚持新发展理念,坚持深化市场化改革、扩大高水平开放,要抓住土地、人力、资本、技术、数据五大要素市场化改革的重点和难点,破除阻碍要素自由流动的体制机制障碍,扩大要素市场化配置范围,健全要素市场体系,推进要素市场制度建设,实现要素价格市场决定、流动自主有序、配置高效公平,为建设高标准市场体系、推动高质量发展、建设现代化经济体系打下坚实的制度基础。

一、推进土地要素市场化配置

一是建立健全城乡统一的建设用地市场。修改完善土地管理法实施条例，完善相关配套制度，制定出台农村集体经营性建设用地入市指导意见。全面推进农村土地征收制度改革，扩大国有土地有偿使用范围。建立公平合理的集体经营性建设用地入市增值收益分配制度。二是深化产业用地市场化配置改革。健全长期租赁、先租后让、弹性年期供应、作价出资（入股）等工业用地市场供应体系。三是鼓励盘活存量建设用地。充分运用市场机制盘活存量土地和低效用地，研究完善促进盘活存量建设用地的税费制度。四是完善土地管理体制。完善土地利用计划管理，实施年度建设用地总量调控制度，增强土地管理灵活性，推动土地计划指标更加合理化，城乡建设用地指标使用应更多由省级政府负责。实施城乡土地统一调查、统一规划、统一整治、统一登记。

二、引导劳动力要素合理畅通有序流动

一是深化户籍制度改革。推动超大、特大城市调整完善积分落户政策，放开放宽除个别超大城市外的城市落户限制，试行以经常居住地登记户口制度。建立城镇教育、就业创业、医疗卫生等基本公共服务与常住人口挂钩机制，推动公共资源按常住人口规模配置。二是畅通劳动力和人才社会性流动渠道。健全统一规范的人力资源市场体系，加快建立协调衔接的劳动力、人才流动政策体系和交流合作机制。进一步畅通企业、社会组织人员进入党政机关、国有企事业单位渠道。三是完善技术技能评价制度。创新评价标准，以职业能力为核心制定职业标准，进一步打破户籍、地域、身份、档案、人事关系等制约，畅通非公有制经济组织、社会组织、自由职业专业技术人员职称申报渠道。四是加大人才引进力度。

三、加快发展技术要素市场

一是健全职务科技成果产权制度。深化科技成果使用权、处置权和收益权改革,开展赋予科研人员职务科技成果所有权或长期使用权试点。强化知识产权保护和运用,支持重大技术装备、重点新材料等领域的自主知识产权市场化运营。二是完善科技创新资源配置方式。改革科研项目立项和组织实施方式,坚持目标引领,强化成果导向,建立健全多元化支持机制。支持有条件的企业承担国家重大科技项目。建立市场化、社会化的科研成果评价制度。三是培育发展技术转移机构和技术经理人。支持科技企业与高校、科研机构合作建立技术研发中心、产业研究院、中试基地等新型研发机构。支持高校、科研机构和科技企业设立技术转移部门。四是促进技术要素与资本要素融合发展。积极探索推动科技成果资本化。鼓励商业银行为促进技术转移转化提供更多的金融产品服务。五是支持国际科技创新合作。深化基础研究国际合作,组织实施国际科技创新合作重点专项,探索国际科技创新合作新模式,扩大科技领域对外开放。

四、加快培育数据要素市场

一是推进政府数据开放共享。优化经济治理基础数据库,加快推动各地区各部门间数据共享交换,制定出台新一批数据共享责任清单。研究建立促进企业登记、交通运输、气象等公共数据开放和数据资源有效流动的制度规范。二是提升社会数据资源价值。培育数字经济新产业、新业态和新模式,支持构建农业、工业、交通、教育、安防、城市管理、公共资源交易等领域规范化数据开发利用的场景。发挥行业协会、商会作用,推动人工智能、可穿戴设备、车联网、物联网等领域数据采集标准化。三是加强数据资源整合和安全保护。探索建立统一规范的数据管理制度,提高数据质量和规范性,丰富数据产品。研究根据数据性质完善产权性质。制定数据隐私保护制度和安全审查制度。推动完善适用于大数据环境下的数据分类分级安全保护制度,加强对政务数据、企业商业秘密和个人数据的保护。

五、加快要素价格市场化改革

一是完善主要由市场决定要素价格机制。完善城乡基准地价、标定地价的制定与发布制度,逐步形成与市场价格挂钩的动态调整机制。健全最低工资标准调整、工资集体协商和企业薪酬调查制度。二是加强要素价格管理和监督。引导市场主体依法合理行使要素定价自主权,推动政府定价机制由制定具体价格水平向制定定价规则转变。构建要素价格公示和动态监测预警体系,逐步建立要素价格调查和信息发布制度。三是健全生产要素由市场评价贡献、按贡献决定报酬的机制。着重保护劳动所得,增加劳动者特别是一线劳动者劳动报酬,提高劳动报酬在初次分配中的比重。全面贯彻落实以增加知识价值为导向的收入分配政策,充分尊重科研、技术、管理人才,充分体现技术、知识、管理、数据等要素的价值。

◆ 本章小结

土地、劳动力、资本、技术、数据等都是重要的生产要素。进入发展新阶段,我国的发展最终要靠改革创新,而改革创新的重点是扫除那些制度性障碍,包括要素市场配置的体制和机制问题,着力推进土地、劳动力、资本、技术、数据等要素实现市场化配置。走在改革前沿的浙江省,2013年率先在海宁市开展的要素市场化改革,通过建立以亩产绩效综合评价为主要内容的差别化要素配置机制,建立健全土地、金融、科技、人才等要素节约集约利用机制和要素交易市场,激发各类市场主体创新活力,对我国要素市场化改革探路。"十四五"期间,浙江要抓住土地、劳动力、资本、技术、数据等五大要素市场化改革的重点、难点,破除要素自由流动的体制机制障碍,建设高标准市场体系、推动县域经济高质量发展。

◆◆ **思考题**

1. 为什么海宁市要率先推进要素市场化改革?

2. 在高质量发展阶段,土地要素市场化改革还存在哪些瓶颈?请结合实际,谈谈如何突破这些瓶颈?

3. 数据要素市场化改革存在哪些挑战? 结合实际,谈谈如何推进数据要素市场化改革?

◆◆ **拓展阅读**

1. 郑永年,黄彦杰. 制内市场:中国国家主导型政治经济学[M]. 邱道隆,译. 杭州:浙江人民出版社,2021.

2. 林毅夫. 新结构经济学:反思经济发展与政策的理论框架(增订版)[M]. 苏剑,译. 北京:北京大学出版社,2014.

3. 吴敬琏. 中国增长模式抉择[M]. 上海:上海远东出版社,2008.

要坚持以创新、协调、绿色、开放、共享的发展理念为引领,以人的城镇化为核心,更加注重提高户籍人口城镇化率,更加注重城乡基本公共服务均等化,更加注重环境宜居和历史文脉传承,更加注重提升人民群众获得感和幸福感。要遵循科学规律,加强顶层设计,统筹推进相关配套改革,鼓励各地因地制宜、突出特色、大胆创新,积极引导社会资本参与,促进中国特色新型城镇化持续健康发展。

——习近平总书记对深入推进新型城镇化建设的重要指示①

第八章　撤镇设市与县域治理的龙港样本

◆◆ **本章要点**

1.新型城镇化是以城乡统筹、城乡一体、产业互动、节约集约、生态宜居、和谐发展为基本特征的城镇化,是大中小城市、小城镇、新型农村社区协调发展、互促共进的城镇化。

2.龙港作为全国首个"镇改市",承担着全国新型城镇化综合改革的探路使命,龙港"新型设市"模式采取"大部制"架构,按照"党政机构合一、职能相近部门合并和打破上下对口"的原则,推动机构合并重组。龙港按照"政府可转移、社会力量可承接"的原则,以政府"权力清单"为边界,积极探索多元化公共服务供给模式,加快政府职能向社会转移,推动政府管理向核心职能集中,努力打造"小政府、大服务"高效运转模式,为破解"人少事多"困境作出了有

---

① 坚持以创新、协调、绿色、开放、共享的发展理念为引领　促进中国特色新型城镇化持续健康发展[N].人民日报,2016-02-24(1).

益的探索。

3.在夯基垒台、立柱架梁、改革破题的基础上,龙港坚持以数字化改革为牵引,以"大部制＋扁平化＋整体智治"系统集成改革为抓手,以"双十项目"为载体,以项目化的方式,围绕新型行政管理体制改革、"全域整体智治"改革、新型基层治理体制改革、新型城镇化发展动力改革等领域,组织开展"改革攻坚深化年"专项行动,打造具有辨识度和显示度的标志性改革成果。

新型城镇化是以城乡统筹、城乡一体、产业互动、节约集约、生态宜居、和谐发展为基本特征的城镇化,是大中小城市、小城镇、新型农村社区协调发展、互促共进的城镇化。在新发展阶段,城市作为带动我国经济社会发展和现代化建设的重要引擎,其发展质量决定全社会能否实现高质量发展。小城市是我国城市体系中不可或缺的一部分,也是城市高质量发展的重要实验场所。浙江龙港实现从"农民城"到"镇改市"的"华丽蝶变",为完善国家城市化体系和新型城镇化新路径提供了实践样本。

第一节　新型城镇化对新型市制改革的新要求

党的十八大以来,以习近平同志为核心的党中央始终坚持以人民为中心的发展思想,积极推进以人为核心的新型城镇化。新型城镇化在解决新时代我国社会主要矛盾、满足人民日益增长的美好生活需要、推动经济高质量发展等方面的作用日益显现,已经成为全面建成小康社会、全面建设社会主义现代化强国的重要驱动力量。

新发展阶段,国家对新型城镇化提出了新要求,要紧紧围绕全面提高城镇化质量,加快转变城镇化发展方式,以人的城镇化为核心,有序推进农业转移人口市民化;以城市群为主体形态,推动大中小城市和小城镇协调发展;以综合承载能力为支撑,提升城市可持续发展水平;以体制机制创新为保障,通过改革释放城镇化发展潜力,走以人为本、四化同步、优化布局、生态文明、文化传承的中国特色新型城镇化道路,促进经济转型升级和社会和谐进步。同时,新型城镇化对县域治理也提出了新要求。要求顺应城市社会结构变化新趋势,创新社会治理体制,加强党委领导,发挥政府主导作用,鼓励和支持社会各方面参与,实现政府治理和社会自我调节、居民自治、良性互动。坚持依法治理,加强法治保障,运用法治思维和法治方式化解社会矛盾。坚持综合治理,强化道德约束,规范社会行为,调节利益关系,协调社会关系,解决社会问题;坚持源头治理,标本兼治、重在治本,以网格化管理、社会化服务为方向,健全基层综合服务管理平台,及时反映和协调人民群众各方面、各层次利益诉求。加强城市社会治理法律法规、体制机制、人才队伍和信息化建设。激发社会组织活力,加快实施政社分开,推进社会组织明确权责、依法自治、发挥作用。

党的十九届五中全会通过的《中共中央关于制定国民经济和社会发展第十四个五年规划和二〇三五年远景目标的建议》,进一步提出"推进以人为核心的新型城镇化"和"推进以县城为重要载体的城镇化建设",要求高水平构建大中小城市协调发展的城镇化格局,高质量推进农业转移人口市民化,高标准建设面向未来的现代城市,高层次打造以现代产业为支撑的创新型城市,高起点推动城乡融合发展,高效能推进城市治理体系和治理能力现代化。

事实上，2016 年《浙江省新型城市化发展"十三五"规划》就提出要培育新生小城市。以特大镇、小城市培育试点为重点，培育一批新生小城市。扎实推进小城市培育工程，建立健全省、市、县三级培育管理体系，赋予强镇与人口和经济规模相适应的县级管理权限，不断提高人口集聚、经济发展、公共服务、社会治理、创新创业能力，加快实现由镇向城转变。差别化推进中心镇建设，突出特色发展和转型提升，有力带动农业现代化和农民就地、就近城市化，加大政策支持和要素保障力度。

龙港"撤镇设市"在 2014 年开始启动。2014 年底，国家发展改革委等 11 部门印发《关于开展国家新型城镇化综合试点工作的通知》，首批新型城镇化综合试点方案包括江苏、安徽两省和宁波等 62 个城市（镇），含计划单列市、省会城市、地级市、县级市（县、区）、部分建制镇，其中涉及的两个镇是龙港镇和吉林安图县二道白河镇。龙港被赋予"镇区人口 10 万以上的建制镇开展新型设市模式试点"的任务。被列入国家新型城镇化试点"撤镇建市"的镇，将被赋予县级城市权利。试点工作取得显著成效：一是构建了大部制的组织架构；二是建立了扁平化的管理体制；三是基本具备了县级管理能力。"大部制"改革要以效果为导向，加强能力建设，理清权力清单，完善组织构架，实现"降低成本、严控人员、提高效能"的改革目标。而城市发展主要是通过"放大事权、扩大财权、改革人事权、保障用地"等几个方面来实现，同时在城市规划、产业转型、公共服务、人居环境、体制改革等方面实现"小政府、大社会"的新突破。

浙江省新型城镇化发展"十四五"规划进一步明确，要推进全面实施以人为核心、高质量为导向、面向现代化的新型城镇化战略,推动城镇化空间布局和形态持续优化、农业转移人口全面融入城市、城市更加健康安全宜居、城市产业加快创新转型、城市治理体系和治理能力现代化、城乡融合发展水平不断提升,努力打造城镇协调发展的标杆地、城乡融合发展的样板区。规划还提出要深化龙港新型城镇化综合改革。谋深做实龙港撤镇设市改革"后半篇"文章,深化完善"大部制＋扁平化"改革,开展相对集中的行政许可权改革,建立简约高效的行政管理体制。以数字化改革带动政府、经济和社会各领域转型,积极探索"市管社区、高能治理"的模式,加快建设成为全域整体智治示范城市。稳妥有序开展全域土地综合整治、宅基地制度改革试点,积极探索农村宅基地跨社区安置制度。努力把龙港市建成全国新型城镇化改革策源地、基层治理样板区、高质量发展新高地。

第二节 龙港撤镇设市改革的背景和实施方案

一、撤镇设市改革的背景

龙港市地处温州南部,位于浙江八大水系之一的鳌江入海口南岸、东海之滨,处于长三角经济区、海西经济区两大国家战略的交汇处,南北毗邻苍南、平阳两个人口大县。龙港于 1984 年建镇,是国家新型城镇化综合试点镇、全国小城镇建设示范镇、全国小城镇综合改革试点镇、全国文明镇、浙江省小城市培育试点镇、浙江省生态镇、浙江省园林镇、浙江省城乡统筹现代商贸服务示范镇、温州市强镇扩权改革试点镇。

龙港市是改革开放的产物。建镇之初,从 5 个小渔村 8000 多人起步,在全国率先推出户籍制度、土地有偿使用、发展民营经济

"三大改革"之后,人口迅速聚集,解决了城镇建设资金的问题,被海内外誉为"中国农民自费造城的样板"。1995 年,龙港被国家有关部委确定为全国小城镇综合改革试点,在行政管理体制、财政管理体制、计划管理体制、户籍管理体制、工业管理体制、城镇建设和管理体制、教育体制等七个方面进行了改革;2009 年,龙港市被列为温州市 5 个强镇扩权改革试点镇之一;2010 年,龙港被列为浙江省首批小城市培育试点镇。2014 年,试点方案规定了龙港市试点的任务是:通过 3 年左右的努力,探索建立职能分工合理、行政层级优化、管理机构精简、行政成本降低、行政效能提高、公共服务改善、治理能力提升的新型设市模式。

龙港为什么能"撤镇设市"? 原龙港镇隶属温州市苍南县,面积 183.99 平方公里,2018 年常住人口 37.87 万,2018 年实现生产总值 305 亿元,财政总收入占苍南县的 40%,达 24.6 亿元。无论从人口规模,还是经济总量来说,龙港早已经不是一个"镇"那么简单,无论是经济实力还是人口规模都早已与镇级行政级别不匹配。龙港的"尴尬"处境绝不是个例。在中国,十万人口以上的镇有 54 个,其中,非县级城市有 32 个,这些镇基本上都位于珠三角、长三角等经济发达地区。而建制镇体制常使其受困于"小马拉大车",这是中国城镇化进程中一个不合理情况。

过去 40 年,中国的城镇化率以每年超过 1% 的速度提升,2020 年,常住人口城镇化率达 63.89%。按照城镇化发展趋势,2035 年将有 3.5 亿多人转到城市,届时该如何使城市的数量和城市化的人口更为匹配? 城市的规模如何能形成更协调、更合理的体系和布局? 除了现有的 670 个城市,思考未来 2 亿多的农业转移人口安置问题,是破题构建新型城镇化格局的关键。

而龙港的撤镇设市恰逢其时地提供了一个解题思路。龙港——全国第一座由农民集资建设的农民城，在建镇以来的 35 年里，户籍改革、土地改革、财政与行政体制方面的"强镇扩权"、权力收回等轮番上演，使其成为中国城镇化建设和中国城市管理体制的"试验田"，也为如何激发中小城市活力、推进低成本城镇化提供了一个样本。

二、撤镇设市改革的意义

在新中国成立 70 周年前夕，龙港实现从"农民城"到"镇改市"的转型提升，是新型城镇化高质量发展的标志性事件。龙港撤镇设市是党中央、国务院作出的一项重要决策，是尊重人民首创精神、以人民为中心发展思想的具体体现，是浙江"'八八战略'再深化、改革开放再出发"的创新之举，是践行习近平总书记对温州"续写创新史"期望的重大举措。龙港撤镇设市为进一步完善国家城市化体系和拓展城市化新路径提供了温州实践。

龙港"新型设市"模式采取"大部制"架构，按照"党政机构合一、职能相近部门合并和打破上下对口"的原则，推动机构合并重组，仅保留 15 个党政部门，与省内同类县（市）相比，机构数量减少了约 60%。平均 1 个机构对应约 3 个党政机关职能部门，行政人员数量约为同等规模县市的 40%，因此，新生的龙港市不同于大中型城市和普通的县级行政区域。一年来，龙港按照"政府可转移、社会力量可承接"的原则，以政府"权力清单"为边界，积极探索多元化公共服务供给模式，加快政府职能向社会转移，推动政府管理向核心职能集中，努力打造"小政府、大服务"高效运转模式，为破解"人少事多"困境作出了有益的探索。

三、撤镇设市的实施方案

从 2014 年 12 月作为开展国家新型城镇化综合改革试点,到 2019 年 8 月 16 日正式获批成立县级龙港市的近五年时间里,龙港经历了一系列的顶层设计。

2014 年 12 月,作为全国首批仅有的两个镇级国家新型城镇化综合试点之一,龙港开启了新一轮的"扩权"改革,旨在完成大部门制改革、建立扁平化管理体制、顺利承接县级权限。经过四年多的努力,龙港试点工作取得显著成效。一是构建了大部制的组织架构;二是建立了扁平化的管理体制;三是基本具备了县级管理能力。

2017 年 6 月,龙港开始编制龙港撤镇设市改革方案,经温州市政府常务会议审议通过后上报浙江省委、省政府。2018 年 5 月,浙江省政府将方案上报至国务院。《温州市苍南县龙港撤镇设市行政区划调整总体实施方案》(以下简称《实施方案》)提出撤销苍南县龙港镇设立县级龙港市,以原先龙港镇的行政区域为龙港市的行政区域。新成立的龙港市由浙江省直辖,温州市代管。《实施方案》要求龙港撤镇设市要以城市治理体系和治理能力现代化为导向,以推进机构职能优化协同高效为着力点,以大部门制、扁平化改革和城市能级提升为重点,在龙港镇国家新型城镇化综合试点方案批准的实施范围内,探索建立机构最精、层级最少、职能最优、成本最低、效能最高、责权利相统一的精简高效创新的新型设市模式,并以优化区域空间布局,促进资源要素合理配置,更好发挥城市功能作用为目标,打造新型城镇化综合改革的样板。

《实施方案》提出龙港撤镇设市要坚持精简高效的原则。按照精简、统一、效能的原则,坚持大部门制、扁平化、低成本、高效率设市。以"最多跑一次"改革为牵引,实行党政机构融合,推行大部门制,打破"条条对口",优化党政机构设置,提高行政效能;探索建立"市管村居、分片服务"的基层管理体制,实行扁平化、网格化管理,推进治理重心下移、力量下沉、职能下延,建立高效运行的行政和社会管理体制,推进治理体系和治理能力现代化。

在政策措施方面,《实施方案》提出要以将龙港市建设成温州市场化建设引领区、基层治理改革创新实践区、民营经济创新发展示范区为目标,进行统筹谋划,打造国家新型设市样板。要编制规划好龙港市与苍南县协同发展方案、资源共享方案,促进两地高质量发展。要积极争取区划调整过渡期优惠政策,尽快在龙港市内建立完善金融、电力、邮政、电信等公共服务部门的县级架构。要优先支持龙港市、苍南县将用地管理、土地收储、出让的权限和收益留在龙港市、苍南县,以便在下一轮规划修编或调整时保留适度的用地建设规模,预留发展空间。要使龙港市在项目审批方面享有县级市管理权限,提高行政效能。

2019 年 8 月,《实施方案》获党中央、国务院批准,龙港成为全国第一个"镇改市"。浙江省人民政府正式发布通知:经国务院批准,民政部复函浙江省人民政府,同意撤销苍南县龙港镇,设立县级龙港市,以原龙港镇的行政区域为龙港市的行政区域。龙港市由浙江省直辖,温州市代管。《关于开展国家新型城镇化综合试点工作的通知》要求坚持以习近平新时代中国特色社会主义思想为指导,深入贯彻党的十九届四中、五中全会、习近平总书记考察浙江重要讲话精神和省委十四届八次全会精神,坚持以数字化改革为总牵引,坚持问题导向、效果导向,强化党建引领,强化部门力量下沉、重心下移、协同联动,强化"四治融合""三社联动",实现服务关口前移、问题一线化解,确保"扁平化"改革不走样、服务治理功能高效落地,高质量实现"扁平化"基层治理改革目标,努力形成一批具有全国示范意义的基层治理实践成果、制度成果、理论成果,为龙港打造"全国基层治理改革创新实践区"提供坚强保障。

第三节　龙港市撤镇设市改革的主要内容

龙港因改革而生、伴改革而长,是全国首个"镇改市",是新型城镇化综合改革的国家"实验室"。2020 年 9 月 25 日,龙港市成立大会胜利召开,浙江省委、省政府主要领导为龙港市委、市政府揭牌,标志着全国最年轻的城市——龙港市正式扬帆起航。

龙港作为全国首个"镇改市",承担着全国新型城镇化综合改革的探路使命,承载着习近平总书记的亲切关怀和殷切嘱托。龙港市成立一年来,紧扣龙港第一次党代会提出的"一区五城"战略目标("一区"就是把龙港建设成为国家新型城镇化综合改革示范区,"五城"就是以打造活力创新城、高端产业城、现代智慧城、幸福宜居城、平安善治城为主攻点,努力建设成为温州大都市区南部中心城市),全市全力以赴抓开局,凝心聚力创新局,经受住了开局组建、疫情防控、改革破题等多重压力和考验,主要经济指标逆势上扬,呈现良好发展态势。

改革是龙港最鲜明的特质,也是最重要的使命。龙港坚定扛起"领跑者、探路者"的职责使命,紧扣"大部制、扁平化、低成本、高效率"的要求,持续推进 37 项重点改革项目,努力形成一批具有"窗口"标准、富有龙港特色的重大标志性成果,全力打造全国新型城镇化综合改革"示范窗口"。

一、持续优化大部制高效运行新机制

"大部制"是龙港新型设市模式的主要特色和亮点,龙港以"模块化改革"为重点,以"一张清单转职能改革"为纽带,以"审批执法改革"为两翼,以干部人事制度改革为抓手,全力深化"大部制"改革,科学构建权责统一、分工合理、执行有力的"大部制"行政体制,实现高效能县域治理,打造国家新型城镇化综合改革示范区。

(一)推进大科室模块化改革

一是探索建立"6+14+N"组织架构体系。大力推进内设机构跨部门多职能同类业务集成,即将市经济发展局对应的省市部门90多个处室的职能归并到 6 大系统 14 个科室 N 个应用模块,具体为综合协调系统、大工业系统、大商贸系统、大规划系统、统计系统、民生保障系统。二是推行科室模块小组制。每个科室原则上设 2～3 个模块小组,每个模块设置一个专业骨干岗和两个综合服务岗,实现管理与服务"前后台"互联。三是明确模块运行责任。按照"谁主责,谁牵头"的原则,将所属事项对应到相应模块组长,以"模块+岗位"的形式向上级部门与同级单位进行对接明确各项常规工作和重大事项对接负责人。同时,科长负责科室层面工作兜底,视任务量及紧急程度调配具备业务专长"兼职"科员(跨模块、跨科室),组建某项具体工作专班,打破科室、模块壁垒,形成工作合力。四是建立模块差异化考评机制。建立以"业务分(岗位赋分、模块评分、科室积分)+作风分"为主要内容的干部综合双考评体系。聚焦绩效管理环节,试行干部差异化待遇,实行科室全员聘任、双向选择,科室之间、干部之间绩效奖金要强制性拉开较大差距,营造"能者上,劳者得"的干事氛围。

（二）深化"一枚印章管审批"和"一支队伍管执法"改革

审批改革方面，通过减窗口和转职能提高行政审批效率。一是减窗口。通过设置综合窗口受理、推广掌办、网办等举措，将大厅服务窗口从投用之初的近 160 个减少至 105 个。二是转职能。结合前期施工图审查外包服务运行情况，推进投资项目审批综合审查服务整体外包。执法改革方面，一是推动职能划转和下放。在 26 个联情工作站、102 个网格中配置入格执法人员 123 名（其中有执法证的 80 人），梳理出 42 项拟下放联勤工作站执法事项，推动执法监管力量下沉，明确网格工作职责。二是加强执法规范化建设，制定出台《行政处罚案件审理制度》《行政执法公示制度》《行政案件办理程序规定》等 23 个有关执法办案、办件方面的规章制度，汇总归纳 10 余种执法常用的各类法律文书，编制下发执法指导手册，形成统一的办案流程、执法文书，推进综合行政执法的法治化、制度化、规范化、程序化。三是加强执法队伍建设。强化审批执法监管信息协同传导方面，首先明确审批、执法、监管职责边界，审批方面已草拟涉及审批的 5 个部门间工作协调机制。执法方面已拟订《龙港市第一批划转行政执法事项职责边界清单》报市政府审核，共涉及 19 个领域 1079 项事项的职责边界。其次在明确职责边界基础上，依托数字化管理，统筹谋划建立"互联网＋政务服务""互联网＋监管"平台，实现审批、执法、监管三者联动的系统性、全面性、即时性和互动性，促进工作有效衔接。

（三）推进政府购买服务综合改革和"一张清单转职能"改革

龙港市财政局印发《龙港市政府向社会力量购买服务指导性目录（2021 年度）》，目录共分一级 6 类、二级 47 类、三级 173 类，其中三级较 2020 年新增加 7 类，市委组织部印发《关于要求报送

2021年龙港市政府职能向社会转移清单和实施方案的通知》，指导各单位对第一批职能事项进行动态调整，并梳理出 2021 年拟新增的事项，各单位已完成事项报送，拟删减第一批目录 13 项，拟新增事项 34 项，目前已对事项进行初审。同步也对各部门职能转移的实施情况进行汇总摸底，为后续加强政府职能转移执行监管、开展政府职能转移效果评估工作做好准备。截至 2020 年第一批目录154 项中 77 个事项已向社会转移，共有 16 家社会组织、56 家企事业单位、6 家院校承接。

二、不断完善扁平化基层治理新模式

基层治理综合改革是龙港改革最核心的内容之一，龙港坚持以打造高效能治理的"全国标杆"为目标，以基层治理扁平化、社区化、网格化、信息化"四化"集成改革为路径，建立市领导责任捆绑挂钩联系工作机制，打造"三五成群、就近响应"的网格运行机制，全力做强社区、做实网格、做优服务，努力通过大网格实现对社区直接管理，通过片区社会服务综合体实现对老百姓的就近服务，通过信息化、智能化实现整体智治，不断完善"市管社区、分片服务、智能高效"的基层治理新模式。

（一）建立市领导"1＋5"责任捆绑挂钩联系工作机制

市领导兼任片区党工委第一书记，与片区、社区责任捆绑，实现"一竿子插到底、一道令落到底"的工作机制。全面启动 9 大片区社会服务综合体建设，设立党建服务、综合执法、市场监管、综治服务、便民服务等 5 个服务模块，职能部门 1/3 以上力量下沉，构建"部门下沉服务、社会组织承接服务、社区干部和网格员全员服务"的集成服务新模式。围绕农村社区化，龙港完成了全域"村改社区"工作，探索建立社区主职干部由市委直接管理、社区干部职业化、党员干部社区志愿服务积分制、社区问题直通车制度等新机制。同时,为进一步完善"市管社区、组团服务、智能高效"的基层治理体系,2020 年 3 月 12 日,龙港启动"扁平化"改革 2.0 版,撤销了 9 大片区,成立了 26 个社区联合党委和社区联勤工作站,真正实现了市直管社区的"扁平化"管理。

(二)推进全域智慧社区创建

按照"一社一品"要求,推进全域智慧社区创建,加快社区志愿服务站建设,因地制宜、分门别类打造托育养老、健康服务、消防安全、出租房管理等不同特色智慧应用的社区品牌,努力实现"一站服务解民忧"。围绕全域网格化。将全市划分为 32 个大网格、103 个全科网格,按照"一格多元、一员多岗"的管理要求,整编部门下沉力量与社区所有人员入格,形成"三五成群"的基层服务管理工作机制,实现 90% 以上事项在网格一线解决。2021 年已成功化解历史遗留信访积案 65 件,生产安全事故起数、刑事治安警情同比大幅下降。围绕管理信息化。深入实施县域"整体智治"改革,积极开展"大部制＋扁平化＋整体智治"县域集成改革省级试点,大力推进智慧城市建设,率先实现全国第一个全域 5G 网络全覆盖,城市大脑一期项目投入运行,在智慧交通、智慧政务、智慧城管等领域实施一批场景化多业务协同应用,基本形成"一个大脑管治理"的运行模式。

三、努力开创经济高质量发展新局面

始终坚持用改革的思路、创新的办法解决问题、推动发展,加快实现龙港从"镇"到"市"的跨越。2020 年,全市地区生产总值 316.4 亿元,同比增长 4.4%,增速居温州第四;财政总收入 25.33 亿元,一般公共预算收入 17.05 亿元,城乡居民人均可支配收入分别达到 55298 元和 29656 元。

(一)加快新旧动能转换和培育"四新"经济

坚持"两手都要硬、两战都要赢",出台"32＋8＋8"系列帮扶政策,刚性兑现惠企政策资金 3.2 亿元,向上争取稳企各类专项贷款近 4 亿元,成功实现"疫情防控率先突围、生产生活率先恢复"的目标。

龙港市积极实施制造业高质量发展"三百三新"行动计划和企业培育"龙腾计划",加快传统产业转型升级,大力发展战略性新兴产业,逐步形成"4161"工业空间布局,即规划面积 7698 亩的城东、城西、示范、临港 4 大传统工业功能区,规划面积 4182 亩的彩虹、黄河、天成等 16 个小微园,创建 1 个以印刷产业创新服务综合体为核心、以小微园为基础的省级印艺特色小镇。截至 2020 年底,龙港市共有工贸企业 11874 家,其中,规上(限上)企业 409 家,产值超亿元企业 34 家,高新技术企业 47 家,省科技型中小企业 349 家,省级企业研究院 3 家,省级高新技术企业研究开发中心 7 家。2020 年,为应对新冠肺炎疫情,龙港市因势利导,扶持发展熔喷布及口罩行业,上半年,熔喷布及口罩行业产值已超 20 亿元。

同时,龙港市大力推进数字经济"一号工程",积极发展"四新"经济,升级时尚消费、发展夜间消费、创新文旅消费。深入开展谋大招强攻坚行动,有序推进医疗卫生材料产业园、印刷材料交易市场、现代物流园区、总部经济园等"强链补链"项目。总投资 330 亿元"双招双引"项目集中签约,落地 50 亿元以上项目 4 个、20 亿元以上制造业项目 1 个。

(二)加快创新平台建设

对标"万亩千亿"产业平台,加快龙港新城省级经济技术开发区申报,探索开发区管理体制改革。加快推进省级印艺小镇建设,整合提升印刷产业创新服务综合体,新竣工小微园 6 个 153 万平方米,入驻小微企业 1000 多家。健全与苍南区域协同发展体制机制,深化与龙湾(高新区)战略合作,推进温州高新区龙港分园建设,落地首批产业项目 3 个,着力打造区域一体化发展强强联合、优势互补的示范标杆。以新时代"两个健康"先行区实践基地创建为契机,加快推进经济领域商协会改革,举办首届创业创新大赛,不断优化提升营商环境,激发创业创新活力。

创新平台建设推动平台能级跨越发展。2020 年 5 月,温州高新区龙港分园挂牌,龙港市与龙湾区开展区域战略合作,充分发挥双方比较优势,以科技创新为龙头,以产业园为载体,破解瓶颈制约,提升产业层次,进一步促进龙港产业高质量发展。同时,龙港市整合龙港新城与湖前、龙江两大片区,申报省级经济开发区,优化提升现代印刷、绿色纺织、新型材料三大主导产业,形成三个百亿级产业集群;培育发展新能源、高端装备制造、生命健康三大战略性新兴产业;打造智慧物流、电子商务、现代金融三大生产性服务业,形成"3+3+3"的产业体系,打造国内一流的先进制造业基地。

(三)经济高质量发展效果显著

自 2020 年以来,龙港市坚持以人民为中心,实施高质量发展战略,努力谱写社会经济发展新篇章。特别是面对突如其来的新冠肺炎疫情,龙港市坚持一手抓疫情防控,一手抓经济发展,牢牢把握国家重大专项债券、土地审批权下放、新开工项目用能保障等政策窗口期,实现"疫情防控率先突围、生产生活率先恢复"。发展主体不断壮大。全面实施制造业"三百三新"行动和民营企业"龙腾计划",新增市场主体 13298 家、"专精特新"培育企业 150 家、

"小升规"企业 56 家、"隐形冠军"培育企业 2 家、"品字标"企业 3 家、A 股上市辅导企业 1 家。创新动力更加强劲。实施科技企业"双倍增"行动,新增高新技术企业 27 家、省科技型企业 149 家、省级企业研究院 1 家、省级研发中心 2 家、市级研发中心 19 家。实施企业智能化技术改造,完成技改项目 72 个,新增工业"机器人"98 台,工业技改投资同比增长 42.5%。出台"人才优政"50 条,引育高层次人才 31 人。平台建设提质升级。成功获批省级经济开发区,设立温州高新区龙港分园,省级特色小镇建设提速推进。签约共建浙江理工大学龙港研究院、北京印刷学院产业学院,推动产学研用深度融合。龙港新城重大产业平台发展指标考核在全市名列前茅,8 项指标中有 5 项位列第一。

四、着力构建城乡一体化发展新格局

改革有没有实效,归根到底要看有没有取得发展实绩,老百姓有没有获得感。龙港始终坚持以人民为中心,按照一体规划、同等标准、全域覆盖的要求,大力推进城乡一体化改革,加速实现全域城市化、农村社区化、就地市民化。

(一)推动城乡一体化建设

龙港从最硬的骨头啃起,对准历史遗留的难点、群众关心的热点、城市发展的重点,全域创建未来社区、未来城市,新老城三条连接线、文卫路拓宽、下涝未来社区等重点项目征迁全面推进,拆除房屋 2200 多间。积极推动宅基地(农房)市域流转改革试点,争取让大量的沉睡资产变发展资本。龙港从最弱的短板补起,加快实施重大项目 100 个,全面启动公共服务中心、龙湖公园、新人民医院等龙港设市十大标志性项目。全面对接温州全国性综合交通枢纽建设,全力推进南连高速、209 省道等重大交通项目,打通区域交通"微循环",加快形成高效便捷、内外通达的交通网络。积极探索联合办学、联合办医新模式,与温州医科大学附属第一医院达成托管合作,挂牌成立温州医科大学附属第一医院龙港院区。

加快推进全域人口市民化,以"龙港没有外地人"为导向,全面放开落户限制,推行公共资源和公共服务均等化。龙港从最基础的环境抓起,高品质推进全域环境改造,持续加强城市精细管理,加大市区道路交通秩序严管整治力度,全面启动片区街区综合整治,创成"美丽田园"4.5万亩,4大入城口形象显著提升,城市面貌得到有效改善。实施全市域土地综合整治改革,启动首批3个土地综合整治项目,进一步优化国土空间布局,构建土地高效利用的体制机制。

(二)提升城乡公共服务一体化水平

一是教育基础明显提高。加强师资队伍建设,提升教育质量和办学水平。委托温州城乡规划设计院对龙港市从学前教育到高职院校一体化发展进行总体规划,统筹优化全市范围的教育设施布局;加快推进校园改造提升,启源小学附属幼儿园等三所公办幼儿园成功结顶;康乐世纪幼儿园完成室内项目施工;谋划落地龙港市中高职一体化项目,龙腾小学、世纪中学、彩虹幼儿园等教育重点项目。

二是医疗服务水平显著提升。2020年6月,龙港市与温州医科大学附属第一医院签署智联合作协议,温州医科大学附属第一医院龙港院区挂牌,温州医科大学附属第一医院全面托管龙港市人民医院,全面推进龙港医疗专业人才培养、重点专科建设、医疗服务能力提升;高质量推进高水平医院建设,加快构建优质高效的医疗卫生服务体系。

三是社会保障体系不断完善。谋划开展"百名干部进百村"和"百企帮百村"活动，建立健全低收入农户一户一策一干部机制，健全"两不愁三保障"明细账户，实行清单式管理，精准帮扶到户；整合产业扶贫资金，引导 7 个村投入折股量化扶贫资金 160 多万元，撬动各种资本投入共 700 万元，带动低收入农户 64 户，人均增收 2000 元；开展产业扶贫服务，扶持来料加工点 20 个，保障和增加低收入农户收入来源，使得低收入农户由原来的 4455 户 9131 人降至 2021 年 3 月的 3508 户 6861 人。

（三）城镇化水平显著提高

近年来，龙港市城镇规模不断扩大，城镇化进程持续推进，城镇化率不断提升。2020 年，龙港市常住人口为 46.5 万人，较 2019 年人口增加 19.6％。2020 年，城乡居民人均可支配收入分别达到 55298 元和 29656 元。撤镇设市后，龙港调整完善户口迁移政策，加快推进户籍制度改革，加大基础设施项目建设投入，城镇人口容量持续扩大，甬台温高速复线、鳌江四桥等对外交通相继通车，鳌江流域的中心城市建设进程不断加快；成为全国首个 5G 网络全域覆盖县域，通信设施不断发展完善；4 大入城口和 12 条片区主街区综合整治全面启动，城市面貌不断改善提升；文卫路拓宽工程、新老城连接线工程、下涝未来社区建设工程、城中村清零工程相继推进，城镇现代化水平加速提高。

第四节　持续推进县域治理体制机制改革

"十四五"是龙港开启新征程的第一个五年规划。在夯基垒台、立柱架梁、改革破题的基础上，龙港要坚持以数字化改革为牵引,以"大部制＋扁平化＋整体智治"系统集成改革为抓手,以"双十项目"为载体,以项目化的方式,围绕新型行政管理体制改革、"全域整体智治"改革、新型基层治理体制改革、新型城镇化发展动力改革等领域,努力打造具有辨识度和显示度的标志性改革成果。

一、持续完善新型市制模式

一是聚焦重点。深入开展"改革深化年"行动,一方面推进"十个一"制度全面深化,一支队伍管执法、一枚印章管审批、一张清单转职能等改革,做到全落地、真运行,确保见成效、出经验;另一方面,聚焦发展所需、基层所盼、民心所向,以数字化改革为引领,全力推进整体智治、全域土地综合整治、农村宅基地制度、城市管理市场化等十大重点改革突破项目,全面提升改革综合效能,不断增强人民群众获得感、幸福感、安全感。

二是打造亮点。坚持"全省示范、全国领先"为标准,以全域示范为目标,以"大部制、扁平化、低成本、高效率"为核心,以"整体智治"为抓手,每个单位都扎实推进和提升一批有原创性、引领性、示范性的工作和项目,打造一批示范样板,让每个到龙港的人来了可听、听了可看、看了可学。比如,在基层治理的"扁平化"改革中,要优化升级社区联勤工作站,打造一批样板社区示范点;一张智网管全域改革,打造全省集中度最高的智慧指挥平台;等等。

二、打造数字赋能新模式

数字化正开启新一轮发展变革,这是百年未有之大变局的关键变量,是决胜未来的胜负手。要抢抓数字化新机遇,下好数字化改革这步先手棋,深入开展"大部制＋扁平化＋整体智治"县域集成改革,大幅度推进"城市大脑"智慧场景应用,加速政府、经济和社会各领域数字化转型,积极创建"整体智治先行区"。

一是深化"一张智网"建设。发挥大部制"多合一"优势,加强跨部门数据共享、流程再造、业务协同;推进矛调中心、应急救援指挥中心、公安情报指挥中心、12345平台、社区联勤工作站等指挥系统互联互通、数据共享;建立市级大联动指挥中心,形成统一集中协同高效的联动指挥体系,打造具有龙港特色的"一张智网管全域"的数字治理模式。深化群众、企业全生命周期和机关内部"一件事"集成改革,加快建设"掌上办事之城""掌上办公之城""掌上治理之城"。

二是大力发展数字经济。深入实施数字经济"一号工程"2.0版,加大数字经济项目招引,以更大力度推进百企智能化改造、千企上云行动,实现规上企业智能化技改、数字化园区改造两个全覆盖,技改投资增长15%以上。积极引进、扶持核心数字制造业项目3个,推动一批印刷包装企业数字化转型,力争战略性新兴产业增加值、数字经济核心产业增加值分别在15%、9%以上。

三是迭代升级应用场景。大力推进智慧城市建设,完善数字基础设施,提升城市大脑功能,加快实施和完善智慧交通、智慧医疗、智慧城管、智慧应急、智慧社区等一批智慧应用工程。完善"基层治理四平台"系统板块,推进"基层治理四平台"系统与政务服务2.0版、统一行政处罚办案系统、"互联网+监管"平台等业务系统有机衔接、深度融合、闭环流转。同时,加强全市信息化项目集约统筹建设,做到项目集中规划、资源整合共享、资金统筹使用。

三、推动城市形态蝶变

按照一体规划、同等标准、全域覆盖的要求,着力推动城市形态加速蝶变,加快实现龙港由"农民城"向"现代城"转变。

一是全面提升城市能级。以温州大都市区南部副中心的定位,以"未来城市"的标准,以全域城市化的要求,积极谋划推进新型城镇化发展 2.0 版,加快"一区两园六组团"的国土空间规划落地,积极推动南部副中心规划建设和鳌江流域一体化发展,高质量布局医疗、教育、文化、体育等辐射温州南部的功能性设施项目,不断提升城市首位度,加快成为温州南部副中心的核心区。

二是加快推动老城改造。有序实施老城有机更新三年行动计划,完成沿鳌江重点区块城市设计,聚焦"一芯四片"重点区块,高起点谋划"龙港之芯"板块,启动龙港大桥、沿江大道东段、李家垟、象岗等四大板块整体改造。以龙金大道、世纪大道两侧为重点,优化新型城市功能单元,打造富有特色的创新集聚街区,开工建设下涝未来社区,完成 15 个区块的城中村拆迁清零。

三是提速推进新城开发。加快公共服务中心、龙湖公园、邻里中心、五星级酒店建设,积极引进教育综合体,建成一批功能性区块、标志性项目、地标性景观建筑,加快完善交通、供水、供电等配套设施,形成具有温州副中心标志的"一轴三带、五湖十景"城市界面。

四是着力完善交通路网。进一步优化交通路网布局,打通通港路、沿江大道、东城路等卡口和断头路,启动世纪大道拓宽、龙港大道延伸、龙翔路改造等工程,完成新老城三条连接线建设,加快推进 228 国道、218 省道、瑞苍高速、甬台温高速复线芦浦互通等重大交通项目,积极谋划推进肥艚作业区港口、崇家岙港区前期,加速形成"七纵四横"内畅外联的交通体系。

四、坚持整体智治、系统集成,提升基层治理能力

基层治理改革是龙港改革的核心内容。要坚持整体智治、系统集成,不断优化治理方式、完善治理体系、提升治理能力。

一是建设更高水平平安龙港。开展道路交通、渔业船舶、安全生产、消防安全、出租房等重点领域专项整治,全面排摸清除各类安全隐患,特别是要抓好出租房消防安全专项整治,坚决遏制重特大事故发生,确保生产安全事故起数、死亡人数均下降 20%以上。开展历史遗留问题大化解,确保矛盾纠纷合理诉求 100%化解到位,无理诉求给予依法终结,国家省级交办件化解 90%以上,创成"无信访积案县"。强化风险闭环管控,健全风险预警监测、及时处置机制,常态化开展扫黑除恶专项斗争,大力整治新型网络犯罪,突出食药环领域监管,持续改善社会治安环境。毫不放松抓好疫情常态化防控,深化细化防灾减灾"50 条措施",迭代升级"智慧应急一张图",提升防灾减灾能力和水平。

二是形成更加扁平高效治理。深化基层治理"四化"集成改革,搭建信息化平台、强化网格管控、完善多元共治机制、打造社区党建联盟,建立健全社区联合党委、社区联勤工作站、社区综合服务中心"三位一体"运行模式,形成下沉干部社区联勤工作机制和"三五成群、就近响应"的网格运行机制,实现社区直接管理、网格直接处置、服务直接落地、信息直接应用、矛盾直接解决,进一步把扁平化运行的制度优势转化为治理效能。聚焦基层治理中跨领域跨部门的高频事项,大力推进基层事务"一件事"综合集成改革,加强数字赋能、业务协同、流程再造,实现快速响应、快速联动、快办快结。

三是打造更加过硬基层堡垒。实施"强社赋能"改革,推动社区赋权立法,赋予社区公共服务职权,探索政府职能定向转移社区组织的龙港路径。启动社区阵地建设三年行动计划,对全市社区党群服务中心进行新建或改建提升,向社区延伸便民服务终端,实现社区党群服务中心全域建强。深化落实新时代村社组织"健康运行十条",实施市对社区直接管理考核,试行主职干部歇职教育制度,构建岗位专职化、保障制度化、管理规范化、成长持续化的社区干部职业化新机制。

五、加强队伍建设,提升党政干部综合素质

完善"大部制、扁平化"管理模式,在人员大幅精减、取消乡镇层级的情况下,对龙港干部综合素质的要求也相应提高。新的一年,龙港要把队伍建设作为一项重要的"磨刀工程"。

一是在党建统领上有新提升。围绕增强政治功能和组织力,进一步强化党建统领作用,优化片区社区运行机制,建强基层治理队伍,探索两新党组织助力的方法途径,不断增强改革发展内在动力,以高质量党建引领推动高质量发展。特别是要狠抓"七张问题清单"①整改,建立常态化党建领衔、清单化排查落实、全程化闭环整改等机制,做到整改一个问题、制定一套规范、防范一类风险。

二是在综合能力上有新提升。聚焦提升"七种能力"②,深入实施干部素质提升工程,健全干部成长选育管用全链条机制,强化干部专业培养和专业培训,完善"专班式、模块化"内部运行机制,形成"一人多岗、一岗多能"良好态势。要让学业务、懂政策、抓落实成为龙港干部的基本标准,让"想干事""会干事""干成事"成为龙港干部的基本要求,努力锻造一支与"重要窗口"相适应、与"大部制、扁平化"相匹配的"唯实惟先、善作善成"干部队伍。

---

① "七张问题清单"包括重大巡视清单、重大督察问题清单、重大审计问题清单、重大安全问题清单、安全生产问题清单、自然灾害问题清单、重大信访维稳清单。

② "七种能力"包括政治能力、调查研究能力、科学决策能力、改革攻坚能力、应急处突能力、群众工作能力、抓落实能力。

三是在作风建设上有新提升。始终把纪律和规矩挺在前面,压紧压实全面从严治党主体责任,高质量推进清廉龙港建设,深入开展廉政风险专项排查、正风肃纪专项治理、以案论纪专项教育,驰而不息纠治"四风",向不良风气宣战,加大重点领域、关键环节、敏感岗位反腐力度,一体推进"不敢腐、不能腐、不想腐"机制建设,要让拼搏争先的干部队伍、风清气正的政治生态成为龙港的鲜明标识。

◆ 本章小结

党的十九届五中全会提出"推进以人为核心的新型城镇化"和"推进以县城为重要载体的城镇化建设",要求高水平构建大中小城市协调发展的城镇化格局,高质量推进农业转移人口市民化,高标准建设面向未来的现代城市,高层次打造以现代产业为支撑的创新型城市,高起点推动城乡融合发展,高效能推进城市治理体系和治理能力现代化。龙港作为全国首个"镇改市",承担着全国新型城镇化综合改革的探路使命,龙港"新型设市"模式采取"大部制"架构,按照"党政机构合一、职能相近部门合并和打破上下对口"的原则,推动机构合并重组。35年来,龙港户籍改革、土地改革、财政与行政体制方面的"强镇扩权"、小城市培育等改革轮番上演,龙港早已成为中国城镇化建设和中国城市管理体制改革的"试验田",为如何激发中小城市活力、推进低成本城镇化提供了一个参考样本。

◆ 思考题

1. 为什么龙港市要率先推进撤镇设市改革?

2. 在新型城镇化发展阶段,龙港撤镇设市改革还存在哪些瓶颈?结合实际,谈谈如何突破这些瓶颈?

3.撤镇设市改革存在哪些挑战？结合实际,谈谈如何推进撤镇设市改革?

◆◆ 拓展阅读

1.国务院发展研究中心,世界银行.中国:推进高效、包容、可持续的城镇化[M].北京:中国发展出版社,2014.

2.顾朝林.中国新型城镇化之路[M].北京:科学出版社,2019.

3.国家发展和改革委员会.国家新型城镇化报告(2019)[M].北京:人民出版社,2020.

4.国家发展改革委宏观经济研究院国土开发与地区经济研究所.新型城镇化:中国经济增长和社会变革的动力[M].北京:人民出版社,2019.

时间如梭,当年的情形历历在目,这次来看完全不一样了、美丽乡村建设在余村变成了现实。余村现在取得的成绩证明,绿色发展的路子是正确的,路子选对了就要坚持走下去。

——2020 年习近平再到浙江省安吉县余村考察的讲话①

第九章 生态文明建设与县域治理的安吉样本

◆◆ 本章要点

1.生态文明建设,是关系人民福祉、关乎民族未来的长远大计。面对资源约束趋紧,环境污染严重、生态系统退化的严峻形势,必须树立尊重自然、顺应自然、保护自然的生态文明理念,把生态文明建设放在突出地位,融入经济建设、文化建设、社会建设各方面。

2.近年来,安吉的生态文明建设迈出了坚实步伐,安吉生态文明的知名度、美誉度和对外影响力逐年提升,将生态文明建设融入经济建设、政治建设、文化建设、社会建设各方面和全过程。

3.统筹推进生态保护,引导居民自觉减少能源和资源浪费,倡导绿色低碳出行方式,切实推进"两山银行"试点,深入实施数字赋能生态建设,搭建一体化、智能化公共数据平台,用信息化支撑GEP 转化。

---

① 时隔 15 年,习近平再到安吉县余村考察[EB/OL].(2020-03-31)[2021-08-01].http://jhsjk.people.cn/article/31655775.

　　加强生态文明建设,对于我国全面建成小康社会、实现经济社会可持续发展和中华民族伟大复兴具有极其重要的意义和作用。走在生态文明建设前列的浙江省充分激发了政府、企业、社会团体和社会公众参与建设的积极性、主动性和创造性,取得了显著成效。其中,浙江省安吉县是我国生态文明建设的示范地。2008 年,安吉县在全国率先提出了"村村优美、家家创业、处处和谐、人人幸福"的"中国美丽乡村"建设 10 年宏伟目标,积极探索建设现代化新农村的"安吉模式",走出了一条政治、经济、文化、社会、生态文明建设与"中国美丽乡村"建设协调发展互促互融、城乡统筹共建共享、绿水青山就是金山银山、富民与强县有机统一的科学发展之路。

第一节　生态文明建设对县域绿色发展的新要求

　　坚持走生态优先、绿色发展之路,是立足新发展阶段、贯彻新发展理念、构建新发展格局的必然要求。加快推进生态文明建设是加快转变经济发展方式、提高发展质量和效益的内在要求,是坚持以人为本、促进社会和谐的必然选择。《中共中央关于制定国民经济和社会发展第十四个五年规划和二〇三五年远景目标的建议》中提到,要统筹推进经济建设、政治建设、文化建设、社会建设、生态文明建设的总体布局,坚定不移贯彻创新、协调、绿色、开放、共享的新发展理念,生态文明建设实现新进步,国土空间开发保护格局得到优化,生产生活方式绿色转型成效显著,能源资源配置更加合理、利用效率大幅提高,主要污染物排放总量持续减少,生态环境持续改善,生态安全屏障更加牢固,城乡人居环境明显改善。

国家"十四五"规划和 2035 年远景目标纲要指出,完善生态文明领域统筹协调机制,构建生态文明体系,促进经济社会发展全面绿色转型,建设人与自然和谐共生的现代化。加快推动绿色低碳发展,强化国土空间规划和用途管控,落实生态保护、基本农田、城镇开发等空间管控边界,减少人类活动对自然空间的占用。强化绿色发展的法律和政策保障,发展绿色金融,支持绿色技术创新,推进清洁生产,发展环保产业,推进重点行业和重要领域绿色化改造。增强全社会生态环保意识,深入打好污染防治攻坚战。继续开展污染防治行动,建立地上地下、陆海统筹的生态环境治理制度。强化多污染物协同控制和区域协同治理,加强细颗粒物和臭氧协同控制,基本消除重污染天气。治理城乡生活环境,推进城镇污水管网全覆盖,基本消除城市黑臭水体。全面实行排污许可制,推进排污权、用能权、用水权、碳排放权市场化交易。完善环境保护、节能减排约束性指标管理。全面提高资源利用效率。

2021 年国务院政府工作报告指出,要加强污染防治和生态建设,大力推动绿色发展,协同推动高质量发展与生态环境保护。加快构建新发展格局,尤其需要全面深化绿色转型,建立健全绿色低碳循环发展的经济体系,推动我国绿色发展迈上新台阶。让绿色成为高质量发展的鲜明底色。

浙江是生态文明的先行区、高质量发展的示范地。浙江省委十四届八次全会提出,要忠实践行"八八战略",奋力打造"重要窗口",统筹发展和安全,率先探索构建新发展格局,率先建设面向全国、融入全球的现代化经济体系,率先推进省域治理现代化,率先推动全省人民走向共同富裕,实现更高质量、更有效率、更加公平、更可持续、更为安全的发展,更加彰显生态之美、人文之美、和谐之美、清廉之美,全面提升人民群众获得感、幸福感、安全感。努力打造美丽中国先行示范区。国土空间开发保护格局得到持续优化,生态环境质量持续改善,节能减排保持全国先进水平,绿色产业发展、资源能源利用效率、清洁能源发展位居全国前列,"绿水青山就是金山银山"转化通道进一步拓宽,诗画浙江美丽大花园基本建成、品牌影响力和国际美誉度显著提升,绿色成为浙江发展最动人的色彩,在生态文明建设方面走在全国前列。

　　秉持"生态立县"发展战略的安吉县,从省级贫困县一跃成为远近闻名的富裕县、生态县,走出了一条既具时代特征又有地方特色的科学发展路子。站在新的历史起点上,安吉县以新时代"两山"试验区建设为抓手,坚持"绿水青山就是金山银山"理念,完善生态环境治理体系和能力,持续打好治水、治气、治土、治废"组合拳",打造新时代大花园建设标杆;建设绿色低碳型社会,积极推进碳达峰、碳中和进程,促进生产生活方式的绿色化转型,加快生态产品价值实现,争创全国生态文明建设高地。安吉县以"绿水青山就是金山银山"理念为遵循,走出了一条生态富民的道路。

第二节　安吉县生态文明建设的发展
阶段和具体思路

一、安吉生态文明建设的背景

　　安吉县隶属于浙江省湖州市,地处长三角经济区的几何中心,是典型的丘陵地貌,"七山一水两分田",素有"中国竹子之乡"的美誉。尽管有着优越的自然环境,但是安吉县的经济基础较为薄弱。为改变贫困的现状,20世纪90年代后,安吉县加快了工业化发展的步伐,经济增长速度有了一定提高,但也由此引发了突出的环境问题。在改革开放后的较长时间内,安吉都面临着低增长、高污染的双重困境。

(一)摸索之路

为走出低增长、高污染的陷阱,安吉县委、县政府在 2001 年正式提出了"生态立县"的发展战略,致力于推动工业发展模式的系统转型。然而,在转型发展的早期,安吉县未能找到平衡经济发展与生态保护的有效路径。在整顿、关停高污染企业的过程中,生态修复的成效未能很快显现,经济发展的速度却又一次出现了下降的趋势。

要不要继续坚持生态立县,还是回到以污染换增长的传统模式?安吉县在讨论发展思路时出现争论。2003 年,浙江省委、省政府作出了实施"千村示范、万村整治"工程的重大决策。2003 年 4 月 9 日,时任浙江省委书记习近平对安吉县进行考察调研时指出:只有变环境优势为经济优势,走经济生态化之路,安吉的生态发展才有出路。

(二)坚定不移地走绿色发展之路

2005 年 8 月 15 日,时任浙江省委书记习近平再次来到安吉调研,听取了天荒坪镇余村党支部书记关于余村通过民主决策关停高污染矿山的工作汇报后,表扬了余村的做法,并首次提出"绿水青山就是金山银山"的理念。这一表述超越了环境保护与经济发展不可兼得的传统观念,推动安吉县走出传统发展模式。

得到省委、省政府的肯定与支持后,安吉县更加坚定了践行生态立县战略的决心,并在 2008 年提出了"美丽乡村"建设的新目标。自此,安吉县委、县政府坚持把绿色作为经济社会发展的底色,一张蓝图绘到底,不断强化美丽意识、规范美丽标准、创新美丽机制、拓展美丽内涵,以中国美丽乡村建设为载体,大力推进"生态经济化、经济生态化",走出了一条生态美、产业兴、百姓富的可持续发展道路。

2017 年中央农村工作会议上,习近平总书记指出"像浙江安吉等地,美丽经济已成为靓丽的名片,同欧洲的乡村相比毫不逊色"。2018 年 4 月,乡村治理的安吉模式——"余村经验"得到习近平总书记等领导的批示和肯定,成为全国乡村治理典范。

为深入贯彻落实中央和省市关于生态文明建设的系列重大决策部署,安吉县在全省率先开展乡镇党政主要领导干部自然资源资产管理和生态保护责任审计,将森林、土地、水、矿产等自然资源的保护和管理纳入审计范畴,形成由党委政府牵头抓总、审计主抓直管、部门协调配合的组织形式。经过探索实践,揭示和纠正一些片面追求经济增长而忽视资源环境保护、盲目决策造成生态环境损害等问题,健全完善相关管理制度,取得了良好的成效。

二、安吉生态文明建设的发展过程

安吉县作为"绿水青山就是金山银山"理念的诞生地、美丽乡村发源地、绿色发展先行地,其生态文明建设最早可以溯源至 1998 年国务院推进太湖治污的"零点行动"。在这次大整治行动中,安吉作为太湖的上游流域,关停了大量企业,被倒逼着转变发展方式。安吉从实施生态公益林保护开始,逐步推进环境保护和生态建设,抓住契机,最终走出了具有安吉特色的生态建设之路。

(一)觉醒探索期

1998—2005 年,可以视为安吉生态意识的觉醒探索期。从太湖治污"零点行动"后,安吉开始转向生态文明建设,并沿着这个方向越走越远。2001年,在安吉县十二届人大四次会议上,"生态立县"被正式确立为全县的发展战略。2003年,安吉正式提出要争创全国生态县,并确立了"树立生态理念、改善生态环境、发展生态经济、建设生态文明"四大目标。在这一时期,安吉虽然把握住了生态文明建设的大方向,但是究竟如何建设生态文明,思路还不是很明朗。直到2005年,时任浙江省委书记习近平在安吉余村考察时,首次提出"绿水青山就是金山银山"理念,揭示了绿水青山与金山银山的矛盾与统一,从此为安吉的生态文明建设指引了一条康庄大道。

(二)特色形成期

2006—2013年,是安吉生态文明建设的特色形成期。在这期间,安吉继续坚定不移地按"绿水青山就是金山银山"理念,大力建设全国生态文明建设试点县,并在此基础上创造性地提出建设"中国美丽乡村",打响以"中国美丽乡村"为主要内容的生态文明综合品牌,形成了较为完整的四大建设体系,即形成乡村优美、人与自然和谐的生态环境与人居文明体系;产业协调、持续发展的生态行为文明体系;理念普及、社会文明的生态意识文明体系;机制完善、保障有力的生态制度文明体系。这一时期是安吉生态文明建设的关键期,安吉打造出自身特色,并拥有了较为完善的生态文明建设体系。

(三)经验积累期

2014—2019年,是安吉生态文明建设的经验积累期。在这期间,以安吉县人民政府为第一起草单位的《美丽乡村建设规范》国家标准正式发布,《安吉县践行"两山"理念推进美丽乡村建设》成为全国十大改革案例。安吉先后被列为浙江省"绿水青山就是金山银山"理念实践示范县、"绿水青山就是金山银山"实践创新基地、全国生态文明建设示范县,为全国的生态文明建设真正提供了安吉经验。可以看出,安吉所选择的道路符合科学发展方向,其不仅仅是对生态环境的保护,而且对高质量发展都有重要意义。这一时期,安吉的生态文明建设走在了全国前列,成果被大家看见、成效被大家认可。

(四)发展深化期

自 2020 年以来,安吉的生态文明建设迈入下一个阶段,迎来了生态建设的发展深化期。2020 年 3 月 30 日,习近平总书记时隔 15 年再次来到安吉调研考察,在高度肯定安吉取得的生态文明建设成果的同时,也对安吉提出了"再接再厉、顺势而为、乘胜前进"的新要求。在实践中不断探索的安吉人民深刻意识到"绿水青山就是金山银山"的重要意义,"绿水青山就是金山银山"理念早已内化于每一个安吉人民的心中,转化为日常生活中对生态保护的习惯,安吉县生态文明建设得以落实与不断深化。在新的发展阶段,安吉面临着如何再接再厉,久久为功,进一步拓宽"绿水青山就是金山银山"转化路径的新课题。

三、安吉生态文明建设的具体思路

生态文明建设需要顶层设计,需要系统性、全局性、发展性思维来布局谋篇。安吉于 2015 年专门设立了全国首个县级标准化公益性事业单位——中国美丽乡村标准化研究中心,加强和推进美丽乡村各类标准制修订、科技成果转化、示范推广应用和宣传教育培训等工作。

通过开展美丽家庭、美丽校园、美丽工厂、美丽社区等细胞创建等载体,大力宣传"美丽乡村"标准化创建的现实意义、方针政策、目标任务、工作成效等,不断提高社会影响力、群众知晓率,标准制修订也向村民广泛征求意见,积极引导群众广泛参与美丽乡村标准化建设中来。先后制定出台《美丽乡村精品示范村建设规范》《农村生活垃圾处理技术规范》《美丽乡村农村社区公共服务设施设置及管理维护要求》《美丽乡村村务管理规范》《安吉县农家乐服务质量通用要求》等各项工作细则和地方标准规范,以点带面推广实施,确保在基础配套、公共服务、事务规范、政策扶持、长效管理等领域有质的保障,使得标准化试点工作可复制、能持续。

从 2017 年开始,安吉将美丽乡村上升为最美县域战略,在美丽乡村建设中全面对接乡村振兴各要素,把美丽乡村作为坚持绿色发展、实现"绿水青山就是金山银山"转化的重要内容,鼓励发展乡村经营,完善乡村治理。截至 2020 年,已出台乡村振兴相关文件 11 个,形成了一套较为完整的政策体系,有效破解乡村振兴尤其是乡村经营中的人才、土地、资金等要素制约。

2019 年 4 月,安吉县被列入全省首批大花园典型示范建设单位,生态产品价值实现机制写入示范建设实施方案中。2019 年 8 月,由浙江省委全面深化改革委员会印发的《新时代浙江(安吉)县域践行"绿山青山就是金山银山"理念综合改革创新试验区总体方案》,将"建立健全生态产品价值实现机制"写入方案重点任务中。在开展大花园创建的同时,浙江省发展改革委将安吉列入生态系统生产总值核算试点单位,并在安吉部署开展"两山银行"试点。自开展生态产品价值实现机制探索工作以来,安吉以"系统化、数据化、产业化、平台化"为推进原则,以生态产品价值核算为基础,以建立制度体系为保障,以打造创新载体为重点,持续深入推进各项工作。

2020 年,在"绿水青山就是金山银山"理念提出 15 周年之际,安吉县发布了《乡村绿色治理指南》以及《居民绿色生活指南》《社会矛盾纠纷调处化解中心建设、运行和管理规范》等 8 项地方标准规范,形成了一套较为完整的政策体系,并不断随着发展而完善。

《乡村绿色治理指南》(以下简称《指南》)是在总结安吉县绿色美丽乡村建设成功经验的基础上,以标准的形式规范制定的。《指南》制定工作由市生态环境局安吉分局发起,县市场监督管理局批准立项,长三角生态研究院起草,分总则、治理主体、治理内容、治理路径、治理保障等 5 部分。该《指南》首次将污染预防和绿色理念融入乡村生产、生活、生态建设全过程,融入乡村经济、社会和文化活动各方面,着重强调村民生态环境意识和行动能力提升,把握了乡村自治、共治、法治、德治、智治之间的关系。《指南》既体现了新发展理念和以人民为中心的思想,也体现了生态环境治理现代化的方向,是贯彻习近平生态文明思想的具体生动实践。它将"绿水青山就是金山银山"转化的路径、行动、措施等进行了定量化、标准化、规范化、制度化,设计了衡量"绿水青山就是金山银山"理念落地实施以及转化成效的可操作性方案,既为推动"绿水青山就是金山银山"转化提供了具体指南,也为全县、全省以及全国的乡村践行"绿水青山就是金山银山"理念提供了可借鉴的先行标杆。

第三节　安吉县生态文明建设的主要内容

安吉县作为"绿水青山就是金山银山"理念的诞生地,其生态文明建设的形式和内容是多样的。治理层面从自然环境到人文环境,治理手段从人工保护到技术参与,管理制度从逐步摸索到日渐完善,加快完善生态文明建设,做好示范地的引导作用。

一、生态保护,持续改善环境质量

(一)统筹推进自然生态保护

实施最严格的生态空间管控,建设生态保护红线监测预警与智能监管平台,探索生态保护红线优化机制。保护和修复山水林田湖生命共同体,开展水生态保护修复,加强省级湿地公园保护与修复,开展生物物种资源木底调查和评估,构建生物多样性观测站网;实施珍贵彩色森林建设,构建"一环、三线、三片、四带"彩色健康森林格局。推进全域"无废城市"建设,守护天蓝、地绿、水清美丽安吉,主要污染物排放总量控制继续保持先进水平,地表水达到或优于Ⅱ类水体比例达100%,PM2.5浓度达到27微克/立方米,实现天更蓝、地更绿、水更清、空气更清新的目标。

(二)积极打造绿色低碳社会

全面落实绿色新发展理念,积极倡导绿色制造,力争实现规上绿色工厂全覆盖。全面节约集约利用资源,提高土地、水资源利用整体效益,建立能源"双控"主要指标完成情况预警机制,率先开展县域二氧化碳达峰预测研究,探索开展多层级近零碳排放试点体系建设工程。积极倡导绿色低碳生活方式,实施塑料污染治理三年行动计划,强化阶梯水价、阶梯电价、阶梯气价的运用,引导居民自觉减少能源和资源浪费,倡导绿色低碳出行方式,推进既有公共建筑节能改造和可再生能源建筑一体化应用。

(三)加快建设阵地延伸转型,增强生态环境空间的承载力

安吉县以打好"蓝天碧水净土清废"保卫战、建好"山水林田湖生命共同体""中国美丽乡村"等为载体全面推进生态文明建设,做到建管并重、整治并举、奖惩结合。如成立县委、县政府主要负责

人任组长的双组长制生态文明建设领导小组,下设专班统筹推进治气、治水、拆改等工作,积极推进污水零直排区建设,地表水、饮用水、出境水达标率常年保持"三个100%",空气优良率稳居全市第一。又如从2010年起就开始探索竹林经营碳汇项目,积极改善毛竹林的固碳储碳能力,试点建设毛竹林碳减排综合技术示范基地3500亩,预计在30年内能够产生24.97万吨二氧化碳减排量。再如安吉县每年安排1.2亿元资金,对生态村和美丽乡村建设村镇进行以奖代补,"十三五"期间安吉县新增美丽乡村精品示范村62个、经营示范村25个,A级景区村庄实现行政村全覆盖。

(四)加快全民素质提升转型,彰显生态文化内涵的支撑力

安吉县以绿色治理为导向,突出县域文化的生态追求,不断增强公众参与生态文明建设的积极性与责任感,推进全社会共建共享和谐生态。比如安吉坚持每年开展"6·5"世界环境日、"8·15"生态日等群众性活动,每月开展生态文明建设"集中推进日"活动,深入推进绿色商场、绿色出行、绿色学校、绿色机关等绿色细胞创建活动,全方位推进"无废城市"建设,最大限度地动员社会力量参与生态建设。通过深入贯彻习近平总书记"良好生态环境是最普惠的民生福祉"的重要论述,持续开展路域环境巡查整治,深化美丽县城、美丽乡镇、美丽农村、美丽园区建设,大力推进走通递铺港工程、走通浒溪工程,建好百公里"两山"绿道,获评全省大花园典型示范建设唯一优秀县,使安吉百姓真正享受到美丽生态带来的幸福生活。

二、加快发展方式绿色转型

依托"白茶之乡"和"中国竹乡"两张名片,突出农旅、文旅、工旅融合发展,大力发展休闲旅游、电子商务、农事体验、养生养老等新业态,推动绿水青山向金山银山转化。积极探索以资源资产、土地等形式入股参与乡村经营。全县村均集体经济收入从2003年的19.7万元增长到2020年的358万元,农民收入从5402元增长到33588元,城乡居民人均收入倍差从2.12∶1缩小到1.68∶1,城乡均衡度不断提升。到2020年底,仅全县62个精品示范村自主招商引资项目就多达171个218亿元。

(一)安吉白茶全产业链数字化建设

围绕安吉白茶全产业链,整合气象、国土、农业等相关部门涉农数据,相关农业主体生产和经营数据,建立交叉、立体、融合、实时的农业大数据采集服务,实现多源异构涉农数据的统一采集,形成安吉白茶产业大数据库。基于GIS地图,实现安吉白茶基地与主体管理数字化,利用区块链不可篡改和可追溯性等特点,实现安吉白茶全产业链追溯信息的闭环与可信。

同时将白茶数字化产业与"浙农码"数据连接,通过"浙农码"进行信息系统的数据融合和功能融合,从而达到"一站式""一对一"的信息聚合和功能服务。能够将不同农业信息系统中的数据进行统一和归集,打破"数据孤岛"形成数据协同,并在数据统一基础上进行数据分析应用,指导安吉白茶产业发展。

随着大数据管理平台正式上线运行,安吉白茶有了"最强大脑",17万亩原产地安吉白茶总量可控制、来源可查询、质量可追溯,实现了从"一株苗"到"一杯茶"的溯源管理。

(二)"两山银行"

为加快探索集约化、高水平的生态资源保护开发模式,促进生态产品价值有效实现,拓宽"两山"转化途径,2020年6月安吉县在全省率先编制完成"两山银行"试点方案,启动"两山银行"实体化运作。

"两山银行"借鉴了商业银行"分散化输入、集中式输出"的模式,打造资源集聚、资产交易、信用担保、招商对接、农业投资、生态补偿"六大平台",建成生态资源数字化平台,为生态资源转化提供"一站式"业务供给和产品服务,推动生态价值向经济价值高效转化。通过将闲置资源进行高水平的管理、整合和市场对接来有效盘活提升资源价值,打通绿水青山转化为金山银山的"最后一公里"。截至 2020 年已累计梳理完成 15 个乡镇(街道)重点资源项目 95 个,收录意向开发商 20 余家。

"两山银行"试点建设是省委贯彻落实乡村振兴战略、加快建设美丽中国先行示范区的重要抓手,安吉县大力推进"两山银行"试点,实现生态资源变资产、资产变资本、资本变效益的有效价值转化。

(三)GEP 核算

2020 年安吉县委托浙江省发展规划研究院开展了全县生态产品价值实现研究工作,包括开展 2015 年和 2018 年 GEP 核算、编制《安吉县域生态产品价值实现方案(2020—2022 年)》等工作。其中,2015 年和 2018 年 GEP 核算工作,是根据《浙江省生态系统生产总值(GEP)核算指南(试行)》,在明确安吉县域生态系统分布,编制生态产品清单的基础上,核算各类生态系统物质产品与服务的功能量和价值量,最终形成安吉县生态系统生产总值。

《安吉县域生态产品价值实现方案(2020—2022 年)》,在详细分析 2015—2018 年安吉 GEP 结构特征及变化情况基础上,提出了"到 2022 年,县域生态资产得到稳定增值、生态产品价值有效释放、体制机制更加灵活有效,'两山'转化路径更加通畅,把安吉建设成为展示新时代全国生态产品价值高效实现的县域窗口"的总体目标,并基于安吉GEP核算结果分析,从县域空间科学治理、物质产品价值实现、调节服务价值实现、文化服务价值实现、支撑体系有效配套等5方面提出了具体举措,谋划了4大类50个重点支撑项目。

三、推动乡村绿色治理

乡村绿色治理是国家重点关心的问题,绿色形象持续彰显,绿色经济蓬勃发展,绿色民生不断提升,绿色乡村建设从改善农村人居环境着手,主要内容是改厕、改路、改水、改房、改线和环境美化,即农村"五改一化",乡村绿色治理从改善农村人居环境入手,坚持规划、建设、管理、经营一体,抓住产业发展和治理两个有效路径,不断推动乡村美起来、富起来、强起来,为实施乡村振兴战略探索了路径、积累了经验。

(一)深化环境整治

围绕县域大景区建设,大力推进"厕所革命""垃圾革命"和"污水革命",累计新建、改建厕所1200多座,实现垃圾分类行政村全覆盖,完成农村生活污水终端3067座,地表水、饮用水、出境水达标率和农村生活污水处理覆盖率均达100%,植被覆盖率和森林覆盖率常年保持在75%和70%以上。深入推进"三改一拆""四边三化""五水共治",严把项目准入关,实行新上项目"环评一票否决制"。积极倡导绿色生产生活方式,全面推广清洁能源、测土配方施肥和农药减量控害,自2013年以来,累计减少不合理用肥2539吨,减少农药用量66.6吨,农药废弃包装物回收率达90%、处置率达100%。全面禁止秸秆焚烧,秸秆综合利用率达95%以上。

（二）加强风貌管控

在农房风貌引导上，充分挖掘具有地方特色的建筑形态和建筑文化，印发农房图集 6 册 180 余个户型，农户使用率在 90％以上。加强乡村政策管控和技术指导，出台城乡规划管理办法、技术规定和农房建设审批管理办法，推行农房审批"踏勘到场、放样到场、基础验线到场、批后管理到场"和现场公示制度，确保按图施工不走样。在长效机制建立上，编制了涵盖卫生保洁、园林绿化、公共设施管理、生活污水处理设施管理等 4 大类、28 个子项的美丽乡村长效管理办法，建立"部门联合、村组联手、干群联防"的环境监察机制，实现环境监测点全覆盖，严格落实"月督查、月通报、年考核"的工作机制。在日常保洁上，设立"美丽乡村长效物业管理基金"，大力推进城市物业管理进农村，全县行政村物业管理覆盖率达 97％。

（三）发布乡村绿色治理标准

浙江省市场监督管理局发布的《新时代美丽乡村建设规范》，以习近平新时代中国特色社会主义思想为指导，贯彻高质量发展要求，全面对接《浙江省乡村振兴战略规划（2018—2022 年）》，注重普适性与先进性、指导性与操作性、保基本与促提升、抓共性与显特色有机结合，持续深化"千万工程"，全面提升新时代美丽乡村建设水平，着力将农村建设成为富裕、文明、宜居的美丽乡村。

《新时代美丽乡村建设规范》明确了美丽乡村生态优良、村庄宜居、经济发展、服务配套、乡风文明、治理有效等方面要求，适用于指导单个行政村开展美丽乡村建设，是美丽乡村评价依据。以坚持深化"千万工程"，建设新时代美丽乡村，着力破解农村建设发展不平衡不充分问题，更好地满足农民群众对美好生活的向往；坚持绿色发展，深入践行"绿水青山就是金山银山"理念，推动生产生活生态和谐发展,打造人与自然和谐共生的新时代美丽乡村;坚持科学推进,因地制宜、分类指导,规划先行、完善机制,突出重点、统筹协调,立足乡村特色资源和文化,打造特质化、个性化的新时代美丽乡村;坚持农民主体,激发农民群众建设美好家园的主动性、积极性和创造性,鼓励社会各界广泛参与,实现共建共享;坚持党建引领,强化基层党组织政治引领和服务群众功能,以组织振兴带动新时代美丽乡村建设为总则。

四、构建绿色发展的政策体系

重点围绕自然资源资产离任审计的内涵、方法、结果运用等大胆创新,坚持边探索、边实践、边总结,基本厘清了乡镇领导干部自然资源资产离任审计的脉络,初步形成了一套符合地方特色的审计体系。

(一)积极探索制度框架

按照"先行先试、逐步完善""先易后难、全面推广"的思路,统筹谋划、精心组织,构建全县上下"一盘棋"的工作格局。

一是科学设置机构,建立领导小组。领导干部自然资源资产离任审计是一项全新课题,涉及范围广,专业性强,仅仅依靠审计机关一家的力量,很难取得明显成效。工作开展之初,县委、县政府高度重视,多次召开专题会议谋划和部署,成立领导小组,由县长任组长,生态办、国土、环保、林业等19家职能部门单位主要负责人任组员,共同参与,统筹专业的部门、专业的力量做专业的事情,为审计的开展创造了良好的氛围和环境。其中,县委、县政府主要负责研究制定试点方案和实施办法,生态文明办主要负责统筹各部门,审计部门主要负责具体实施,其他职能部门主要负责提供评价数据,形成了县委牵头抓总、审计主抓直管、部门协调配合

"三位一体"的工作格局。

二是优化人员选配,成立"跨部门"审计小组。在内部,主要由经济责任审计科负责具体实施和综合协调。在计划安排上,与经济责任审计一致,每年由组织部门委托并确定审计对象;在工作程序上,一般与经济责任审计同发一份通知书、同步开展进点、同步实施审计,分别出具审计报告和审计意见。在外部,要求每个领导小组成员单位明确1名分管领导和1名联络员,成立"跨部门的审计组",主要负责审前数据提供、审中调查取证、审后协助整改。在人员组成上,涉及生态环境保护的各个单位、各个领域;在人员结构上,既有懂政策法规的专业人士,也有懂地理信息系统的技术人才,在一定程度上节约了审计时间、提高了审计效率。

三是选准审计路径,体现"差异化"分步实施。在具体实施中,按照乡镇A、B、C类考核的要求分类进行(其中,A类重点考核生态工业经济,B类重点考核休闲经济和生态保护,C类两者兼顾)。为体现差异化、可比性,每年在同类乡镇中选取实施,在实际操作中有所侧重、体现个性,既能体现横向比较,又能发掘典型经验。比如,2015年,选择了4个以发展休闲旅游和生态产业为主的B类乡镇实施,通过对重生态保护的乡镇进行试点,从无到有、从零基础到有经验,逐步摸索出了可运用的审计程序和审计方法。2016—2017年,相继选择了4个C类乡镇实施审计,从有到优、不断完善,总结出了可推广、可复制的审计经验。从2018年起,拓宽审计范围,对重工业发展的A类乡镇和具有管理职能的部门实施审计。

(二)科学设计评价体系

从乡镇实际出发,针对所在地区的自然资源资产禀赋和主体功能区定位,在审计对象、审计内容、审计方式上体现特色。

一是找准审计对象,采取重点突破。自 2015 年工作开展之初,安吉县就将审计对象明确规定为:乡镇党政主要领导干部以及履行生态环境保护责任主要职能部门的党政主要领导干部。把对象聚焦到最基层,有利于把中央的决策部署一贯到底,落实到基层"最后一公里"。同时,结合不同对象不同的功能定位,确定不同的关注重点。比如,针对 B 类乡镇,重点关注涉林案件、集镇污水处理、集中饮用水源地水质达标率等数据;针对 A 类乡镇,重点关注企业排污量、土地整治和开发项目、违规闲置土地等情况。

二是创新制定指标,明确审计内容。重点围绕自然资源资产管理相关政策执行、量质变化、项目建设、资金使用等内容,坚持"乡镇有责任、部门有监管""乡镇有任务、部门有考核""乡镇有资源、部门有数据"的原则,制定了具体的可操作的 14 项一级指标和 42 项二级指标。指标涵盖了山、水、林、地等方方面面,体现自然资源资产的存量和增量、用量和质量、规范管理和使用保护等;同时,围绕县委、县政府中心工作,把美丽乡村创建、地质灾害点治理、生活垃圾处置、剿灭劣 V 类水、落实河长制等生态文明建设方面的重大专项行动落实情况纳入审计内容,不仅推动了中心工作落实,也确保评价结果更客观。

三是运用多种方法,创新审计思维。在明确审计内容的基础上,着重在积极创新审计方法、灵活运用审计方式上下功夫,打好"组合拳",不断扩大监督范围、延伸监督效果。一方面,做好"形式"上的结合,坚持离任审计与任中审计相结合,自然资源资产责任审计与经济责任审计、其他资源环境专项审计相结合,推动同步审计。一方面,做好"方法"上的结合,充分应用大数据技术进行分析研判。在审计过程中,一般以目标考核法、实地查看法等传统审计法为基础,审全面;以地理信息系统技术法为核心,重取证;以大数据审计法为保障,提效率。通过对技术方法的有效运用,着重解决被审计单位数据多、内容杂、时间跨度长等问题,起到事半功倍的效果。

(三)注重审计结果运用

对审计结果实行打分制,并根据不同的得分区间确定等次,相应划分为"好""较好""一般""较差""差"五个等次,做到量化分析、评价有据。对结果的运用,主要体现在以下三个方面。

一是紧扣"中心",纳入综合考核。将领导干部自然资源资产离任审计工作列入全县中心工作,审计结果以赋分的形式纳入乡镇综合考核,作为领导班子评选县级及以上综合性荣誉的资格。同时,建立专项整改督查工作小组,对审计涉及的问题和建议,要求相关单位限期整改,并适时开展"回头看"检查整改情况。截至2020年底,共发现25方面共性问题,其中,涉及环境保护方面的问题占37%,森林资源问题占30%,水资源问题占14%,土地资源问题占12%;向13家被审计单位提出58个问题、39条建议,通过专项督查,督促指导有关责任单位落实整改措施48条,并督促整改到位。

二是体现"责任",作为任免依据。审计报告和评定等次结果经审定后报送县纪委监察委、县委组织部备案,作为领导干部年度考核、选拔任用的重要依据,其中,被评定为较差及以下等次的,单位党政主要领导、分管领导年度考核不得评定为优秀;情节严重的,作为问题线索移送有关单位。自2016年以来,已向国土、林业、环保等单位移送问题线索5条。

三是突出"长效",形成规范管理。2017年,结合上级审计机关要求,在 2015 年出台的实施办法基础上,研究制定了《安吉县开展领导干部自然资源资产管理和生态责任审计实施办法》,对审计内容、评价指标、技术方法、结果运用等方面进行了细化完善。在健全制度的基础上,将自然资源资产离任审计工作写入了县委第十四次党代会工作报告,并列入了县"十三五"规划体系,作为一项长期制度得到有效的贯彻落实。

第四节　构建现代环境治理体系、走绿色发展之路

生态文明建设是中国特色社会主义事业"五位一体"总体布局和"四个全面"战略布局,以及实现中华民族伟大复兴中国梦、建设美丽中国的重要内容。站在新的历史阶段,安吉将继续以习近平生态文明思想为根本遵循,忠实践行"八八战略",奋力打造"重要窗口",以新时代"两山"试验区建设为抓手,坚定"绿水青山就是金山银山"发展理念,健全环境治理领导责任体系、企业责任体系、全民行动体系、制度和政策体系,构建现代环境治理体系,更好地推动社会全面绿色转型,更好地推动生态文明建设不断迈上新台阶、实现新进步。

一、坚定"绿水青山就是金山银山"发展理念

中共中央和中共浙江省委的"十四五"规划建议均指出,推动绿色发展,促进人与自然和谐共生,深入践行"绿水青山就是金山银山"理念,加快推进生态文明建设。

全领域、全地域、全过程、全方位加强生态文明建设,进一步拓宽"绿水青山就是金山银山"转化通道,促进经济社会发展全面绿色转型,建设人与自然和谐共生的现代化。坚持"绿水青山就是金

山银山"理念,坚持尊重自然、顺应自然、保护自然,坚持节约优先、保护优先、自然恢复为主,守住自然生态安全边界。深入实施可持续发展战略,完善生态文明领域统筹协调机制,构建生态文明制度体系。

二、健全环境治理领导责任体系

一是加强组织领导。成立安吉县生态文明建设工作领导小组,下设办公室,负责组织实施,统筹推进示范区建设。制定有利于示范区建设的政策性文件;研究决定示范区建设的重大事项,统筹推进重大项目建设;筹集、安排和管理示范区建设专项资金;组织开展示范区建设年度专项考核;开展实施情况的评估,完善落实的有效办法。

二是明确工作责任。县生态办牵头制订阶段性工作推进计划。各体系牵头部门负责体系建设工作的统筹协调。各项目牵头部门负责编制实施示范区建设项目的专项规划和实施方案;密切与国家、省、市有关部门的沟通衔接,争取政策和资金支持。其他责任部门根据项目工作分工,积极推进相关工作。

三是强化管理推进。建立示范区建设目标管理责任制,根据本方案任务分工,定期对示范区建设目标任务完成情况进行督查,组织开展年度专项考核,并纳入乡镇(街道)、部门年度目标责任制考核。各乡镇(街道)、各部门每季度实时上报各项工作任务推进情况,县生态文明建设工作领导小组办公室定期通报示范区建设推进情况。

三、健全环境治理企业责任体系

一是巩固试点成效,有序拓展扩面。进一步优化"两山银行"平台运作流程及县乡两级银行权责划分,加强规范化、制度化建设,规范运作资源评估、流转、提升、开发等各个环节,确保运行有序高效。稳步有序推动试点工作扩面,确保每个乡镇"两山银行"形成一个平台、一套班子、一张底图、一个项目库、至少一个运营点、一个经典案例。二是不断创新探索,建立完善机制。按照大规划、严管控、细实施,通过定性、定量、定标、定质,逐步推进生态资源转化成生态产品,不断拓展和提升生态产品价值。探索生态产品交易机制,推进生态产品价值高效实现,重点探索建立生态跨区域共建机制、能源要素合作机制、改革联动政策机制。三是加快配套改革,形成品牌样板。紧密结合安吉实际推进系统改革、集成改革、创新实践,着力破解当前运营过程中的一些瓶颈问题,全力推进县乡两级"两山"公司系统化、规范化、可持续化的经营发展。

四、健全环境治理全民行动体系

一是加大社会引导。深入开展系列宣传活动,广泛发动全县社会各界力量,坚持正面引导与舆论监督相结合,不断建立完善有效的监督机制和完善社会公共管理精细化、科学化的管理机制,全面提升市民文明素质。二是探索政府、集体、村民三方共同参与的治理模式,建立完善分级分类的资源资产管理体系,合理划分县、乡镇(街道)和村(社区)的事权,形成共建共治共享的格局。三是探索项目合作开发机制,促进县乡两级"两山银行"、社会投资方、产业运营商共同成立项目公司,鼓励村集体经济组织入股项目公司,完善"企业+集体+合作社+村民"等经营模式,推动村民拿租金、挣薪金、分股金,自觉支持资源保护与开发,形成企业、集体、村民利益共享机制。

五、健全环境治理制度和政策体系

一是完善科学高效完备的全领域美丽治理体系。强化国土空间规划和用途管控,严守生态保护红线、永久基本农田、城镇开发边界等空间管制控制线,加强全域国土空间治理。建立地上地下、陆海统筹的生态环境治理制度,实施以"三线一单"为核心的生态环境分区管控体系。

二是推广生态系统生产总值核算,完善市场化、多元化生态补偿,率先实施排污权、用能权、用水权、碳排放权市场化交易。完善环境保护、节能减排约束性指标管理,健全自然资源资产产权制度。健全生态环境治理法规标准体系,完善环境污染问题发现、风险预警和应急处置机制,完善生态环境突出问题全过程闭环管理长效机制,完善生态环境损害赔偿制度。实施节能、节水、节地、节材行动,强化水资源刚性约束,开展绿色生活创建活动,推动形成全民生态自觉。

三是健全综合考核,完善以中国美丽乡村建设为主要考核指标的生态文明建设考核体系。积极探索以绿色 GEP 为主导的综合考核导向,并建立政府环境保护重大决策监督与责任追究制度。加强人才支撑,建立健全专家参与的科学决策机制。加大政策扶持,建立生态文明建设激励引导机制,设立生态文明建设专项资金,积极争取国家、省、市建设补助资金,加大多元化资金投入,建立起国家、集体、个人、金融、企业等多渠道、多层次、多元化的投入体系。

◆◆ **本章小结**

近年来,安吉县充分利用本地生态资源优势,成功地把生态优势转化为产业优势,在农村生态文明建设和发展等方面进行了强有力的探索。安吉在生态文明建设方面取得显著成果是历史机遇与自身不断努力探索的碰撞。在深入推进生态文明建设的进程中,安吉积极融入乡村振兴、美丽乡村建设的理念和要求,迎难而上,因势利导,一次次交出优秀答卷。"两山银行"试点工作的扎实开展,为打通转化通道、盘活沉睡资源提供强有力的支撑,取得良好成效,安吉正全力向建设中国最美县域、打造"美丽中国的县域窗口"方向迈进。生态文明建设需久久为功,在新的历史阶段,安吉要抓住机遇,立足浙江省数字化改革大局,把握发展红利,继续科学深入推进生态文明建设。

◆◆ **思考题**

1.结合实际,谈谈如何才能更好地调动公众参与生态环境保护的积极性?

2.在新的历史阶段,安吉的生态文明建设之路面临哪些新的挑战?安吉该如何继续深化改革?

3.结合"两山银行"试点,谈谈生态产品价值的实现有哪些路径?

◆◆ **拓展阅读**

1.潘家华,等.生态文明建设的理论构建与实践探索[M].北京:中国社会科学出版社,2021.

2.曹孜.生态文明建设与城市可持续发展路径研究[M].北京:人民出版社,2021.

3.何爱平,等.中国特色生态文明建设的政治经济学[M].北京:中国经济出版社,2019.

4.崔莉,厉新建,程哲.自然资源资本化实现机制研究:以南平市"生态银行"为例[J].管理世界,2019,35(9):95-100.

5.张文明,张孝德.生态资源资本化:一个框架性阐述[J].改革,2019(1):122-131.

6.赵德余,朱勤.资源—资产转换逻辑:"绿水青山就是金山银山"的一种理论解释[J].探索与争鸣,2019(6):101-110,159.

要尊重基层实践,多听基层和一线声音,多取得第一手材料,正确看待新事物新做法,只要是符合实际需要,符合发展规律,就要给予支持,鼓励试、大胆改。要保护好地方和部门的积极性,最大限度调动各方面推进改革的积极性、主动性、创造性。要加大对试点的总结评估,对证明行之有效的经验做法,要及时总结提炼、完善规范,在面上推广。

——摘自习近平在中央全面深化改革领导小组第三十五次会议上的讲话①

结语　浙江县域治理现代化和县域高质量发展的经验与启示

◆ 本章要点

1.进入新发展阶段,县级政府要进一步把新发展理念贯穿发展全过程和各领域,实现更高质量、更有效率、更加公平、更可持续、更为安全的发展。

2.在浙江,县域治理和县域发展已经形成了丰富的经验,即始终坚持以人民为中心的价值追求,让改革发展成果惠及人民群众;始终坚持以发展为第一要务,统筹推进高质量经济发展与高水平社会建设;统筹谋划全域治理体系,提升县域综合治理能力;必须始终坚持改革创新这一根本动力,加快推进县域创新驱动发展;正确处理好政府和市场的关系;强化数字赋能,高水平构建整体智治

---

① 认真谋划深入抓好各项改革试点　积极推广成功经验带动面上改革[N].人民日报,2017-05-24(1).

体系;坚持全面深化改革释放县域发展动能;始终坚持开放发展,加快推进县域高质量发展;把国家战略与地方实际相结合,科学精准绘制县域发展蓝图;坚持绿色发展,让绿色成为发展的"最美底色"。这些经验对全国尤其是我国东部沿海发达地区而言,有重要的借鉴价值和启示。

　　站在"两个一百年"历史交汇点上,党的十九届五中全会将"十四五"规划与二〇三五年远景目标统筹考虑,全面系统地回答了新形势下实现什么样的发展、如何实现发展这个重大问题。新阶段的发展,必须是深入贯彻新发展理念的发展。党的十八大以来,特别是"十三五"以来,创新、协调、绿色、开放、共享的发展理念引领经济社会发展不断取得新成就。开启新征程,要进一步把新发展理念贯穿发展全过程和各领域,实现更高质量、更有效率、更加公平、更可持续、更为安全的发展。在新发展阶段,县域的重要性决定了其在国家治理体系中的重要地位。随着工业化和城市化的推进,虽然经济中心逐渐倾向于大城市,但是县域经济占全国 GDP的比重仍然高达 60% 左右,县域人口仍占总人口的 70% 左右。长期的城乡二元经济体制造成的相对落后地区矛盾和问题相对突出,是高质量发展需要解决的重点,而这些地方大多集中在县域。因此,在高质量发展阶段,县级的作用并没有减弱,而是增强了。

　　如何实现从县域发展、县域治理向县域善治转变?习近平总书记有过深刻的论述。2014 年 3 月,习近平总书记在调研指导兰考县党的群众路线教育实践活动时指出,县域治理要把强县和富民统一起来,把改革和发展结合起来,把城镇和乡村贯通起来,增强县域经济综合实力,带动提升农村发展水平,形成城乡融合发展的良好局面。习近平总书记的"三个起来"为县域贯彻落实新发展理念、统筹推进"五位一体"总体布局和协调推进"四个全面"战略布局,指明了践行的方向和路径,提供了县域科学的基本遵循。因此,推进县域科学发展必须统筹坚持"三个起来",切实推进县域治理理念、治理方式、治理机制等全方位创新,处理好创新发展与优化治理、传统治理与现代治理、县域特色与普适经验等方面的关系,持续推进县域治理体系和治理能力现代化。

梳理、总结县域治理和发展经验是推进"重要窗口"建设的重要内容。将县域治理和县域发展的好经验向更大范围推广是我国国家治理的重要特点和优势。浙江县域治理和县域发展的实践经验对全国尤其是东部沿海地区而言,有重要的借鉴和启示。其中,义乌的兴商建市开放发展、嘉善的国家战略下跨区域一体化改革、德清的数字赋能高质量发展、新昌的科技创新、海宁的要素市场化改革、龙港的撤镇设市改革以及安吉的生态文明建设等,无疑为县域治理提供了许多宝贵的可复制、可推广的成功经验。尤其是党的十八大以来,广大干部群众认真学习贯彻习近平新时代中国特色社会主义思想,以强烈的责任感和使命感全面践行创新、协调、绿色、开放、共享的新发展理念,积极破解县域经济社会发展面临的突出矛盾,探索出了一条县域发展新路子,用一系列成效和经验彰显了习近平新时代中国特色社会主义思想的实践伟力。

一、始终坚持以人民为中心的价值追求,使人民群众有更多的获得感

县域发展和县域治理的最终落脚点是人民。习近平总书记指出:"中国秉持以人民为中心的发展思想,把改善人民生活、增进人民福祉作为出发点和落脚点,在人民中寻找发展动力、依靠人民推动发展、使发展造福人民。"①浙江坚决贯彻落实习近平总书记的重要指示精神,坚持县域发展和县域治理始终顺应人民群众对美好生活的向往,把增进人民福祉、促进人的全面发展作为一切工作的出发点和落脚点,从人民群众最关心最直接最现实的利益问题入手,统筹做好教育、就业、收入分配、社会保障、医疗卫生等各领域民生工作,不断提高人民生活水平。

为了让改革和发展成果更好惠及广大人民群众,县域发展必须以抓住人民群众最关心最直接最现实的利益问题为突破口,以健全完善为民办实事长效机制为保障,统筹做好教育、就业、收入分配、社会保障、医疗卫生等方面工作,全力打造好民生网、服务网、平安网,努力使广大人民群众获得感、幸福感、安全感更加充实、更有保障、更可持续。嘉善树立了"两个不能有的导向":一是"重 GDP 轻民生"的观念不能有,嘉善将民生支出占财政总支出比例提高到 77％以上;二是"重做大'蛋糕'轻分好'蛋糕'"的观念不能有,嘉善坚持普惠性、均等化和可持续推进公共服务。德清始终把共同富裕作为根本追求,深入推进乡村振兴战略,率先实现共同富裕先行示范,全面增强人民群众获得感、幸福感、安全感,城乡居民依附在户籍制度背后的 33 项城乡差异政策全面并轨,2020 年城乡居民人均可支配收入分别达到 62225 元和 38357 元,城乡收入比为 1.62∶1,步入全国领先行列。

浙江县域发展和县域治理的实践表明,县域治理必须坚持以人民为中心,时刻把强县目标与富民目的统一起来,把经济发展与民生改善结合起来,把城镇和乡村贯通起来。站在新的历史起点

---

① 习近平.习近平谈治国理政:第二卷[M].北京:外文出版社,2017:483.

上,县域治理和县域发展应该始终把促进人的全面发展作为改革发展的出发点和落脚点,不断加大民生投入,使人民获得感、幸福感、安全感更加充实、更有保障、更可持续。只有发展依靠人民,发展成果由人民共享,建立起人人参与、人人尽力、人人享有的有效制度安排,才能激发全体人民的积极性、主动性和创造性,才能克服发展过程中的艰难险阻,全面夯实经济社会持续发展的基石。

二、始终坚持以发展为第一要务,推动经济高质量发展

县域治理必须始终坚持以发展为第一要务,正确处理好经济发展与社会建设的关系。《中共中央关于制定国民经济和社会发展第十四个五年规划和二〇三五年远景目标的建议》(以下简称《建议》)指出,我国已转向高质量发展阶段,经济长期向好,物质基础雄厚,人力资源丰富,市场空间广阔,发展韧性强劲,社会大局稳定,继续发展具有多方面优势和条件,同时我国发展不平衡不充分问题仍然突出,重点领域关键环节改革任务仍然艰巨,创新能力不适应高质量发展要求,农业基础还不稳固,城乡区域发展和收入分配差距较大,生态环保任重道远,民生保障存在短板,社会治理还有弱项。《建议》提出要改善人民生活品质,提高社会建设水平。

长期以来,浙江县域治理一直坚持统筹推进经济发展与社会建设,始终坚持发展是第一要务。加快推进产业转型升级,2020年,三次产业增加值比例从2015年的4.1∶47.4∶48.6调整为3.3∶40.9∶55.8。2020年工业增加值增至22654亿元,居全国第3位,工业增加值占全国的比重稳定在7.2%左右。2020年,规模以上工业中,高技术、高新技术、装备制造和战略性新兴产业增加值占比分别提升至15.6%、59.6%、44.2%和33.1%,八大高耗能产业占比降至33.2%。居民收入稳步增长,全省居民人均可支配收入由 2015 年的 35537 元增至 2020 年的 52397 元,稳居全国第 3 位、省区第 1 位。城镇居民人均可支配收入由 43174 元增至 62699 元,连续 20 年居全国第 3 位、省区第 1 位;农村居民人均可支配收入由 21125 元增至 31930 元,连续 36 年居省区第 1 位。

在县域层面,浙江找准高质量经济发展与社会建设的结合点,把发展这个第一要务落到实处。全方位践行新发展理念,坚持创新驱动发展,促进新旧动能转换,不断增强创新力、竞争力,不断增进经济发展质量;坚持全面深化改革,充分激发市场活力和社会创造力;筑牢绿色发展的理念,推动美丽建设;推进高水平社会建设、增进民生福祉,是经济高质量发展的根本目的。不断推进医疗卫生、文化等基本公共服务均等化,完善公共服务体系,提升民生服务质量。

三、统筹谋划全域治理体系,提升县域综合治理能力

党的十九届四中全会提出,要把我国制度优势更好转化为国家治理效能。长期以来,我国社会转型中积累的各类社会矛盾以及近年来食品安全、环境污染、公共卫生事件等新旧问题的交织叠加给新时期我国社会治理带来前所未有的压力。浙江走在发展与改革的前列,最先感受到"成长的烦恼"和"制约的疼痛",这也促使浙江率先成为改革的"探路者"。

为破解治理的新旧问题,浙江坚持全域治理,提升综合治理能力。浙江省委十四届六次全会提出高水平推进省域治理现代化;浙江省委十四届八次全会提出争创社会主义现代化先行省的目标。从龙港、嘉善、德清、安吉等县域层面的改革实践来看,改革已经从之前单一部门、领域、层级和地区治理转向全域治理。从系统全局看待问题,在更高层级的统筹下,全面深化多领域、多部门、多

层级改革,逐步形成全域社会治理体系,更大范围重组资源要素,有效提高系统性、综合性、可持续的治理能力。在省级层面,全域治理就是省域治理,在县域层面,全域治理就是县域治理。在县域层面,全域治理包括全域治理的体系和综合治理能力。

统筹谋划全域治理体系。在县域层面,浙江正逐步扩大社会治理的覆盖面,从狭义上的平安建设逐步扩大到公共卫生、食品药品、生态环保、新型犯罪、民生服务等领域。统筹谋划全域治理体系,正确处理县乡关系,处理县级职能部门与乡镇政府(街道办事处)的关系。鼓励基层探索,建立乡镇(街道)的责任清单,破除属地管理的无限责任,承担责任清单中的有限责任,深化乡镇(街道)大部制模块化改革,实现部门下沉的人员与乡镇(街道)人员深度融合,由乡镇(街道)统一指挥,提高执行力。

协同提升全域综合治理能力。坚持创新发展、系统思维,创新工作机制和方式,统筹推进重要领域和关键环节的改革,找准"牵一发而动全身"的改革切入口,整合多部门巡逻力量,建立"一巡多功能"综合巡查机制;整合多层级多部门的执法力量和资源,向基层一线倾斜,建立"一支队伍管执法"的工作机制,开展"综合查一次",实现"进一次门、查多件事、管执联动、一次到位"。在顶层设计的框架下,鼓励基层探索,比如浙江省德清县创新推出一批"微改革"项目,打通改革最细微的"神经末梢"。

四、始终坚持改革创新,加快推进县域创新驱动发展

国家"十四五"规划强调,要坚持创新在我国现代化建设全局中的核心地位,把科技自立自强作为国家发展的战略支撑,面向世界科技前沿、面向经济主战场、面向国家重大需求、面向人民生命健康,深入实施科教兴国战略、人才强国战略、创新驱动发展战略,

完善国家创新体系,加快建设科技强国。

当前,县域创新驱动发展过程中普遍面临着科技成果转化机制不顺畅、高新技术产业培育机制不够强、创新人才制度不健全、科技金融体制不完善等瓶颈问题,这些问题影响了创新驱动发展战略的有序实施。2016年,浙江省委以破解瓶颈问题为主攻方向,以推动科技创新为核心,将绍兴市新昌县确定为试点开展创新改革试验。新昌县坚持因地制宜,在识别自身局限与优势的基础上,秉持"资源不足科技补""区位不足服务补""动力不足改革补"的理念,把科技创新作为发展的重要法宝,积极探索虚拟智汇平台,培育科技成果市场,建立人才引进集聚机制,探索"企业出题、高校解题、政府服务"的产学研合作新模式;与此同时,在地方财政、税收、金融、要素保障等方面向企业创新倾斜,支持大众创业、万众创新,政策力度前所未有,力争从源头上破解科技创新"四个不"的体制机制,补齐科技创新短板,激发全社会创新活力。

新昌为科技创新树立样板。在全国综合竞争力百强县(市)中排名第58位,作为全国唯一县域代表参加国家科学技术奖励大会,全国首个县域国家科技成果转化服务示范基地落户新昌,入围首批国家创新型县(市)建设名单,位居中国创新百强县第7位。科技创新主要指标持续走在全省前列,研发经费支出占GDP比重连续六年保持在4%以上,每万人发明专利拥有量达64.2件,规上企业产学研合作覆盖率达95%,新产品产值率始终保持在50%以上。科技投入、技术创新、科技产出、转型升级、创新环境等五项二级综合指数均位居全省前十,相继跻身中国创新百强县市、中国城市创新百佳示范县市,并作为唯一的县市入选浙江省创造力十强榜单。

新昌县域创新示范点建设的实践表明，创新能够驱动发展，创新也能够支撑发展，创新还能够引领发展。县域治理必须始终坚持改革创新这一根本动力，既看到现有条件的不足与限制，也着眼于发掘自身的特色与优势，将科技创新作为发展的重要法宝。注重创新驱动发展，优化学科布局和研发布局，推进学科交叉融合，提升企业技术创新能力，激发人才创新活力，深入推进科技体制改革，为构筑更加完善的全域创新体系贡献力量。

五、正确处理好政府和市场的关系，不断完善社会主义市场经济体制机制

经济发展是县域治理的核心内容之一。县域经济治理的核心问题依然是处理好政府和市场的关系，使市场在资源配置中起决定性作用和更好发挥政府作用。习近平总书记指出，市场配置资源是最有效率的形式。市场决定资源配置是市场经济的一般规律，市场经济本质上就是市场决定资源配置的经济。健全社会主义市场经济体制必须遵循这条规律，着力解决市场体系不完善、政府干预过多和监管不到位问题。①

针对土地等要素瓶颈制约越来越突出的难题，海宁市以问题为导向，发挥政府和市场两个作用，抓住要素配置这个关键问题，不断推进"亩均论英雄"改革，从规上工业企业向规上规下工业企业乃至服务业全覆盖，从单位资源要素指标向创新要素指标拓展，从资源要素差别化配置向供给侧结构性改革机制深化，形成鲜明的"组合拳"效应。改革逼退了低效企业和落后产能，挤出了低效

---

① 习近平.关于《中共中央关于全面深化改革若干重大问题的决定》的说明(2013年11月9日)[M]//中共中央文献研究室.十八大以来重要文献选编(上).北京：中央文献出版社,2014:499.

配置的资源要素。"十三五"末海宁的规上工业总产值 2023 亿元，是"十二五"末的 1.4 倍；地区生产总值 1030.8 亿元，是"十二五"末的 1.5 倍；一般公共预算收入 100.9 亿元，是"十二五"末的 1.5 倍；实施亿元以上产业项目 858 个，是"十二五"时期的 3.5 倍；全国百强县(市)排名前移至第 19 位，进入全省 6 强。

以海宁为代表的要素市场化改革的实践表明，县域经济治理应该抓要素配置这个关键点，充分发挥有效市场和有为政府两个作用，合力形成要素配置与企业质量和效益相挂钩的机制，形成企业生存的丛林法则，弱肉强食，激励企业创新升级。要素市场化配置综合改革，为县域经济转型发展赢得契机，既激励了优质企业做大做强，也激发了落后企业转型升级的紧迫感和危机感。

六、强化数字赋能,高水平构建整体智治体系

数字技术在当前县域治理中具有十分重要的地位和作用。2020 年 3 月,习近平总书记在考察杭州城市大脑时指出,运用大数据、云计算、区块链、人工智能等前沿技术推动城市管理手段、管理模式、管理理念创新,从数字化到智能化再到智慧化,让城市更聪明一些、更智慧一些,是推动城市治理体系和治理能力现代化的必由之路。国家"十四五"规划和 2035 年远景目标纲要强调,加强数字社会、数字政府建设,提升公共服务、社会治理等数字化、智能化水平。

近年来,德清县坚持"整体智治"理念,强化基于数字化的智慧化治理,全方位深化政府数字化转型,在全省首创提出建设"全域数字化治理试验区",以数字化变革增创体制机制新优势,全面提升县域治理现代化水平,全力构建数据治理、政府治理、经济治理、社会治理、生态治理跨界融合的县域现代化治理体系。随着数据应用的精准度越来越高，"颗粒度"越来越细，德清县"全域数字化治理"已经取得了一定成效。试验区建设已被列入浙江省委全面深化改革委 2020 年工作要点以及重点改革项目清单。德清先后入选了国家数字乡村试点地区、2020 数字乡村建设案例典型县（区），数字乡村建设发展取得良好成效。经过一年多的实践探索，试验区建设获得了省级要素及政策支持事项 37 项、省级以上改革试点 12 项，重点突破的"数字乡村一张图"成为全国典型案例。

德清县开展全域数字化治理试验区建设的实践表明，应该把数字赋能作为推动县域治理的关键一招，通过数字技术应用对产业体系进行全方位、全角度、全链条改造，探索体制机制创新，持续增强数字经济生态圈创新能力，更加有效地激发市场、企业、大众活力，不断释放数字化对经济发展的放大、叠加、倍增作用，全面推动制造业转型升级；加快城市各类数据加速向"城市大脑"汇聚，全方位推进数字政府、智慧交通、智慧城管、智慧环保等建设。

七、坚持全面深化县域改革，最大限度地释放发展动能

党的十九届五中全会通过的《中共中央关于制定国民经济和社会发展第十四个五年规划和二〇三五年远景目标的建议》提出"推进以人为核心的新型城镇化"和"推进以县城为重要载体的城镇化建设"，要求高水平构建大中小城市协调发展的城镇化格局，高质量推进农业转移人口市民化，高标准建设面向未来的现代城市，高层次打造以现代产业为支撑的创新型城市，高起点推动城乡融合发展，高效能推进城市治理体系和治理能力现代化，明确了新型城镇化目标任务和政策举措。

过去 40 多年，中国的城镇化率以每年超过 1% 的速度提升，2020 年末，我国城镇化率超过 60%。按照城镇化发展趋势，2035

年3.5亿多人将转到城市,如何使城市的数量和城市化的人口更为匹配?城市的规模怎样形成更协调、更合理的体系和布局?龙港紧扣"大部制、扁平化、低成本、高效率"的要求,以"模块化改革"为重点,以"一张清单转职能改革"为纽带,以"审批执法改革"为两翼,以干部人事制度改革为抓手,全力深化"大部制"改革,科学构建权责统一、分工合理、执行有力的"大部制"行政体制,实现高效能县域治理,打造国家新型城镇化综合改革示范区。不断完善扁平化基层治理新模式,以基层治理扁平化、社区化、网格化、信息化"四化"集成改革为路径,不断完善"市管社区、分片服务、智能高效"的基层治理新模式。龙港"新型设市"模式采取"大部制"架构,按照"党政机构合一、职能相近部门合并和打破上下对口"的原则,推动机构合并重组,仅保留15个党政部门,比省内同类县(市)机构数量减少了约60%,平均1个机构对应约3个党政机关职能部门,行政人员数量约为同等规模县(市)的40%。

　　龙港撤镇设市改革的实践表明,县域治理应该坚持整体智治、系统集成,深化改革攻坚,构建"大部制、扁平化、低成本、高效率"的新型设市模式,探索"一枚印章管审批""一支队伍管执法""一张清单转职能"等改革,打造"小政府、大服务"的高效运转模式,开展基层治理扁平化、社区化、网格化、信息化集成改革,全力做强社区、做实网格、做优服务,构建基层扁平化治理体系,以体制机制改革释放市场和社会活力。

八、始终坚持开放发展,畅通国内国际双循环

　　开放是高质量发展的必由之路。党的十九大报告提出,建设现代化经济体系,要推动形成全面开放新格局。开放带来进步,封闭必然落后。中国开放的大门不会关闭,只会越开越大。从建立

经济特区,到推动对外贸易、利用外资,到加入世贸组织,再到推进"一带一路"建设、加快实施"走出去"战略、设立自由贸易区,中国发展的历程也是对外开放不断扩大和深化的历程。我们要实行更加积极主动的开放战略,加快构建开放型经济新体制,进一步拓展对外开放的深度和广度,形成一个更高水平的开放格局。

当前,县域发展仍然面临着生产要素难以流动、闲置浪费或低效使用的局面。为了破除要素制约、推动产业升级,必须鼓励和支持部分劳动密集型、资源消耗型等产业和企业有序地走出去,腾出发展空间。被誉为"世界小商品之都"的义乌市,以其发展的速度、改革的力度、创新的广度、开放的深度,秉持"兴商建市"独特的区域发展之路,从"鸡毛换糖"、马路市场起步,通过"不起眼"的小商品交易一跃成为国际商贸之都,走出了以商贸业为龙头,带动区域经济协调发展的开放之路。"义乌发展经验"引领义乌再创市场发展新优势,推动义乌市场向进口出口、线上线下、境内境外融合跨越,外贸出口超过全国 18 个省和自治区,辐射 233 个国家和地区;引领义乌改革迭代升级,落地建设义乌国贸改革试验区、综合保税区、自贸试验区,纳入全国改革开放总体布局;引领义乌产业新旧动能转换,使制造业产业基础高级化、产业链现代化、产业生态数字化,规上工业增加值增速跃居全省 17 强县市第一,绿色发展指数跃居全省第一;引领义乌城乡融合发展,拉开"东西南北中"城市框架,荣获全国文明城市;引领义乌民生事业发展,优质公共服务实现规模化提升,荣获国家生态文明建设示范市、"平安金鼎"。

义乌样本蕴含着"立足国内,服务全球"的开放胸怀,对于服务和融入国内国际双循环具有重要实践意义。义乌市"兴商建市"的实践充分表明,必须深入推进开放发展,以大开放促进大改革、大转型,敏锐接收市场信息,实时感知经济脉搏,在世界经济格局中找闯点、寻路子、求发展,在服务和融入国内国际双循环中找准定位路径、展现积极作为。

九、把国家战略与地方实践相结合,科学精准绘制县域发展蓝图

党的十九大强调,发展是解决我国一切问题的基础和关键,必须坚定不移地把发展作为党执政兴国的第一要务。我们要适应中国特色社会主义进入新时代的新要求,紧扣社会主要矛盾的新变化,顺应人民对美好生活的新期待,着力构建现代化经济体系,推动实现高质量发展。

嘉善全县上下全方位共同推进"双示范"建设。建立健全高水平一体化规划管理体制,突出高点定位、多规合一、谋定快动。建立统一的国土空间规划体系、综合交通规划体系以及探索一体化规划管理制度创新。"盘活土地存量,推动高质量发展"的经验做法作为示范区首个典型案例在长三角地区推广。构建数字赋能的平台支撑体系与推进社会治理场景化应用协同,迭代完善"基层治理四平台"架构和功能,创新和升级智慧督察、新居民服务、城市经营码、"综合查一次"等场景应用,推动矛盾纠纷调处化解"最多跑一地",群众满意率达 96.7%。着力深化经济体制改革,以"亩产论英雄"深化要素市场化配置改革。

嘉善科学发展示范点建设和长三角一体化示范区建设的实践表明,县域发展必须充分发挥区位优势,主动融入和服务国家战略大局,以全面深化改革为统领,破立并举,高标准定位、系统性谋划,坚定信心、把握方向,全面深入推进县域综合改革,努力在重要领域和关键环节改革上取得新突破,牵引和带动其他领域改革,激活市场和社会的活力;应该构建县域高质量发展新格局,高品质推进全域生态建设,高起点构筑经济发展体系,高层次扩大联动开放格局,高标准促进城乡融合发展,高质量促进公共资源共享,高效能探索改革制度创新。

十、坚持绿色发展,让绿色成为发展的"最美底色"

国家"十四五"规划和 2035 年远景目标纲要指出,完善生态文明领域统筹协调机制,构建生态文明体系,促进经济社会发展全面绿色转型,建设人与自然和谐共生的现代化社会,满足人民对美好生活环境的向往,构建优良的生活环境,发展绿色社会。

安吉县通过转方式、调结构走出一条特色之路。2005 年,时任浙江省委书记习近平在安吉余村考察时,首次提出了"绿水青山就是金山银山"理念,此后安吉县确立了生态立县的发展战略,深入改革生态环境建设,以绿色发展为核心目标,加强自然保护,打造美丽乡村,创建绿色低碳环境社会,联合企业共同发展;"两山银行"借鉴了商业银行"分散化输入、集中式输出"的模式,构建县—乡镇(街道)两级模式,在全县所有乡镇(街道)推广建设"两山银行"。出台《安吉县 2020 年全域高标准治水行动方案》,启动"十二大专项行动"推进全域高标准治水。

安吉县生态文明建设示范点表明,构建现代环境治理体系、走绿色发展之路是实现中华民族伟大复兴中国梦、建设美丽中国的重要内容,以新时代"两山"试验区建设为抓手,坚定"绿水青山就是金山银山"发展理念,健全环境治理领导责任体系、企业责任体系、全民行动体系、制度和政策体系,构建现代环境治理体系,更好地推动社会全面绿色转型,更好地推动生态文明建设不断迈上新台阶、实现新进步。

◆ **本章小结**

在新发展阶段,在国家治理体系和治理能力现代化进程中,县级政府的作用并没有弱化而是得到了强化。浙江在县域治理和县域发展方面已经形成了丰富的经验,即坚持以人民为中心的价值追求,坚持以发展为第一要务,统筹谋划全域治理体系,提升县域综合治理能力,坚持改革创新这一根本动力,加快推进县域创新驱动发展,正确处理好政府和市场的关系,强化数字赋能构建整体智治体系,坚持全面深化改革释放县域发展动能,坚持对外开放加快推进县域高质量发展,把国家战略与地方实际相结合,坚持绿色发展,让绿色成为发展的"最美底色"。

◆ **思考题**

1.在新发展阶段,为什么需要统筹推进高质量经济发展与高水平社会建设?

2.结合实际,谈谈数字化改革是如何促进浙江县域治理现代化和县域高质量发展的?

◆ **拓展阅读**

1.习近平.习近平谈治国理政:第二卷[M].北京:外文出版社,2017.

2.习近平.习近平谈治国理政:第三卷[M].北京:外文出版社,2020.

后　记

  县域是我国经济社会发展和国家治理体系的基本单元。"郡县治,天下安。"改革开放以来,特别是 20 世纪八九十年代,浙江就是以县域经济为基础,形成了以民营经济、产业集群、专业市场为特色的区域发展"浙江模式"。进入新时代,浙江发展迈向高质量,尤其是在共同富裕示范区建设的大场景之下,县域发展依然是浙江最为靓丽的色彩。无论是县域发展水平、百姓富裕程度,还是县域治理能力及其绩效,浙江都走在全国前列,各类机构公布的百强县数量长期位居全国第一。从某种程度上说,强大而活跃的县域经济,蕴藏着浙江高质量发展的充沛活力、强劲动力、高效能治理的制度密码和共同富裕的重要基础。

  因此,对浙江县域发展和县域治理的理论逻辑、历史逻辑、实践逻辑,以及丰富多彩的典型样本进行系统分析和梳理总结,无疑具有重要的理论和实践意义。尤其是习近平同志在浙江工作期间,高度重视县域工作,留下了一系列宝贵的重要论述和生动的实践探索,这是习近平总书记关于县域发展和县域治理重要论述不可分割的组成部分,也是习近平新时代中国特色社会主义思想的重要内容,是新时代做好县域工作的实践指南和根本遵循。

  本书在对县域发展和县域治理的理论体系、浙江整体实践模式进行系统总结的基础上,选择义乌、嘉善、安吉、德清、海宁、新昌、龙港等 7 个县(市)进行深入的、全景式的分析总结。这 7 个县

（市）在浙江丰富的县域发展和县域治理模式中极具代表性，对全国也具有较强的借鉴意义。如义乌的兴商建市和开放发展，习近平同志在任浙江省委书记时曾指出："义乌的发展是过硬的，在有些方面还非常突出；义乌发展的经验十分丰富，既有独到的方面，也有许多具有普遍借鉴意义的方面。"①他评价义乌发展经验是"无中生有""莫名其妙""点石成金"。嘉善县是习近平同志深入学习实践科学发展观活动的联系点，是全面融入长三角一体化国家战略的桥头堡。安吉县是"绿水青山就是金山银山"理念的发源地。龙港是全国第一座撤镇设市的镇，被称为"中国农民第一城"。此外，德清的数字赋能和县域整体智治、新昌的县域科技创新模式、海宁的资源要素市场化改革等，都是新时代浙江县域发展和县域治理的实践典范。

　　本书的编写工作由盛世豪负责，浙江工商大学张丙宣教授、省委政策研究室马斌同志参与撰写。在实地调研和资料收集过程中，省级有关部门和义乌、嘉善、安吉、德清、海宁、新昌、龙港等县（市）政府给予了大力的支持和帮助，审稿专家提出了不少高质量的意见建议，浙江大学出版社编辑给予了专业细致周到的服务。在此，表示衷心的感谢和敬意！本书难免存在不足和纰漏之处，敬请读者批评指正！

盛世豪
2021 年 11 月

---

　　①　习近平.干在实处　走在前列:推进浙江新发展的思考与实践[M].北京:中共中央党校出版社,2006:519.

图书在版编目(CIP)数据

县域治理与县域发展：样本与启示 / 盛世豪等著
. —杭州：浙江大学出版社，2022.2
ISBN 978-7-308-22006-4

Ⅰ. ①县… Ⅱ. ①盛… Ⅲ. ①县—地方政府—行政管理—研究—浙江②县级经济—区域经济发展—研究—浙江
Ⅳ. ①D625.55②F127.55

中国版本图书馆 CIP 数据核字(2021)第 235966 号

县域治理与县域发展：样本与启示

盛世豪 等著

总 编 辑	袁亚春	
策划编辑	黄娟琴	
责任编辑	黄娟琴	汪荣丽
责任校对	高士吟	
封面设计	程 晨	
出版发行	浙江大学出版社	
	（杭州市天目山路 148 号 邮政编码 310007）	
	（网址:http://www.zjupress.com）	
排 版	杭州朝曦图文设计有限公司	
印 刷	浙江新华数码印务有限公司	
开 本	710mm×1000mm 1/16	
印 张	17	
字 数	205 千	
版 印 次	2022 年 2 月第 1 版 2022 年 2 月第 1 次印刷	
书 号	ISBN 978-7-308-22006-4	
定 价	39.00 元	